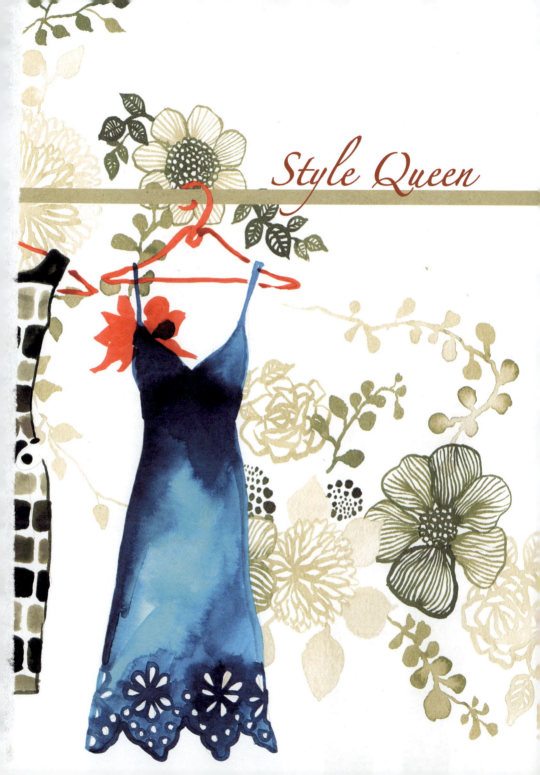

Anna Johnson
Style Queen

mosaik

Anna Johnson

Style Queen

Stilvoll leben mit kleinem Budget
Shoppen, wohnen, speisen, reisen
Unbezahlbare Tipps

Illustrationen von Anna Johnson
mit Collagen von Emily Taff

Aus dem Amerikanischen
von Susanne Lötscher

mosaik

Verlagsgruppe Random House FSC® N001967
Das für dieses Buch verwendete FSC®-zertifizierte Papier
Tauro liefert Sappi, Werk Stockstadt.

1. Auflage
Deutsche Erstausgabe August 2014
© 2014 der deutschsprachigen Ausgabe
Wilhelm Goldmann Verlag, München,
in der Verlagsgruppe Random House GmbH
© 2010 Anna Johnson
Alle Rechte vorbehalten
Originaltitel: *Savvy Chic. The Art of More for Less*
Originalverlag: Avon Books. Published by arrangement
with Avon Books, an imprint of HarperCollins Publishers, LLC
Umschlaggestaltung: zeichenpool, München
Umschlagillustration: Anna Johnson / Emily Taff /
Krone shutterstock.com/blue67design
Illustrationen: Anna Johnson
Collagen: Emily Taff
Redaktion: Andrea Kalbe
Satz: Uhl + Massopust, Aalen
Gesamtherstellung: Print Consult GmbH, München
CB · Herstellung: IH
Printed in the Slovak Republic
ISBN 978-3-442-39266-7

www.mosaik-goldmann.de

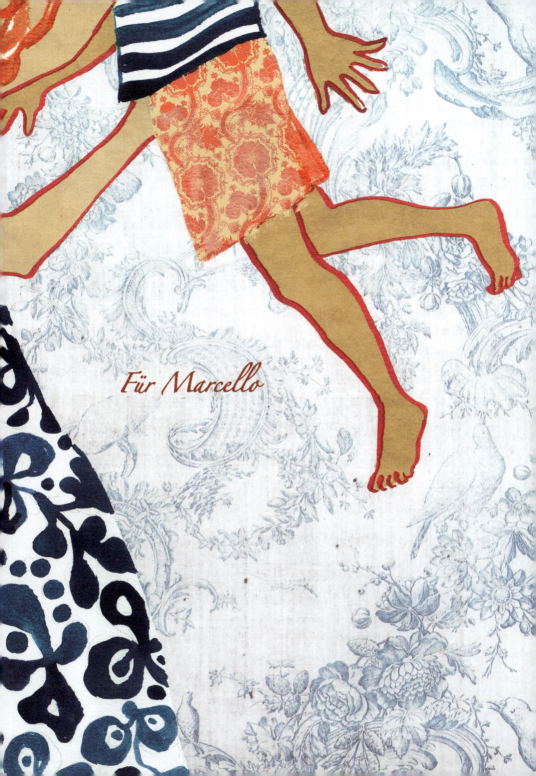

Inhalt

Vorwort: Die Logik verschwenderischer Sparsamkeit.... 13

❦ I. *Kleidung* 21

1 Wenn die Fetzen fliegen: So überlebt man einen Sample Sale... 23
2 Liebe in Secondhand: So werden Sie zur Vintage-Shopperin.. 31
3 Die Kunst, anderer Leute Kleidung zu tragen: Finden Sie Ihren eigenen Stil und Ihr Jahrzehnt 37
4 Warum Edith Piaf Schwarz trug..................... 47
5 Billiger Nervenkitzel und falsches Sparen: So stellen Sie sich eine Chiconomy-Garderobe zusammen 53
6 Trag niemals Streifen in Paris: Schummeln, was das Zeug hält in den versnobtesten Städten der Welt 67

❦ II. *Wohnen* 79

1 Gemietetes Leben: Bloß keine Sicht auf Backsteinmauern!.. 81
2 Bekenntnisse einer Arme-Leute-Einrichtung: Protzen Sie mit Wandfarben und Türknäufen 89
3 Königin der Flöhe: Wie man schöne alte Dinge kauft 93
4 Wohnlichkeit für wenig Geld: Meine Tricks für Atmosphäre.. 101
5 Saubere Bettwäsche, Chopin und schwarzer Tee in einer weißen Porzellantasse: Die Basics für ein Fünf-Sterne-Boudoir... 109
6 Kunst ohne Künstler: Kreieren Sie Ihr eigenes Meisterwerk 113

III. Einkommen 127

1 Abgebrannt, aber nicht am Ende: Gutgelaunt trotz leerer Taschen 129
2 Ein Budget erstellen: Abspecken, auch wenn Sie fast pleite sind 137
3 Leben Sie für das, was Sie lieben: Warum Berufungen wichtig sind 151
4 Ich war die Garderobenfrau der Stars: Kleine Jobs, die Ihr Leben verändern 159
5 Erste Eindrücke, Geld und Schicksal: Powerdressing für Landeier 171
6 Guter Geschmack, aufs Wesentliche reduziert: Die neue Shopping-Ökologie 181

IV. Essen 189

1 Einfache Festgelage: Nahrung für Freunde, Leib und Seele . . . 191
2 Schmalhans-Wochenmenüplan – sieben Mahlzeiten für je zehn Euro 203
3 Brot und Muffins: Kleine Meditationen über Seelennahrung, Snobismus und Verführung 225
4 Vollwertkost ist kein Luxus: Natürliche Ernährung für weniger Geld 235

V. Reisen 245

1 Hängematte, Schlafsack, Futon, Fußboden: Die Geheimnisse meiner Ein-Sterne-Reisen 247
2 Andere Reisen, andere Wege: Reisealternativen für knauserige Vagabunden 263

3 Schlechte Reisen gibt es nicht: So profitieren Sie am meisten von der großen weiten Welt 269
4 Für Schnäppchenjägerinnen: Führer in den siebten Himmel der Economy Class 281
5 Wenn alle anderen in den Hamptons sind: Sommer in der Stadt, aus der es kein Entrinnen gibt 289

VI. *Geselligkeit* 297

1 Frühstückstreff: eine geniale Idee 299
2 Jetzt verschenken: Nette Geschenke für wenig Geld 309
3 Luxus trotz einfacher Bedingungen: Romantik für Sparfüchse 319
4 Sich allein amüsieren: Vom Penthouse auf die Straße 329
5 Preiswert heiraten: Genügsame Bräute schießen den Vogel ab 337

Nachwort:
Praktisches, Kostbares und völlig Überflüssiges 351

Danksagung. 357
Über die Autorin 361
Rezeptverzeichnis 362
Register 363

Vorwort

Die Logik verschwenderischer Sparsamkeit

Eines muss ich gleich klarstellen: In diesem Buch geht es nicht darum, wie man Geld spart, hortet, in Sicherheit bringt oder gar respektiert. Ich bin kein Geizkragen. Ich weiß, wie man sich ohne viel Geld an Dingen erfreut, teure Ladenendpreise vermeidet und versnobte Blicke täuscht. Aber ich bin nicht von Natur aus zu besonneren Sparsamkeit veranlagt. Seide liebe ich genauso wie Kordsamt. Parfüm brauche ich häufiger als Milch. Meine letzten sechs Dollar würde ich eher für Erdbeeren und eine einzelne Lilie als für Brot ausgeben. Ich bin auch nicht aufgrund einer Pechsträhne arm. Zur Schriftstellerei sind seit eh und je Geburtsadlige und völlige Dummköpfe berufen. Wer es richtig anpacken will, braucht dafür viel Zeit. Bücher brauchen Jahre… und Jahre… und ich bin häufig genau deswegen pleite, weil mich das Schreiben so viel Zeit kostet. Nicht acht Stunden im Büro arbeiten zu müssen ist für mich eine unerhörte Freiheit, und wegen dieses Luxus habe ich sehr lange ohne Kranken- und Lebensversicherung und Geld für die nächste Miete gelebt. Ich bin eindeutig der Albtraum

eines Buchhalters und lebe angesichts der trostlosen Realität nun erst recht lustvoll, aber ich meine, dass ich etwas zu sagen habe. Irgendeinen Sinn muss es doch haben, dauernd stilvoll abgebrannt zu sein. Entscheidend ist für mich, dass man mit weniger Geld gut leben kann. Sogar mit *sehr viel* weniger Geld – wenn man mit Bedacht an die Sache herangeht.

Geld ist der Herzschlag des Lebens, aber wohl kaum seine Seele. Und doch prägt es jeden Augenblick. Geld ist für jeden, mit Ausnahme vielleicht der Superreichen, gleichbedeutend mit Plackerei. Angeblich ist es die Eintrittskarte ins Reich der Freude und Freiheit. Wenn es hart auf hart kommt, ist Geld konkret (Miete ist Miete), aber in der modernen westlichen Kreditgesellschaft ist es auch abstrakt. Häufig bewegen sich unsere Ausgaben irgendwo zwischen dem, was wir uns tatsächlich leisten können, und dem, was uns unserer Meinung nach zusteht. Mit den Wünschen kommen die Schulden. Da wir in einer luxusbesessenen Kultur gefangen sind, fällt es uns mittlerweile sehr schwer, zwischen Lebensnotwendigem und Begehrlichem zu unterscheiden. Bei einer von Plastikgeld angeheizten Shoppingsause verlieren wir den Preis der Dinge – den wahren Preis (Zeit, Zinsen, Stress und Rückzahlungen) – aus den Augen. Umweltprobleme und Wirtschaftskrise haben der Konsumkultur inzwischen zwar einen Dämpfer verpasst, doch so bewusst und umsichtig wir uns auch zu verhalten versuchen, die Verlockung ist immer präsent: Sie pulsiert im Portemonnaie, jederzeit zum Angriff bereit.

Einer der Hauptgründe, warum ich häufig nicht über Geld verfüge, ist, dass ich keine Kreditkarten benutze. Ich wünschte, dieser Umstand wäre eine Frage des Prinzips, Tatsache ist aber, dass ich leichtsinnig bin. Und zwar durch und durch. Wie ein

Spieler würde ich meine Jetons in einem einzigen wahnsinnigen Moment auf eine Karte setzen, und nur der Himmel und die Grenzen meines Dispokredits könnten mir Einhalt gebieten. Im Vergleich zu vielen anderen habe ich ein etwas archaisches Verhältnis zu Geld: Ich gebe genauso viel aus, wie ich im Geldbeutel habe – und das oft nicht für »vernünftige« Dinge.

Was ich mir finanziell nicht leisten kann, erschaffe ich neu, täusche ich vor, bilde ich mir ein, repariere ich oder »stehle« ich. Sich Luxus für wenig Geld zu leisten ist eine Art Kunstform. Meine Mutter brachte mir den wahren Wert einer Tasse Tee bei, die man in einer schicken Hotellobby oder einem noblen Café trinkt. »Sieh dir all diese großartigen Blender an, die im Café de Flore in Paris herumlungern«, sagte sie oft, »wie Müßiggänger sitzen sie bei einer Tasse Café au lait, nehmen die Atmosphäre in sich auf und schauen, was die Reichen so machen! Es ist doch keine Sünde, sich in teuren Immobilien aufzuhalten.« Auch Raum ist Geld, genau wie Zeit. Geld zum Vergnügen auszugeben ist zwar nicht die puritanische Art zu sparen, aber es ist eine Alternative, eine nicht minder mutige Art, um zu überleben. Wie im Wirtschaftsleben ist es eine Kunst, die Balance zwischen Luxus und Wesentlichem zu finden. Preiswerte grüne Äpfel und teures Gebäck. Ein unprätentiöser Fisch und ein sehr guter Wein. Ein Drei-Dollar-Lippenstift und ein umwerfendes Vintage-Samtkleid für einen Hunderter. Schlichte weiße Bettwäsche, mit Lavendelwasser benetzt und so glatt gebügelt wie die Laken im »Ritz«. Die Freiheit, beim ersten Date an Deck einer öffentlichen Fähre ein Grillhähnchen zu verschlingen und eine Flasche Wein zu leeren. Die widerspenstige Perversität, im Waschsalon Proust zu lesen und damit triste, öde Stunden zu verklären.

Nach kostenlosem oder spottbilligem Amüsement suchen zu

müssen hat etwas seltsam Befreiendes an sich. Es befreit von Konventionen. Von Konkurrenz und gesellschaftlichem Druck. Von ödem, berechenbarem Erwachsenenverhalten. Ich habe mal aus Herbstblättern Anstecksträußchen für alle zwölf Gäste bei einem Thanksgiving-Dinner gemacht. Dazu ging ich in Brooklyns Straßen spazieren und suchte mir mit größtem Vergnügen die schönsten Blätter aus. Jeder Gast trug sein Sträußchen auf seine Art, – am Revers, als Cocktailhut, in den Krawattenknoten gesteckt – und zum Schluss verstreuten wir sie betrunken wie in einem heidnischen Ritual auf dem Tisch. Ein wunderlicher Einfall, mag sein – aber auch ein freizügiger, eben ein etwas anderer: Überfluss wird selten mit wenig Geld assoziiert. Stattdessen bringt man uns bei, Geld bedeute Freiheit, weil wir es (fälschlich) für die Basis des freien Willens halten. Doch Geld kann den Menschen auch abstumpfen lassen, zum Preis der Macht von Einfachheit und der eigenen Fantasie. Wenn ich an die Gerichte denke, die ich in den teuersten Restaurants gegessen habe, und an jene, die ich selbst zubereitet habe, weiß ich, welche von beiden für mich »beseelter« und köstlicher waren. Bei »Balthazar« in New York City saß ich einmal mit den schön auf einem funkelnden Serviertisch präsentierten Garnelen, Muscheln und Austern im Blick und dachte die ganze Zeit nur: »89,95 Dollar für zwei Stück! 89,95 Dollar für zwei Stück! 89,95 Dollar für zwei Stück!«, sodass ich gar nicht schmeckte, was ich aß. Wenn ich das mit den Venusmuscheln vergleiche, die mein Mann in Sag Harbor aus dem Sand buddelte, in seinen indischen Schal einwickelte und in den Kofferraum unseres Mietwagens packte, wird mir klar, dass einem manche Dinge wie Luxus vorkommen mögen – sprich: selten und unbezahlbar –, obwohl sie gar nichts kosten. Und genau durch diese kostenlosen Dinge und Momente der Freiheit im Leben bekommt all das, was Geld kostet, eine Bedeutung – und nicht umgekehrt.

Zugegeben, es fällt schwer, sich im Alltag an diese Wahrheit zu erinnern. Wir können nicht alle einfach mit den Fingern schnipsen, um am nächsten Morgen als Franziskaner-Seelen wiedergeboren zu werden, die in Sackleinen herumlaufen und in ihrer Glückseligkeit ein Schnäppchen oder eine schöne Schachtel provenzalischer Seife ignorieren. Doch vielleicht können wir innehalten und kurz darüber nachdenken, was wir von unserem Geld (und der kostbaren Zeit, die wir mit Geldverdienen verbringen) tatsächlich erwarten und was wir uns letztendlich tief im Innern vom Leben wünschen. Als stolzer Secondhand-Fan und ewige, unverfrorene Verschwenderin lade ich Sie ein, Ihre finanziellen Prioritäten zu überdenken und sich (trotzdem) in jeder Hinsicht dekadent freizügig zu verhalten, ohne die Bank zu sprengen. Oft geht es einfach nur darum, kurz nachzudenken, bevor man losstürmt.

Überleben hat für jeden von uns eine andere Bedeutung. Je nach Epoche werden wir in eine finanzielle Situation hineingeboren und entwickeln uns in eine andere hinein. 1942 war Luxus für eine Frau wahrscheinlich gleichbedeutend mit einem Paar Nylonstrümpfe, für uns sind es hochhackige Louboutins. Meine Eltern waren in den Siebzigerjahren um die zwanzig und brauchten damals lediglich einen gebrauchten Armeejeep, ein paar Kissen, Laken und einen Koffer voller Mangos, um mit zwei Kindern kreuz und quer durchs Land zu fahren. Meine Generation sieht sich mit Kinderwagen konfrontiert, die mehr kosten als 1976 diese Hippiekarre. Heute brauchen wir für die kleinste Bewegung so viel mehr Klamotten, Technologie, Ausrüstung und Geld – bis hin zur Flasche mit artesischem Fidschi-Wasser. Der

Rich-Girl-Style ist in den letzten Jahren so zur Norm geworden, dass wir darüber leicht vergessen, dass wir *nicht* reich, geschweige denn auch nur ansatzweise finanziell abgesichert sind – und dass siebenhundert Euro einfach zu viel für eine Handtasche sind, egal in welchen Umständen. Aber vor allem in den derzeitigen. Selbstbeschränkung, Verhältnismäßigkeit, Einfallsreichtum – dies ist die heilige Dreifaltigkeit für ein besseres Leben mit mehr Tiefgang, ohne so viele Requisiten. Frauen von heute brauchen den Schlüssel zu einer Freiheit, die nicht in einem glitzernden Schaufenster oder einer türkisblauen Tiffany-Schachtel liegt. Männer von heute müssen zum Gedanken von Henry David Thoreaus *Leben in den Wäldern* zurückfinden und lernen, dass ein Selfmademan ein Leben nach seinen eigenen Vorstellungen führen kann. Konjunkturresistente Gewandtheit hat per se nichts mit Anti-Konsum-Kultur zu tun, sondern ist ein viel selektiverer Ansatz. Nämlich der, mit wenigen, dafür besseren Dingen zu leben statt mit zu viel billigem Kram.

Style Queen ist ein buntes Sammelsurium meiner Geheimtipps für Glamour-Überlebenskünstler: Sangria aus Orangen und billigem Rotwein. Die Kunst, Männer-Shorts zu tragen und sie wie ein Designerteil aussehen zu lassen. Drei Stunden lang eine Tasse Karawanentee im »Plaza« zu trinken oder einen Kissenbezug im Fünf-Sterne-Stil billig zu erwerben. Mit solch kleinen, aber wohlüberlegten Ritualen können Sie einer eher schäbigen Realität die Stirn bieten. Etwas mit wenig Geld gut zu machen ist nichts anderes als Kreativität, kombiniert mit einfachen, praktischen Alternativen, die noch dazu Spaß machen. In diesem Buch geht es ganz konkret darum, wie Sie sich kleiden, Gäste bewirten, Ihr Geld für Notzeiten sparen oder es für besondere Anlässe klug ausgeben können. Dieses Buch hat zwar autobiographische Züge, doch die Geschichten aus meinem Leben sollen nur auf Ihr eigenes Leben verweisen – betrachten Sie sie als Vorschläge, die Sie zu Ihrem ganz persönlichen Chic, zu mutigem Überleben und einem stärkeren Gespür für originellen Stil anregen sollen.

Guter Geschmack für wenig Geld ist das Rückgrat verschwenderischer Sparsamkeit, aber noch viel wichtiger ist das Gefühl von Fülle, Freigebigkeit und Vergnügen, das sich einstellt, wenn Sie die Regeln neu erfinden und aus Ihren Groschen alles herausholen.

Ja, Aschenputtel, natürlich wirst du auf den Ball gehen, aber such dir dafür ein edles Vintage-Gewand, das sich nicht schon vor dem zwölften Glockenschlag auflöst!

I.
Kleidung

Eins

Wenn die Fetzen fliegen:
So überlebt man einen Sample Sale

Das teuerste Kleid, das ich mir je gekauft habe, verschenkte ich an eine mir flüchtig bekannte Kassiererin bei »Gourmet Garage« in SoHo. Sie sagte, sie brauche ein rotes Kleid für eine Weihnachtsfeier. Meines war ein blutrotes, perlenbesticktes Fishtail-Abendkleid aus Seidensamt von Badgley Mischka, das bei Bergdorf Goodman dreitausend Dollar kostete. Ich hatte dafür vierhundertsiebzig Dollar bezahlt und trug es ein einziges Mal, am Valentinstag bei einem Dinner im »La Luncheonette«, bei dem zäher Hummer serviert wurde. »Du bist overdressed«, meinte mein Mann nur, als ich von der Hotelsuite zum Taxi stakste. Und ich zog das Kleid nie wieder an.

Ich hatte das Kleid bei einem riesigen Sample Sale ergattert – der Art von halbprivatem Verkaufsevent, auf dem Frauen einem mit ihren Kinderbuggys über die Füße fahren, um ein Ballkleid zu ergattern, und auf dem Ladeninhaber zwanzig Kleider auf einmal kaufen, um sie an Debütantinnen weiterzuverscherbeln. Bei derselben Gelegenheit erstand ich auch eine pinkfarbene, bauchfreie Taftbluse im Bollywood-Stil und einen Escada-Bleistiftrock aus Goldleder. Lächerliche Teile, die wohl eher zu einem Soap-Star oder einer Verkäuferin in Vegas gepasst hätten, typisch für Käufe, die unter Hochdruck und in einer Treibhausatmosphäre zu Stande kommen. Es fällt schwer, Luxusklamotten in der richtigen Größe – noch dazu verbilligt – zu widerstehen. Kleidungsstücke aus Stoffen, bei denen der Quadratzentimeter mehr kostet als auf dem entweihten Preisschild steht, setzen die Logik außer Kraft. Hier geht's um Zugreifen und Ergattern, und da spielt Vernunft keine Rolle mehr. Wenn die Fetzen fliegen und erwachsene Frauen in Unterwäsche herumlaufen und sich kristallbesetzte Babydoll-Negligés krallen, ist es schwierig, sich noch darauf zu besinnen, was man eigentlich braucht.

Nein, bei Sample Sales geht es nicht um Bedürfnisse oder eine kühne Auswahl. Wenn Sie beim Sample Sale gar eine praktische schwarze Strickjacke suchen, haben Sie den Sinn und Zweck dieser Veranstaltung vermutlich nicht kapiert. Die Art Sample Sale, die ich meine und die meistens in irgendeinem hässlichen New Yorker Hintergebäude mit Betondecke im Garment District stattfindet, ist wie ein Boot-Camp. Ein Hindernislauf für Fashion Victims. Man steht stundenlang in einem stickigen Treppenhaus oder einem Vorraum Schlange, zusammen mit Frauen, die am Handy Bestellungen für ihre Verwandten aufnehmen. Man beobachtet, wie hochnäsige, vom Einkaufen völlig erschöpfte Frauen mit überquellenden Plastiktüten aus den Türen strömen, und traut sich nicht zu fragen, ob für einen selbst noch etwas übrig ist. Man verspürt eine Mischung aus Demütigung und Stolz, während die bleiernen Stunden verstreichen und einen daran erinnern, dass in Manhattan niemand echte Ladenpreise bezahlt. Zumindest niemand, der einen Funken Verstand besitzt. Bekanntlich stürzte sich auch Martha Stewart einmal bei einem Sample Sale von Hermès ins Getümmel und ergatterte angeblich eine Kelly Bag aus Krokodilleder. Wen interessiert schon, was es wirklich war? Bei so viel blanker Scheußlichkeit sieht alles wie eine Trophäe aus. Und wenn die Verkaufstüren dann auffliegen, endlich! Kaum haben Sie die Schwelle überschritten, deponieren Sie Ihre Tasche an der Tür, hängen Ihren Mantel an eine überquellende Kleiderstange und mischen sich unter die Horden, die es auf die 200-Dollar-Hochzeitskleider oder die Wühlkiste mit den italienischen Bikinis abgesehen haben.

Vielleicht sind nur New Yorkerinnen bereit, auf so grobe, wüste Art um ihre Kleidung zu kämpfen. Die Ironie, an einem Ort, der an eine Konservenfabrik erinnert, Luxus-Bettwäsche oder hauchzarte Seidenklamotten für den Urlaub im Calypso Resort zu kaufen, die achtlos in Pappkartons mit der Aufschrift »10 Dollar, gekauft wie gesehen, keine Rückgabe« geworfen wurden, liegt darin, dass der eigentliche Luxus das Shopping-Ritual ist und gar nicht der gesuchte Artikel. Kleidungsstücke aus einem Sample Sale sind eleganter Müll, besser noch als ein Goldlamé-Regenschirm, der aus einem Abfalleimer auf der Park Avenue ragt, oder ein Satinregenmantel, den jemand in der U-Bahn vergessen hat. Zwischen aufgerissenen Verpackungen, sanfter Beleuchtung, unterwürfigem Personal und beruhigender Musik findet man sich auf einem Schlachtfeld wieder, wo irgendjemand immer gerade blökt: »Kreditkarten bitte hier anstellen!« und jemand anderes schreit: »Nicht mehr als zehn Teile in die Kabine mitnehmen.« Ein Blick in die grimmigen Gesichter von Frauen, die Sarongs für einen Urlaub kaufen, den sie vermutlich nie machen werden, oder die sich wegen großer, hässlicher Basttaschen in die Haare kriegen, zeigt Ihnen die Schattenseite Ihrer eigenen Begierde.

»Wie sehr möchte ich das haben?«, fragen Sie sich vielleicht in einem philosophischen Moment, müssen dann aber mit ansehen, wie Ihnen das betreffende Teil aus den Händen gleitet oder mit affenartigem Tempo von einer Kleiderstange heruntergerissen wird. Wer hier zögert, bleibt nackt.

Ich habe vor langer Zeit gelernt, die Umgebung vom Objekt meiner Begierde zu trennen. Als ich sieben war, kaufte meine Mutter für ihre Underground-Modeboutique in riesigen Secondhand-Kaufhäusern in Harlem ein, richtiggehenden Umschlagplätzen für Amerikas Vintage-Klamotten. In einem Raum – das werde ich nie vergessen – ragte eine Pyramide mit samtenen Kinderkleidern auf. Ein Durcheinander aus smaragdgrünem, kirschrotem, violettblauem und schwarzem Stoff, fast sechs Meter hoch. Meine Mutter sagte: »Klettere rauf, und wenn du ein Kleid ohne Löcher findest, gehört es dir.« Ich musste sehr lange wühlen, hielt löchrige Partykleider aus den Dreißiger- und Vierzigerjahren gegen das Licht und entdeckte Bleichflecken, Risse und das seidene Gespinst von Mottenlöchern. Ich war den Tränen nah, hielt aber tapfer durch und konnte schließlich zwei Kleidchen präsentieren, eines aus grünem Samt, das andere königsblau mit blassblau gepunktetem Petticoat-Tüll. Shirley Temple nach einer stürmischen Nacht. Diese Kleider habe ich immer noch – meine erste Lektion in Sachen Vintage-Klamotten-Abstauben und abenteuerlichem Ausverkauf-Shoppen. Jedes kostete circa fünfzig Cent.

Bevor es Sample Sales gab, trug ich nie Designerklamotten, ich lieh sie mir höchstens oder stibitzte sie übers Wochenende vom Fashion Cupboard der australischen *Vogue*, wo ich eine Zeitlang gearbeitet habe. Die Kleiderstangen bei der *Vogue* waren eigenartig – hässlich, wunderschön, experimentell und oft in sehr, sehr kleinen Größen. Die Kleidung, die zu uns kam, wurde teils zurück nach Europa und Amerika geschickt, teils ging sie in Sydney verschollen. Da alle jungen Redakteurinnen und Assistentinnen, mit denen ich zusammenarbeitete, piekfein waren, Privatschulen besucht hatten und irgendwie immer nach feinem Reitstall aussehende Klamotten trugen, erbeutete ich die auffallenden Teile. Praktisch alles, was rot oder in Electric Blue oder aus Stretch war, galt bei der australischen *Vogue* als radioaktiver Müll.

In Manhattan sind derartige Dünkel natürlich unerheblich, und sie werden es mit jedem Jahr mehr. Hier sehen die Menschen gern reich aus, und jede Art von reich ist ihnen recht: auffallend vulgär oder versnobt-dezent. Es gibt wirklich alles: In der Umkleidekabine eines Sample Sale von Moschino kann man beide Gruppen beobachten: Auf der einen Seite die stinkreichen Frauen – durchtrainiert, blondgesträhnt und gewohnt zurückhaltend in hautfarbenen seidenen G-Strings, die mit ihrer Sonnenbräune verschmelzen. Sie kaufen eine Handvoll Teile und sind stundenlang zwanghaft mit der Länge eines Rocks oder der Machart eines Ärmelbündchens beschäftigt. Auf der anderen Seite der Rest der Meute: College-Studentinnen, die völlig ausgeflippte Badekleidung kaufen; Siebzigjährige in Nahtstrumpfhosen, die sich in hautenge Kleider zwängen; Künstlerinnen, die seltsame Gaultier-Teile über alte, schwarze Jeans drapieren; Angestellte, die sich ein Kleid unter den Nagel reißen, nach dem sie die ganze Saison lang geschmachtet haben – und ich mit nichts als Mänteln und hin und wieder einem Seidentuch.

Erst nach einigen Expeditionen begriff ich, dass man bei einem Sample Sale am besten einen gut gearbeiteten, schön geschnittenen Mantel kauft; alles andere wirkt neben Ihren popeligen Kleidungsstücken einfach nur lächerlich. Ich hatte mit Schuhen (immer zu hoch und eine halbe Nummer zu klein), Blazern (mit ziemlich engen, nur für Modelarme tauglichen Armlöchern) und Blusen (in denen selten eine weibliche Brust Platz hatte) experimentiert. Als demütigend empfand ich dabei immer die Konfektionsgröße: Kleidung aus Musterverkäufen gibt es, wie der Name schon sagt, in *Muster*größen, die bestenfalls einer Parodie der menschlichen Gestalt entsprechen. Um diese Wahrheit kommt man nur herum, indem man etwas findet, das voluminös ist, einen A-Linie-Schnitt oder einen dehnbaren Taillenbund hat. Wirklich gute Kleidung und Accessoires machen sich irgendwann bezahlt – dann aber richtig!

Der Mix macht's

Ein paar teure, hochelegante Sachen sind alles, was ein Mädel braucht. Um exotische Teile hervorzuheben, ist es aber wichtig, dass Sie ansonsten neutrale, schlicht-elegante Kleidung tragen. Holly Golightly demonstrierte das ganz gut, als sie in einem kleinen Schwarzen unter dem Bett nach ihren Slingbacks aus Krokodilleder suchte. Einen hellbeigen Leinenmantel von Moschino kann ich nur mit einem schokobraunen Kleid und Handschuhen in Electric Blue dazu tragen.

Tragen Sie es richtig

Sie können zwar ein schickes Kleid tragen, wenn Sie sich mit strähnigem Haar und ausgelatschten Ballerinas im Supermarkt unters Volk mischen, aber dann sieht es einfach so aus, als sei Ihr Outfit aus einem Leben gestohlen, das eindeutig nicht Ihres ist. Wenn Sie sich schon in Schale werfen wollen, müssen Sie es richtig machen. Denn wer in eine Rolle schlüpft, muss sie auch gut spielen. Ich zum Beispiel achte darauf, nicht mehr zu schlurfen, wenn ich in einem gefütterten Kleid majestätisch einherschreite.

Mogeln Sie nicht bei der Passform

Meine Faustregel beim Shoppen lautet: Ein Teil muss perfekt sitzen. Nichts da mit »Da wachse ich noch rein« oder »Ich lasse es ändern«, denn das machen Sie sowieso nicht. Seltsame Farben gehen gar nicht. Lächerlich sexy wirkende Teile wie Pfennigabsätze, Korsagen und Strandkleidung, die man nur ohne BH tragen kann, gehen auch nicht, ebenso Kleidung oder Accessoires, die dreimal so bombastisch und verrückt sind wie Ihr wahres Leben. Tragen Sie, wenn Sie im Ausverkauf shoppen gehen, Basics, die Sie gerne mögen. Das hat die gleiche Wirkung, wie vor dem Lebensmitteleinkauf etwas zu essen. Und nehmen Sie vernünftigerweise eine Einkaufsliste mit.

Zwei

Liebe in Secondhand:
So werden Sie zur Vintage-Shopperin

Viele Jahre feierte ich den New Yorker Sommeranfang, indem ich BH und Slip wegließ und sie erst an den ersten kühlen Tagen Ende September wieder trug. Freiheit bedeutete für mich ein knielanges Seidenkleid aus den Vierzigern, wild wehendes Haar, Plateausandalen, roter Lippenstift, eine gewebte Umhängetasche und sonst nichts. Ich brauche nicht zu erwähnen, dass ich in der U-Bahn stand, anstatt zu sitzen, und zwar sehr still. Und da es Sommer war, durfte auch ein Mann nicht fehlen, ein Date in Jersey City oder Greenpoint oder Jwd. Mit einem Kleid, bei dem der Saum herunterhängt, geht man selten in die eleganten Viertel.

In gewisser Weise verfiel ich in regelrechte Euphorie, wenn ich zum romantischen Date in einem abgetragenen Kleid erschien, das bei irgendeiner wilden Tanzverrenkung oder nach hundert Sonntagsgottesdiensten Risse bekommen und noch dazu einen eingerosteten Reißverschluss hatte. Ich brüstete mich gern vor mir selbst damit, dass *dies* das letzte Aufgebot und der größte

Augenblick für das alte Teil sei: fadenscheinig, aber von Hitze durchdrungen, mit dem Duft von Feuchtigkeit und einem Spritzer Shalimar unter den Achseln. Gebrauchte Kleider zu tragen hatte mir meine Mutter beigebracht, die selber welche trug, mit glänzenden 1-Dollar-Plastikknöpfen, die sie selbst aufgenäht hatte, breiten indischen Ledergürteln und darunter nur ein Seidenslip. »Es weiß ja keiner außer dir«, sagte sie augenzwinkernd und zeigte mir damit wieder einmal, wie viel Spaß es macht, sich heimlich Freiheiten herauszunehmen, auf Normen zu pfeifen und trotzdem ungestraft davonzukommen.

Wir meinen immer, Frauen seien früher in Bezug auf Wäsche eher zugeknöpft gewesen, aber das stimmt nicht. Probieren Sie mal Cami-Knickers aus den Dreißigern. Das ist, als trügen Sie auf den Pobacken nur zwei flatternde, kunstseidene Blütenblätter, mit einem im Schritt geschlossenen Zwickel – ein Hauch von nichts zwischen Nacktheit und der Außenwelt. Als meine Mutter Ende der Sechzigerjahre Vintage-Lingerie entdeckte, wurde ihr Verhältnis zu Schlüpfern und Miederwaren unbekümmerter. »Alles, was enger sitzt, schadet der Gesundheit«, sagte sie naserümpfend. Also liefen wir meistens ungezwungen wie Waldnymphen in ausgeleierten Baumwoll-Trägerkleidchen, Stepptanz-Shorts aus der Zeit der Weltwirtschaftskrise, seidenen Unterkleidern und viktorianischen Nachthemden herum. Und so trug ich in meinen Zwanzigern und mit Anfang dreißig im Sommer meine Vintage-Kleider und spürte dabei, wie der harte Asphalt mich durch die klappernden Sohlen meiner Riemchensandalen bis hinauf in die Wirbelsäule erschütterte.

Vintage-Klamotten ohne Höschen zu tragen ist natürlich etwas für jüngere Frauen. Später fordern die Schwerkraft und der gesunde Menschenverstand ihr Recht ein. An dem Tag, als ich mein erstes richtiges Date mit meinem späteren Ehemann hatte, wollte ich eigentlich ein vorn mit winzigen Perlen besticktes Omakleid aus schwarzem Chiffon über einem schwarzen Satinslip tragen. Aber ich traute mich nicht und zog stattdessen einen neuen, gebügelten Rock und eine ärmellose Spitzenbluse an. Keinen BH, dafür aber Unterhosen, richtige Unterhosen. Ich würde ja gern behaupten, dass ich mich nur mit einem dünnen Fetzen bekleidet verliebe, aber ich musste mich stärker wappnen. Ich war fünfunddreißig. Zu alt für Verkleidungen oder vorgetäuschte Gefühle. Man muss schon eine gewisse Arroganz mitbringen, wenn man sich schick unzeitgemäß kleiden möchte. Der Trick bei Secondhand-Mode ist folgender: Tragen Sie sie immer so, als wären Sie die ursprüngliche Besitzerin, verstehen Sie die speziellen Muster, Schnitte, den Kontext und das Ritual, als wären Sie eine Zeitreisende. Pfeifen Sie dann mit stylischem Trotz auf die Historie, und tragen Sie dazu irgendwelche goldenen, hochhackigen Stiefel oder ein Paillettenkäppi. Vintage-Mode verlangt von uns Frauen, zu Schauspielerinnen oder – noch frecher – Hochstaplerinnen zu werden. Wenn Sie ein altes Teil richtig tragen, kommt jedem ein Film, ein Foto oder ein Gemälde in den Sinn. Ein gebrauchtes Teil, das zu Ihrer Figur passt, bringt Ihren Körper zum Singen, wenn es Ihre Hüften so umschmeichelt, Ihre Brüste so verpackt und sich so um Ihre Taille legt, wie es nur ein richtig guter Schnitt und perfekte Verarbeitung vermögen.

Klamotten aus früheren Zeiten ziehe ich immer noch an – allerdings mit großer Vorsicht. Wenn eine Frau sich dem Alter ihrer Kleidung nähert oder die Lebenserfahrung einer Hausfrau aus einem Film noir, einer TV-Mutter aus den Fünfzigern oder die einer alternden Bibliothekarin aus einem Raymond-Chandler-

Roman übernimmt, muss sie ihre Fashion-Anleihen klug wählen. Ich kann ohne Ironie weder Spitzenkragen, schwere Schulterpolster, perlenbesetzte Cardigans oder geblümte Tageskleider aus den Sechzigern tragen. Meine Mundfältchen, meine silbernen Haarfäden und ein Funken Würde stehen dem im Wege. Andererseits kann ich mich immer noch mit einem schönen Opera Coat, einem weichen Filzhut (ohne Blumen), einem gut sitzenden Seidenkleid (aber mit viel darunter, am besten glänzenden Strumpfhosen) und einer todschicken Tasche verwöhnen. Für jede Mode kommt irgendwann einmal der Zeitpunkt, an dem sie kein Statement mehr ist, sondern ein Relikt. Das Geheimnis, Vintage zu tragen, besteht darin, im Laufe der Zeit das zu veredeln, was Ihnen steht, anstatt mit den einmal gekauften Klamotten alt zu werden. Mit einundzwanzig bedeutete ein altes Kleid für mich Rebellion. Mit einundvierzig muss es einfach gut aussehen. Poesie (und Unterwäsche) sind dabei optional.

Drei

Die Kunst, anderer Leute Kleidung zu tragen: Finden Sie Ihren eigenen Stil und Ihr Jahrzehnt

Viele Frauen finden Vintage-Klamotten toll, fürchten sich aber, sie zu tragen – oft, weil sie nicht altbacken, exzentrisch oder altmodisch erscheinen wollen. Sie sind zwar total glücklich, ein Vintage-Teil ergattert zu haben, werden aber auch schnell nervös bei der Vorstellung, etwas sehr Altes zu tragen und es als eigenen Look zu präsentieren. Das ist ein Verlust sowohl für das Budget eines modehungrigen Mädels als auch für die Umwelt. Denn mit Vintage-Mode wirken Sie nicht nur individuell, sie verleiht Ihnen auch einen ökologischen Touch: Für mich gibt es keine bessere Methode, Kleidung zu recyceln und mich zugleich originell und kokett zu kleiden. Davon abgesehen, gibt es viele Wege, um den Vintage-Style richtig hinzukriegen. Sie können nicht einfach Gott weiß was für ein altes Teil wählen, denn in jedem Jahrzehnt gab es andere Körperformen und andere Busengeschmäcker. Zu einem Kleid aus den Dreißigern gehörte unbedingt eine flache Oberweite, die man ganz natürlich und locker unter einem Seidenunterrock trug. Zu einem Fünfzigerjahre-Kleid gehörten unweigerlich hohe, spitze Brüste, die in einem mehrfachgenähten, oft mit Metallbügeln verstärkten, kegelförmigen, an eine Waffeltüte erinnernden Büstenhalter Platz fanden. Und ein Kleid aus den Sechzigern verhalf mit hohen Abnähern in Verbindung mit einem dick wattierten Push-up-BH zu hohen, gerundeten Kurven. Falls Sie also über einem modernen, luftigen BH von Victoria's Secret, der Ihre Brüste voll zur Geltung bringt, ein Art-déco-Teekleid tragen, sehen Sie aus, als hätte Ihnen irgendein Lümmel zwei dicke Orangen unters Kleid geschoben. Sie müssen Ihre Titten richtig präsentieren, meine Liebe!

Wissen Sie über Ihre Figur Bescheid?

Damit Kleidung aus anderen Jahrzehnten gut an Ihnen aussieht, sollten Sie sich mit den Erotikidealen der betreffenden Zeit beschäftigen und der Wahrheit über Ihren Körper und Ihre Proportionen ins Auge blicken. Nehmen Sie sich die Zeit herauszufinden, welches Jahrzehnt Ihre schärfsten Trümpfe betont.

Grundlegendes über Körperformen

Birnentyp-Frauen sehen am besten in Kleidung der Mittvierziger-, späten Sechziger- und frühen Siebzigerjahre aus. In diesen Jahrzehnten hatten A-Linie-Röcke, schmale Taillen und maßgeschneiderte, schön gearbeitete Oberbekleidung Konjunktur.

Falls Sie schmale Hüften und schöne Beine haben, sind modische Sechziger- und schlichte Dreißigerjahre-Kleider Ihre Verbündeten. Sind Sie groß und haben breite Schultern, gehören Sie zu den Glücklichen, die im YSL-Safarikostüm oder einem Teil aus den androgyn geprägten Siebzigern – etwa hochgeschnittenen Jeans und einem bauchfreien Strickoberteil – für Aufsehen sorgen können. Es ist sinnlos, einen Stil anzustreben, den Sie nicht tragen können. Ich zum Beispiel werde niemals Minirockknie haben.

Davon abgesehen, können Sie sich ein Vintage-Teil auch auf die eigene Figur zuschneiden. Viktorianische Nachthemden können Sie kürzen und daraus super Blusen machen, wenn Sie mehr Oberweite, dafür schmalere Hüften haben. Dasselbe gilt für Tuxedo-Männerhemden mit Latzeinsatz.

Gehen Sie mit der Zeit – mit cleveren Änderungen

Mit dem Älterwerden habe ich festgestellt, dass mir Vintage-Kleidung von der Stange selten passt. Also zerschneide ich sie unbekümmert, setze andere Ärmel ein, schneide Schleifen oder hässliche Knöpfe ab, setze meine eigenen Bündchen dran oder verwende den Stoff für etwas anderes.

Es wäre zu simpel, davon auszugehen, dass eine Saumlänge oder ein Ausschnitt zur aktuellen Mode passt. So wie es auch Verschwendung wäre, aus Vintage-Stoffen Swingkleider oder Sechzigerjahre-Cocktailkleider exakt nachzuschneidern. Na ja, falls Sie Swingtänzerin sind und einen kompletten Vierzigerjahre-Look anstreben, dann tun Sie's. Aber Vintage-Stoffe können auch eine Einladung sein, einen Stil neu zu interpretieren. Mixen Sie. Seien Sie mutig. Schauen Sie sich an, wie Designer mit dem Kontrast zwischen Stoff und Schnitt spielen. Ich verwende liebend gern Applikationen aus den Vierzigern (sieht man normalerweise nur auf Abendkleidern) für T-Shirts von American Apparel. Risiko ist immer cool.

(Schnitt-)Muster von Vintage-Kleidern sind oft hilfreicher (und preisgünstiger) als Vintage-Kleidung selbst. Sammeln Sie die, die zu Ihrer Figur passen, und wählen Sie die Stoffe selbst aus. Ich tanze gern auf allen Hochzeiten, indem ich eine Siebzigerjahre-Bluse aus Vierzigerjahre-Stoff schneidere oder ein klassisches Sechzigerjahre-Kostüm in ein trendiges, modernes, Metallic-Bouclé-Teil verwandle.

Schauen Sie sich bei großen Modehäusern wie Prada oder Dolce & Gabbana um. Die machen fast dasselbe: hier ein anderer

Ausschnitt, dort ein etwas anders geschnittener Ärmel – neuer Wein in alten Schläuchen.

Werden Sie nicht zum Zeitdokument

Widerstehen Sie dem Drang, mehr als zwei Teile aus einem Jahrzehnt gleichzeitig zu tragen. Schließlich möchten Sie ja nicht aussehen, als seien Sie gerade dem Bühnenbild eines Tennessee-Williams-Stücks entstiegen, sondern der französischen *Vogue*.

Alle Vintage-Kleider (vor allem schräg geschnittene) sehen immer besser zu einer androgynen schwarzen Weste (mit Rückenteil aus Seide) oder einem großen, furchteinflößenden Gürtel aus.

Setzen Sie Accessoires aus verschiedenen Jahrzehnten gezielt als Kontrast zum jeweiligen Kleidungsstück ein. Mir gefallen Achtzigerjahre-Gürtel an Vierzigerjahre-Kleidern oder Dreißigerjahre-Knöpfe an Siebzigerjahre-Kleidern und gestärkte Spitzenkragen, die ich als Halsschmuck oder statt einem Schal auf einem tief ausgeschnittenen Strickoberteil trage. Schminken Sie sich bewusst so, dass es nicht zum Kleidungsstil passt. In irgendeiner Saison kombinierte Prada Fünfzigerjahre-Kleider mit wilden Siebzigerjahre-Frisuren, bleichem präraffaelitischen Augen-Make-up und zart kirschrot geschminkten Lippen und ließ somit die Kleider modern aussehen. Mit Marilyn-Make-up zum Wiggle Dress und hochhackigen Pumps sehen Sie einfach wie eine Burlesque-Tänzerin an ihrem freien Tag aus. Vintage-Chic dürfen Sie niemals wörtlich nehmen, sonst wird er zur Verkleidung.

Weniger ist mehr: Entfernen Sie überflüssigen Firlefanz

Ein Kaschmirmantel aus den Sechzigern sieht besser ohne Pelzkragen aus. Ein Fünfzigerjahre-Kleid mit auffälligem Blumendruck kommt auch ohne Rüschen, Spitzenbordüren und Schleifen aus. Pullis und Blusen aus den Sechzigern haben oft hässliche Knöpfe… ersetzen Sie sie. Fürchten Sie sich nicht vor einem Kleidungsstück, weil es Haute Couture ist oder aus teurem Stoff angefertigt wurde. Trauen Sie sich, und passen Sie es Ihrem Körper und Ihrem Leben entsprechend an.

Putzen Sie sich ein bisschen heraus

Der Charme alter Kleidungsstücke kam mit dem Komplettlook auf, den Frauen früher trugen. Sie hatten Mieder und mit Haarspray festbetonierte Frisuren, gebügelte Taschentücher, adrette, kleine Absätze und gepuderte Nasen. Kein Wunder, dass Sie sich in gewissen Klamotten wie ein Mauerblümchen vorkommen! Warum bringen Sie nicht – ohne den biederen Look eines Irving-Penn-Models zu übernehmen! – ein bisschen Retro-Glamour ins Spiel? Ein knalliger Lippenstift, Kittenheel-Schuhe, ein glänzender Dutt und ein hauchdünner Strich schwarzer Flüssig-Eyeliner. *Wooooowww!* Was für eine Frau!

Pflegen Sie jedes Teil

Da ältere Kleidungsstücke besser verarbeitet sind als die meiste heutige Konfektionskleidung, müssen sie mit der Hand gewaschen und luftgetrocknet werden, wenn sie überleben sollen.

Selbst ein klassisches Baumwoll-Männerhemd aus der Jahrhundertmitte muss wie Seide behandelt werden. Waschmaschinen sind der Tod charaktervoller Kleidung.

Pfeifen Sie aufs Label!

Seit einigen Jahren ist vor allem die Vintage-Mode großer Designer angesagt. Die Leute stecken viel Geld in gut erhaltene Teile von Ceil Chapman, YSL, Halston, Biba, Ossie Clark, ja sogar Kultlabel wie Alley Cat by Betsey. Aber beim Vintage kommt es ja wohl darauf an, Snobismus zu vermeiden und stattdessen etwas zu finden, das Ihnen wirklich steht. Ich habe ein Kleid von Dior, in dem ich einfach bescheuert aussehe, also trage ich es nie, *aber* ich besitze einen Missoni-Schal aus den Siebzigern, den ich täglich umschlinge. Suchen Sie sich bei der Vintage-Mode die Stücke, in die Sie investieren wollen, nach denselben Prinzipien aus wie Ihre modernen Teile. Stil geht immer über Status.

Bezahlen Sie für das, was Ihnen wirklich gefällt

Die Kaufentscheidung von Vintage-Klamotten darf nicht allein vom Preisschild abhängig gemacht werden. Manche Teile dürften horrend teuer sein. Wenn ein getragenes Teil hundert Dollar oder mehr kostet, ist es vielleicht aus einem seltenen Material, in sehr gutem Zustand oder passt einfach zur aktuellen Mode. Nach Schnäppchen muss man für gewöhnlich viel länger suchen.

Haben ein Vintage-Laden oder eine Vintage-Website höhere Preise, bezahlen Sie für das gute Auge des Händlers, sein gutes Sortiment und auch für die Qualität – damit sparen Sie viel Zeit, wenn Sie nach etwas Bestimmtem oder etwas für einen besonderen Anlass suchen. Neiden Sie einem Vintage-Händler sein Geld nicht, und versuchen Sie nicht zu feilschen; diese Leute sind keine Einzelhändler, sondern meistens Menschen mit einer Leidenschaft, die viel über Modegeschichte wissen.

Lernen Sie den Unterschied zu schätzen!

Zum Vintage-Shopping gehört, Angebote zu durchforsten und ein gewisses Risiko einzugehen. Bei einem Vintage-Teil von eBay müssen Sie sich vorstellen können, ob es Ihnen passen würde. Kleiderstangen können Ihre Geduld strapazieren, wenn Sie sich auf der Jagd nach dem einen Juwel durch hundert langweilige Fünfzigerjahre-Sommerkleider kämpfen müssen. Und manchmal verlieren Sie einfach den Überblick und fragen sich, was hip und was lediglich alt ist. Aber ich liebe die Kreativität und den Erfindergeist, die man bei der Jagd nach Kleidungsstücken aus anderen Jahrzehnten entwickelt. Es hat ja auch Vorteile: In Vintage-Kleidung werden Sie einen Raum betreten und wissen, dass nur Sie dieses einzigartige Outfit tragen; dass Sie etwas anhaben, das nicht mehr hergestellt wird, weil Schnittmuster mittlerweile radikal vereinfacht wurden und für moderne Mainstream-Bekleidung weniger Stoff verwendet wird. Also rascheln Sie mit dem Stoff, und präsentieren Sie stolz Ihre Brustabnäher!

Details wie überzogene Knöpfe, handbestickte Kragen, eingefasste Nähte und seidengefütterte Röcke verleihen Ihnen eine unvergleichliche, unauffällige Eleganz.

Ihr Kleidungsstil und Ihre Identität werden saisonunabhängig sein und Bestand haben. Sie werden dem weltweiten Diktat, an Samstagabenden Jeans zu High Heels tragen zu müssen, entkommen sein. Und das Allerbeste: Sie sind dann eine wirkliche Vintage-Shopperin.

Vier

Warum Edith Piaf Schwarz trug

An einem stürmischen Nachmittag in Paris hätte ich beinahe die großartigste Ausstellung meines Lebens verpasst. Versteckt in einer Lobby des Hôtel de Ville, gab es eine wunderschöne, umfangreiche Hommage an das Leben von Edith Piaf. Da traf es sich gut, dass ich auf der Flucht vor dem Regen hereingekommen war. Die Ausstellung zeigte Poster, Filme, Songbücher, Karten, Memorabilien und eine Handvoll kostbarer Kleider der Piaf. Das Ganze kontrastierte stark mit dem überheblichen Wohlstand des modernen Paris, aber der »Spatz von Paris« war immer eine Außenseiterin gewesen.

In puncto Mode ist Edith Piaf vor allem dafür berühmt, dass sie abgespannt aussah. Ihr Haar trug sie als gekräuselten roten Lockenschopf, ihr Mund war ein rotes, zur Seite gekipptes Komma, und ihre Hände waren blass und oft gegen ihr schlichtes schwarzes Kleid gepresst. Diese Merkmale zeigen nicht den Glamour, den wir bei einem Star erwarten. Ich dachte sogar immer, die Piaf habe vom Armenviertel Pigalle bis zu ihrem Staatsbegräbnis dasselbe Kleid getragen. Sie war reich, eine Ikone, aber sie verpasste sich ein Image von völliger Bescheidenheit und überzeugender Verzweiflung, indem sie sich wie Frau Jedermann kleidete, so arm wie eine Kriegswitwe und so gesichtslos wie eine Concierge in einem Billighotel. Die wandelnde Verkörperung des Satzes: »Dieses alte Teil?... Ach, das hab ich schon seit Jahren!«

Schöne Kleidung lebt oft noch weiter, doch die Kleidung von Stars besitzt noch etwas anderes – eine Aura. In einer Ecke der Ausstellung, von einem einzigen Spot beleuchtet, sah ich sie, Edith Piafs Uniform des Grams: ein kleines Schwarzes (Größe XS) und wildlederne Riemchenschuhe mit Plateausohle. Ohne seine Trägerin wirkte das Kleid eindringlich. Aus der Nähe sah ich, dass es clever gearbeitet war: Es war aus hochwertiger Wolle, hatte einen Herzausschnitt mit Wellenkante und war mit einem winzigen Seidenetikett mit dem Schriftzug Christian Dior versehen. Später erfuhr ich, dass Piafs Bühnenkostüme oft maßgeschneiderte Haute Couture waren und aus einer umfangreichen Kollektion stammten. Ihr Trick bestand darin, alle Stücke gleich aussehen zu lassen – ein schlichtes Erkennungsmerkmal, das ihrem Auftritt nicht in die Quere kam.

In der Geschichte des »Kleinen Schwarzen« war die Piaf eine subversive Kraft, die diesem Stil zu einer gewissen Glaubwürdigkeit verhalf. Coco Chanel machte aus dem LBD (Little Black Dress) einen Luxusartikel und ein cleveres Statement. Danach baute jede mittellose Frau in Europa ihre Garderobe nach demselben Prinzip auf: Schwarz fürs Büro, Schwarz für Partys, Schwarz, um Flecken zu kaschieren. Schwarze Kleidung war robust, konnte mit Knöpfen aufgewertet, mit einer Halskette aufgemotzt oder mithilfe von abnehmbaren Kragen und Bündchen verwandelt werden. Genau diese Sprache sprach die Piaf, wenn sie ihre schwarzen Kleider trug. Ihre Lieder lassen uns in das Herz einer Frau blicken, deren Leben wenig Auswahl bot: ein Mann, ein Schicksal, ein Kleid. Friss oder stirb.

Als Audrey Hepburn Anfang der Sechzigerjahre ihr Givenchy-Etuikleid in *Frühstück bei Tiffany* trug, besaß bereits jede Frau ein schwarzes Cocktailkleid, selbst Vorstadtteenies. Die Hepburn kombinierte es mit einer klobigen Perlenkette und einer Zigarettenspitze und nahm die schlichte Herkunft der Grundfarbe Schwarz geradezu auf die Schippe. In Zeiten des Wohlstands ist ein schwarzes Kleid eher eine Alternative als eine Überlebensuniform. Doch wenn härtere Zeiten kommen, wird die Idee von einer unifarbenen Garderobe sofort aus der Mottenkiste hervorgeholt und erlebt ein Revival. Wer eine seriöse Arbeit sucht, kauft kein Teil mit Polka Dots. Wer einen Ehemann und keinen Lover will, gibt Schwarz den Vorzug vor Scharlachrot. Bei Handlungen, die uns Erfolg versprechen, spielt Sicherheitsdenken eine große Rolle. Und mit einem schwarzen Kleid hat man immer Erfolg; es ist der einzige Artikel, der sich anpasst, anstatt zu veralten. Für junge Mädchen ist das LBD ein Baumwoll-Spitzenrock mit Wellenkante. Bei älteren Frauen wird das Kleid zum Harnisch, der die Oberarme bedeckt, gleichzeitig aber schamlos ein Dekolleté entblößt, das in seinen letzten Kampf zieht.

Mein erstes schwarzes Kleid war ein Vierzigerjahre-Kleid mit einem Piaf-Ausschnitt. Ich trug es mit dreizehn und handelte mir eine Menge Ärger ein, weil ich auf einer wilden Party zu reif aussah. Ich vernichtete es, indem ich in den Pool sprang. Mein zweites kaufte ich mit neunzehn. Es hatte Spaghettiträger und Seidenfutter, und wie durch Zauberei sah man niemals Champagnerflecken darauf. Mit sechsundzwanzig kaufte ich ein schwarzes Etuikleid aus Stretchwolle, das wie eine Wickeljacke aussah, und zog es zu öden Vernissagen in New York an. Bei jungen Menschen zeigt Schwarz ihren Mangel an Erfahrung. Und später verrät es ein bisschen zu viel davon.

Heute würde ich ein schwarzes Kleid zu einem Termin mit meinem Bankberater oder zu einem Dinner mit zu vielen verheirateten Freundinnen tragen. Ich würde es anziehen, um bescheidener oder seriöser oder reicher zu wirken, als ich tatsächlich bin. Diese Entscheidung ist in vieler Hinsicht vernünftig. Schwarz ist nicht mehr so rebellisch. Die Assoziationen von Biker-Schwarz und Punk sind schon lange vorbei. Schwarz ist weder existentiell wie bei den Beat Poets, noch hat es den Hauch von Sozialismus wie bei der radikalen Piaf. Heute ist es ungefährlicher, aber niemals einfach. Es ist nämlich gar nicht so leicht, Schwarz richtig zu tragen. Coco Chanel bemerkte einst spöttisch: »Scheherazade ist einfach, das kleine Schwarze ist harte Arbeit.« Schwarz muss immer originell sein, um sein eigenes Klischee zu zerstören. Schwarz verleiht dem Körper klare, scharf umrissene Konturen, macht aber auch die Falten im Gesicht brutal sichtbar. Wenn Sie in Großstädten wie New York Schwarz tragen, gehen Sie in der Masse unter, und wer mit über vierzig Schwarz trägt, erlebt so etwas wie den Hauch einer Niederlage: Entweder es sieht zu gediegen oder zu sehr nach Achtzigerjahren aus, und das ganz ohne Ironie.

Soll das kleine Schwarze Gold wert sein, müssen Sie es abändern: Kürzen Sie den Saum, verändern Sie die Textur, erfinden Sie sich neu. Für jedes neue Lebenskapitel müssen Sie genau das neu erfinden, von dem Sie meinen, es bleibe unveränderlich, damit es zu den Feinheiten der Mode, zu Ihrem Lebensstil und zur Wahrheit über Ihren Körper passt. Ihr bester, treuer Freund, das

LBD, muss ein Chamäleon sein. Aber es wird Ihnen immer eine zuverlässige Stütze bleiben. In Ihrem Kleiderschrank ist es das einzige Teil, das sich von allein bezahlt machen wird und das Sie ganz sicher jahrelang tragen werden. Das kleine Schwarze ist niemals eine Risikoinvestition.

In gewisser Weise markiert der Kauf eines neuen kleinen Schwarzen für gewöhnlich einen Wendepunkt – wenn Sie dringend einen Touch Drama oder Macht brauchen oder die Raffinesse verloren gegangen ist. Zu meinem diesjährigen Geburtstag kaufte mir meine Mutter ein geschlitztes, schwarzes Cocktailkleid mit Paillettenbesatz an Schultern und Taille sowie einem sexy Tellerrock. Was für ein Geschenk für eine frisch getrennte, alleinerziehende Mutter mitten in der globalen Rezession! Dieses ärmellose, aber wie ein Balmain-Kleid aus den Fünfzigern geschnittene Kleid hatte eine unmissverständliche Message: Warte nicht, trau dich, geh raus, und pack dein Leben an. Oder, wie die Piaf sagen würde: »*Non, je ne regrette rien.*«

Fünf

Billiger Nervenkitzel und falsches Sparen: So stellen Sie sich eine Chiconomy-Garderobe zusammen

Nichts ist verführerischer als der Lockruf eines billigen Kleides. Aber es gibt nichts Jämmerlicheres, als ein Kleid zu tragen, das billig *aussieht*. Zu enge, zu glitzerige, zu kurze oder zu durchsichtige Kleidung ist niemals ihren reduzierten Preis wert, aber ich verstehe, welch große Anziehungskraft eine Billiglösung hat. Wegwerfklamotten sind nur dazu da, uns in die Falle zu locken. Freitagabends, an einem Tag, an dem Sie sich zu dick fühlen, oder im Urlaub, wenn Sie Ihren Körper schön verpacken wollen, betören sie Sie mit ihrem Sirenengesang. Sie versprechen Ihnen sofortige Verwandlung, entpuppen sich letztendlich aber viel häufiger als quietschbunter Müll in Ihrem Kleiderschrank. Und nicht nur dort: In Amerika landen jährlich Millionen Kilo Billigkleidung unrecycelt auf Müllhalden und belasten die Umwelt. Ein billig gearbeitetes (oft unter unfairen, unterbezahlten Bedingungen und in Kinderarbeit entstandenes) Kleidungsstück hält wahrscheinlich nur sehr kurz und nützt jemand anderem nicht mehr viel, nachdem Sie es entsorgt haben.

Billigmode hat in mehrerer Hinsicht ihre Schattenseiten: erstens wegen der in den Stoffen enthaltenen Pestizide und Chemikalien, zweitens wegen der Produktionsbedingungen, drittens wegen der CO_2-Emissionen beim Transport und viertens, weil sie einfach nicht sehr lange hält. Aber davon wusste ich vor zehn oder auch fünf Jahren noch nichts: Jahrelang schwor ich auf 20-Dollar-Kleidchen. Zu keinem Zeitpunkt besaß ich mehr Klamotten (gepunktet, geblümt, Chiffon, Satin, Denim), hatte aber selten etwas Geeignetes zum Anziehen. Nichts gefiel mir. Nichts passte zusammen. Da ich ein Billigladen-Shopaholic war, spielte das aber letztlich gar keine Rolle. Mit jedem neuen, schäbigen Teil, das mir Freude bereitete, erlebte ich eine Wiedergeburt und meinte, diesmal schick auszusehen. Alles Fehlkäufe. Als ich Mutter wurde, erfuhr ich die nüchterne Wahrheit über den wahren Wert von Kleidung. Ich musste professionell, ordentlich und manchmal einfach wach aussehen; und ich durfte kein Geld und keine Zeit mehr verlieren. Mit vierzig musste ich mir schließlich mit mehr List als Lust eine Garderobe zusammenstellen. Heute gebe ich halb so viel für Kleidung aus und habe doppelt so viel anzuziehen. Es klingt ernüchternd und manchmal abgedroschen, aber wer sich für weniger Geld gut kleiden will, muss tatsächlich wenigere, dafür bessere Teile statt viele billige kaufen. Dazu brauchen Sie Disziplin und nicht so viele Polka Dots, es sei denn als Futter eines Regenmantels, den Sie im Frühjahr täglich tragen können.

Heute habe ich beim Shoppen eiserne Grundregeln, die Impulskäufe sofort im Keim ersticken. Kleidung muss gut gearbeitet sein, mehrere Saisons überdauern und sich mit anderen, bereits vorhandenen Basics in meiner Garderobe kombinieren lassen. Da ich ein Kleidungsstück auch mal mehrere Jahre tragen möchte, suche ich nach eher konservativen, klassischen Teilen (bei Vintage-Kleidung ist das einfach) und trage sie dann auf. Alle meine Tops müssen zu meinen schwarzen, heißgeliebten Tuxedo Pants im Balenciaga-Stil oder einem A-Linie-Rock passen. Alle Kleider müssen für mindestens drei Anlässe einsetzbar, die Blazer tag- und nachttauglich sowie saisonübergreifend tragbar sein. Dazu passend ein Paar Schuhe und eine Handtasche. Die Farbpalette meiner Garderobe besteht aus Braun, Cream und Electric Blue für Winter und Herbst. Dann Weiß, Schwarz, Honigbeige und Hellgelb für den Sommer – für einen Sommer. Leuchtende Farbtupfer können sich von einer Saison zur nächsten ändern, aber meine Alltagskleidung ist grundsätzlich unifarben. Und unifarben bedeutet durchaus nicht nur Schwarz und Weiß. In Schwarz-Weiß sehen Sie schnell mal wie eine Kellnerin aus. Eine schwarze Grundgarderobe taugt im Sommer nicht viel, und alles Weiße erfordert intensive Pflege. Ich rate Ihnen daher zu drei neutralen Farben, die zu Ihrem Teint passen. Die Garderobe meiner champagnerblonden Freundin Hilary ist komplett auf Beige, Ivory und Schokoladenbraun aufgebaut (oft mit türkisen Farbtupfern). Das gefällt ihr so gut, dass sie ihre Wohnung genauso dekoriert. Mit ein paar einheitlichen Grundfarben brauchen Sie sich niemals Gedanken darüber zu machen, ob die Teile kombinierbar sind, denn alles passt zusammen. Das ist Chiconomy pur.

Die Grundausstattung

Wenn Sie nur einhundert Euro ausgeben können und Ihre Garderobe umkrempeln wollen, dann kaufen Sie ein Kleid, eine tolle Hose (keine Jeans) oder einen Vintage-Mantel. Wenn dann allmählich Geld reinkommt, bauen Sie Ihre Garderobe auf einem dieser Teile (oder allen dreien) auf. Ich persönlich stehe auf Mäntel und Kleider. Ein Mantel verdeckt alles (auch viel billigere Klamotten), und mit einem Kleid brauchen Sie kein komplettes Outfit mehr, da Sie es das ganze Jahr über – im Sommer mit bloßen Beinen und Sandalen, in kälteren Monaten mit Strumpfhosen und Stiefeln – tragen können. Wenn ich schlank bin, trage ich ein ärmelloses Shiftkleid im Sechzigerjahre-Stil, und wenn ich üppigere Formen habe, ein Wickelkleid. Da ich fest daran glaube, dass man mit seinem Körper nachsichtig sein sollte, besitze ich vermutlich mehr Wickelkleider als etwas anderes. Und da mein Style dauerhaft sein soll, verzichte ich auf gemusterte Teile zugunsten von Unifarben. Für Ihre neue Basisgarderobe müssen Sie unbedingt *alle* Formen und Stile danach beurteilen, ob sie Ihnen schmeicheln, und darauf aufbauen. Seien Sie ganz, ganz ehrlich mit sich. Jedes Style-Book der Welt wird Ihnen Audrey Hepburn als Musterbeispiel für Chic präsentieren, aber nur die wenigsten von uns haben ihre Figur! Trenchcoats, zum Beispiel, sehen an Mädels mit sehr viel Oberweite seltsam aus. Meiner Meinung nach sind Trenchcoats für die meisten Menschen tatsächlich eine Herausforderung, außer für Catherine Deneuve. Deshalb könnte Ihr Klassiker auch eine Safarijacke, ein Swing Coat oder eine Caban-Jacke sein. Hauptsache, das Teil steht Ihnen, Punkt.

Genug Geld für alles

Um das Geld für neue Klamotten zusammenzukriegen, sollten Sie bereit sein, *alle* bedeutenderen Teile zu verkaufen, die Sie nicht mehr tragen – zum Beispiel ein Hochzeitskleid oder eine Designerhandtasche –, oder bei sich zuhause eine Tauschparty für hochwertige Kleidung veranstalten. Bitten Sie dazu Ihre Freundinnen, ihre besten Stücke in tragbarem Zustand mitzubringen. Von qualitativ guten Artikeln profitieren alle und finden vielleicht Bausteine für einen neuen Look, ohne einen Cent dafür auszugeben. Sparen Sie auch Geld, indem Sie außerhalb der Saison einkaufen. Durchforsten Sie dazu Kommissionslager, und machen Sie einen Bogen um alles, was sich aufgrund der Farbe oder des Schnitts nicht mit Ihrem Garderobenplan vereinbaren lässt.

Beim Kleiderkauf sparen Sie auch dann Geld, wenn Sie wissen, welches preisgünstige Teil wirklich gut aussieht und wo Sie hingegen keine Kompromisse eingehen dürfen. Ich habe mal ein Achtzigerjahre-Cocktailkleid aus Jersey für dreißig, einen schokobraunen Ledergürtel für fünfzig und Schuhe im Aerosoles-Ausverkauf für zwanzig Dollar erstanden. Drei Teile für einhundert Dollar, aber ich würde genauso viel für eine tolle Jacke von Zara ausgeben, weil ich weiß, dass ich dieses Teil mit über zwanzig anderen Teilen meiner Kerngarderobe kombinieren und saisonübergreifend tragen kann.

Analysieren, planen, umsetzen

Breiten Sie an einem ruhigen Abend die besten Stücke Ihrer Garderobe und die Kleidungsstücke, die Sie immer tragen, aus. Überlegen Sie sich dann, wie Sie die Teile, die Sie gern haben (aber nie tragen), mit bewährten Teilen (die vom vielen Tragen schon ganz fadenscheinig sind) kombinieren können. Falls Ihre Garderobe vorwiegend Casuals enthält, dafür aber bedenklich wenig für Büro und Abendanlässe, investieren Sie in Teile, die sich für beides einsetzen lassen – zum Beispiel das kleine Schwarze. Mit ganz einfachen Mitteln können Sie den Einsatzbereich bereits vorhandener Kleidungsstücke erweitern. Ich zum Beispiel revolutionierte meine Wintergarderobe mit einem beigefarbenen Kaschmirrolli und kniehohen schwarzen Stiefeln, die ich im Spätherbst und Winter fast täglich anhatte. Wie von Zauberhand sahen mein seltsamer Indienrock, ein Kilt, ein Ledermini und ein Übermantel in Electric Blue plötzlich richtig gut aus, weil ich eine neutrale Leinwand hatte, auf der ich malen konnte.

Kaufen Sie Teile, die auf Sie zugeschnitten sind

Bei größeren Labels im mittleren bis tiefen Preissegment wie Zara, Topshop, Gap, J. Crew und H&M wird die Mode auf einen bestimmten Körpertyp zugeschnitten. Bei Zara (Spanien) kaufe ich gern Unterteile. J. Crew ist eher was für schmale Hüften, dort kaufe ich Pullis, aber keine Bleistiftröcke. Kleidergrößen oder Macharten nehme ich nie persönlich und akzeptiere immer, dass ich einen ganz speziellen Körper habe. Es ist also ziemlich unwahrscheinlich, dass ich in einem einzigen Laden auf einen Schlag alle Basics bekomme. Bei Chiconomy geht's darum, Geld zu sparen und möglichst wenig Zeit zu vergeuden, vor allem wenn Sie sich aufhübschen möchten.

Das System

Zu einer konjunktursicheren Garderobe gehören unbedingt zwei zuverlässige Outfits für Bewerbungsgespräche, eines für heikle Situationen (Darlehensantrag, Schwiegermutter, erstes Date), zwei Abendkleider und fünf komplette Arbeitsoutfits. (Freizeitkleidung habe ich nicht extra aufgeführt, weil die meisten von uns vorwiegend legere Kleidung tragen.) Das hört sich jetzt nach vielen Klamotten an, aber es könnte schlicht und einfach nur Folgendes sein:

1 Kostüm: (je nach Figur) Blazer/Hose oder Blazer/Bleistiftrock
1 Kaschmirpulli in einer hellen Kontrastfarbe
1 Seidenbluse
1 Baumwollhemd
2 Röcke: A-Linie und Strickrock
1 Wickelkleid
1 kleines Schwarzes
1 Paar Stiefel
1 Paar Pumps
1 Paar Ballerinas
1 elegante Jeans
1 Langarm-Shirt von sehr guter Qualität

Mit folgender Grundgarderobe kommen Sie sieben Tage (und sieben Nächte) über die Runden:

Montag
Arbeit: Kostüm/Seidenbluse/Stiefel
Freizeit: Jeans/Seidenbluse/Stiefel
Dienstag
Arbeit: Wickelkleid/Ballerinas/Kostümblazer
Freizeit: Wickelkleid/Stiefel
Mittwoch
Arbeit: kleines Schwarzes/Kostümblazer/Pumps
Freizeit: kleines Schwarzes/Kaschmirpulli/Stiefel

Donnerstag
Arbeit: Baumwoll-Shirt/A-Linie-Rock/Stiefel
Freizeit: Kaschmirpulli/A-Linie-Rock/Ballerinas
Freitag
Arbeit: Bleistiftrock/Seidenbluse/Pumps
Freizeit: Jeans/Seidenbluse/Stiefel
Samstag
Strickrock/Kaschmirpulli/Stiefel
Sonntag
Jeans/Langarm-Shirt/Kostümblazer/Ballerinas

Diese Liste ist recht umfangreich, aber das System funktioniert auch mit weniger Teilen, vor allem im Sommer. Unterschiedliche Absatzhöhen können die Proportionen eines Kleides oder den Look einer Jeans total verändern, und mit einem eher lässigen als businessmäßigen Kostümblazer (ein bisschen Tuxedo, schön auf Schulter geschnitten) sehen auch nicht so strenge Stücke, wie ein Wickelkleid, edel aus. Da sich Taillen- und Hüftumfang am ehesten verändern, habe ich zwei bis drei Röcke vorgeschlagen. Selbst wenn Ihre Basisgarderobe vorwiegend in neutralen Tönen gehalten ist, sollten Sie sich als Eyecatcher unbedingt eine Handtasche, einen Pulli oder einen Schal zulegen, damit jedes Outfit mehr Pfiff bekommt. Hier ein paar Anregungen: Grellpink/Navy, Zitronengelb/Schoko, Türkis/Beige, Terrakotta/Schwarz, Electric Blue/Weiß, Lila/Blassgrau. Sie brauchen nicht viel Farbe, ein Tupfer genügt schon als Hingucker und lässt den Look teurer und individueller aussehen.

Wo Sie investieren und wo Sie sparen sollten

Es ist nun einmal so, dass bei zeitgemäßer Mode praktisch alles, was Sie auf der Höhe des Stils sehen, in null Komma nichts weiter unten als Billigvariante angeboten wird. Meine Garderobe besteht zu neunzig Prozent aus Vintage- und ausgesuchten Billig-Glamourteilen (Fairtrade) sowie einer Handvoll Originalartikel. Eigentlich trage ich immer Fakes, außer bei Handtaschen, Mänteln und Sonnenbrillen. Wenn Sie sich eine sehr gute Handtasche leisten, wird (und muss) sie zu allem passen, was Sie haben; sie ist gut verarbeitet, komplettiert Ihren Look, lässt sogar Jeans und ein weißes Hemd teurer aussehen und macht Ihnen immer Freude. Qualitäts-Handtaschen im mittleren Preissegment finden Sie etwa bei Kate Spade oder Coach; Handtaschen europäischer Hersteller finden Sie am ehesten in Kommissionswarenläden, wo die Reichen sie nach jeder Saison hinbringen.

Damit Ihre Tasche viele Jahre hält, sollte sie nicht zu viele Beschläge haben und weder aus Lackleder noch gemustert sein. Eine kräftige Farbe ist okay, sofern Ihre restliche Garderobe neutral gehalten ist, und wahrscheinlich ist sie ein bisschen schicker/hipper/zeitloser, wenn sie *nicht* schwarz ist. Schwarze Handtaschen sehen im Sommer ein wenig trist und – im negativen Sinn – ein bisschen Achtzigerjahre-mäßig aus. In Schokobraun oder Navy wirken sie viel französischer und schmeicheln im Allgemeinen auch mehr. Der zweite größere Ausgabeposten in Ihrer Kern-Chiconomy-Garderobe muss Ihr Mantel sein. Dieses Teil kann gar nicht mutig und abenteuerlich genug sein, denn nichts sagt so deutlich »Hallo, hier bin ich!« wie ein Statement-Mantel. Mein königsblauer trendy Moschino-Mantel (bei einem Sample Sale für stolze 400 Dollar erstanden) ist rund um die Uhr im Einsatz – Kind zur Vorschule bringen, Cocktailparty, Vernissage, Supermarkt – und gibt mir das Gefühl, mich immer modisch zu kleiden. Sie brauchen zwei Mäntel: einen für den Winter, einen fürs Frühjahr. Letzterer darf auch ein Trenchcoat sein. Ein Trenchcoat sieht ganz toll zu bloßen Beinen oder zu Jeans aus, Sie können ihn offen über Caprihosen oder mit Gürtel zu hohen Stiefeln tragen. Es ist ungemein beruhigend zu wissen, dass an der Eingangstür griffbereit ein Teil hängt, mit dem Sie sofort gut aussehen. Jetzt noch eine große Sonnenbrille und Ballerinas, und fertig ist der Look!

Ihre dritte Geheimwaffe und eine clevere Investition ist eine Sonnenbrille. Die beste, die Sie sich leisten können. Ich trage eine »Aviator« von Ray-Ban, weil sie zu fast allem passt und nicht diese wagenradgroßen Gläser von Altweiberbrillen hat. Da ich sie im Einzelhandel kaufte, gebe ich auch besser auf sie Acht, lasse sie nirgends liegen und sehe damit selten »over-accessorized« aus. Die Sonnenbrille, die Ihnen gefällt, muss Sie sofort wie einen Filmstar aussehen lassen. Ein sichtbares Logo ist nicht nötig (am besten gar keins), aber Sie müssen damit großartig aussehen, auch mit einem einfallslosen Pferdeschwanz. *Das* ist der ultimative Test.

Vielleicht glauben Sie mir nicht, dass Sie bei jedem anderen Teil, das Sie kaufen, knausern dürfen. Aber wenn Sie außerhalb der Saison einkaufen, in Secondhandläden und Kommissionslager gehen, eher Klassisches als Trendiges kaufen und sich an eine begrenzte Farbpalette halten, muss *kein einziges* neues Teil Ihrer Garderobe teuer sein. Selbst kniehohe Stiefel, für die Sie pro Saison zwischen zwei- bis vierhundert Euro ausgeben müssten, bekommen Sie am Ende des Winters für ein Drittel des Preises. Spielen Sie Mode-Eichhörnchen, und sammeln Sie Schnäppchen-Eicheln. Und seien Sie nicht zu versnobt. Ich trug früher nur Schuhe aus Italien, aber seit ich Aerosoles entdeckt habe, bekomme ich mehr Komplimente. Ich besitze nun viel weniger modische Abendschuhe, weil ich weiß, dass sie vielleicht fünfmal im Jahr ihren Auftritt haben, und bei Sneakers gibt es keine besseren als die guten alten Converse. Die können auch Veganer kaufen, die kein Leder tragen wollen. Ich sehe junge Mädels in Converse-Sneakers und Abendkleidern und möchte sie am liebsten umarmen – putziger kann der Punk-Abschlussball-Look nicht aussehen! Ich trage Converse, weil es richtig cool ist, dieselben Schuhe wie meine einundzwanzigjährige Nanny zu tragen.

Entscheidend bei der Jagd nach elegant aussehenden, aber preisgünstigen Klamotten ist die Tatsache, dass nur ganz wenige den Unterschied erkennen. Als ich beispielsweise mein auf 89 Dollar heruntergesetztes, schokobraunes Kleid aus einem Filialladen anhatte, murmelte ein gewiefter Filmproduzent: »Bottega Veneta?« »Kann schon sein«, antwortete ich kaltblütig, »weiß ich nicht mehr so genau... Wie wär's mit einem Prosecco?«

Das Tüpfelchen auf dem i: sexy, schick und preiswert

Eine funktionelle, verlässliche Garderobe ist tröstlich, hält aber wenig Überraschungen bereit. Deshalb decke ich mich immer mit Schals, Vintage-Armreifen, Mützen, kunterbunter Legwear und klassischen (aber leicht zu fakenden) Accessoires wie einer (zweiten) überdimensionalen Sonnenbrille oder einer großen Männerarmbanduhr ein. Schlichte Kleidung ohne Schnickschnack mit ganz sauberer Linienführung macht Ihren Kopf frei und schenkt Ihnen das Selbstbewusstsein, um bei den Accessoires dick aufzutragen. Mein heißgeliebtes, hellbeiges A-Linie-Kleid aus den Sechzigern, das ich in einem Billigladen erstanden habe, kann ich heute mit einem Kopftuch im Pucci-Stil und goldenen Flip-Flops (à la Palm-Beach-Erbin) tragen und morgen mit einem leuchtend roten Cardigan, rotem Lippenstift und blauen Pumps. Das Kleid bleibt dasselbe, aber ich verändere mich, und es kostet fast nichts, gut gekleidet auszusehen.

Meine Schmerzgrenze bei Accessoires liegt bei fünfundzwanzig Dollar, aber an irgendwelchen Ständen oder in einem Laden mit kitschigen Teenie-Ohrringen gebe ich oft nur ein Viertel davon aus. Erst gestern habe ich in einem afrikanischen Perlenladen in Brooklyn ein abgefahrenes Holz-Choker mit geschliffenen, wachteleigroßen blauen Glasperlen gesehen. Ich stellte es mir mit einem raffinierten Wickelkleid aus schwarzem Seidenjersey und schwarzen Satin-High-Heels vor. Billige Teile sehen mit smarten Teilen pfiffiger aus und können auch zu Ihrem Stilmerkmal werden, wie Miss Bradshaws Carrie-Kette oder Agyness Deyns trashige weiße Ray-Ban. Patricia Field bezeichnet das als High/Low. Ich nenne es einen großen Spaß oder, noch besser, geldbeutelfreundliches Modegespür.

Sechs

Trag niemals Streifen in Paris: Schummeln, was das Zeug hält in den versnobtesten Städten der Welt

Jerry Hall behauptet, sie habe Paris nur mit einem Koffer voller Cocktailkleider, einem roten Lippenstift und einem Pillbox-Hut aus Leopardenfell erobert. Das kann ich auch, dachte ich 1989 und verabredete mich mittags mit meiner besten Freundin unter dem Eiffelturm. Ich trug schwarze Spitzenstrümpfe, Augen-Make-up im Pandalook, einen schwarzen Lederminirock, knallrote Ballerinas, ein gestreiftes T-Shirt und roten Lippenstift. Viel Lippenstift. Unter Freudenschreien fielen wir uns im Schatten des Eiffelturms in die Arme und hopsten mit unseren Rucksäcken herum. Wir waren dreiundzwanzig Jahre alt und in der Stadt der ewigen Liebe. Wir waren aus Australien geflüchtet. Wir hatten es geschafft! Karen trug ebenfalls tonnenweise Mascara, Bikerstiefel, dicke schwarze Strumpfhosen und eine Mütze. Arm in Arm stolzierten wir den Boulevard Saint-Germain hinauf und verstanden nicht, warum uns die gepflegten jungen Männer ignorierten und warum zwei junge, spießig in Beige gekleidete, blondgesträhnte Französinnen mit Dutt zischten: »*Les punks! Les Anglais!*« Karen fing an zu weinen. Ich wusste nicht recht, ob ich trotzig-wütend oder schlicht gedemütigt war. Ich hatte Jean-Luc Godards Film *Außer Atem* gesehen und mich eingehend mit dem exakten Winkel von Jean Sebergs Push-up-BH und ihrem extravaganten schwarzen Lidstrich beschäftigt. Aber das war alles egal. Wir waren Punks; wir waren Landeier und damit Provinzlerinnen. Und trotz unserer revolutionären Einstellung waren wir ganz weit weg von der Bastille. Verdammt und *sacrebleu!*

Bei weiteren Besuchen in der Hauptstadt der Mode versuchte ich krampfhaft, es richtig anzustellen, aber immer lag ich knapp daneben: mit einem Bleistiftrock, der über dem Hintern spannte, den roten Schuhen mit den Louis-XV-Absätzen, in denen ich verdächtig nach Sekretärin aussah, mit den chinesischen Nachtpantoffeln zum schwarzen Cocktailkleid, der lustigen Baskenmütze und diesen verdammten gestreiften T-Shirts. Jeder, der wirklich Stil hat, weiß, dass Paris der letzte Ort ist, an dem man sich wie Pablo Picasso kleiden kann. Ich verstehe etwas von Mode, ich kenne mich wirklich gut aus, aber ich brauchte Jahre, um zum Herzen des europäischen Chics durchzudringen. Ich schreibe das meiner hartnäckigen Liebe zu Unerledigtem zu. Französinnen tragen tagsüber keinen roten Lippenstift. Sie machen sich selten mit Dingen wie Fliegen und Melonenhüten lächerlich. Und bis auf Jane Birkin, die Engländerin ist, läuft keine von ihnen jemals gammelig herum. Sogar Knitterfalten setzen sie effektvoll ein. *Le safari!*

Mit Anfang vierzig würde ich gern behaupten, dass mir das immer noch wurscht ist. Ich besäße gern die Unverfrorenheit von Agyness Deyn, die punkig und couragiert mit Doc Martens und grellrosa Socken einfach die Champs-Elysées entlangläuft und dazu bei allem die Nase rümpft, was nach BCBG aussieht. Aber meine schlechten Erfahrungen mit einem miesepetrigen Oberkellner haben mich den Wert der Raffinesse gelehrt.

Mit der richtigen Kleidung sparen Sie auf Reisen ganz nebenbei Geld und öffnen sich Türen. Erstens machen Sie nicht den Fehler, sich mit einer Tasche oder einem Blazer von Balenciaga Akzeptanz zu erkaufen. Zweitens können Sie einfach ein Café betreten und bekommen mit ein paar überschwänglichen Gesten einen Tisch, etwas zu essen und vielleicht einen Lover. Und drittens bekommen Sie das Selbstvertrauen, wie eine Reisende und nicht wie eine Touristin auszusehen – ein enorm wichtiger Unterschied, wenn man von sehr weit her kommt und in der großen, weiten Welt alles andere als unbeholfen wirken möchte.

Der Koffer des Modechamäleons

Ob mit Rucksack oder geschäftlich, jeder reist mit einem persönlichen Budget. Sogar Kaffee ist in bestimmten Cafés in Venedig eine Investition. Die Idee, sich für jeden Ort einfach einen neuen Look zu kaufen, ist daher nicht sehr klug. Von meinen Journalistenfreundinnen, die bei den Kollektionspräsentationen anwesend sind, wird erwartet, dass sie sich unter die Mode-Elite mischen, doch sie müssen mit relativ bescheidenen Angestelltenlöhnen auskommen. Ihr Trick ist, schein-

bar einfache Basics zu tragen (meistens aus Filialläden), ihre Accessoires und Farben jedoch strategisch auszusuchen. Die meisten Modechamäleons haben eine Grundausstattung (siehe mein kleines beiges Kleid), die sie je nach Jahreszeit und Stadt abwandeln. Dasselbe gilt auch für die gewöhnliche Reisende, die vermutlich nicht bei Dior in der Front Row sitzt, sich aber beim Schaufensterbummel auf der Rue de Rivoli nicht wie eine Wildsau fühlen möchte.

Bevor ich irgendwohin reise, wo ich mir Sorgen um meinen Stil machen muss, besuche ich die wunderbare Website www.thesartorialist.com und schaue mir dort ganz genau all die überkandidelten, versnobten, völlig modegeschädigten Leute an, die es einfach immer richtig machen; und dann denke ich ganz scharf darüber nach, wie sich wohl meine eigenen, sehr realen Klamotten ausnehmen werden: faltig, zerknittert und nur zum Bücken, Rennen und Stillstehen geeignet. Wenn ich ein paar neue Teile brauche, um ein Outfit aufzupeppen, durchforste ich Vintage-, große Filial- oder Designer-Outlet-Läden nach Accessoires und Schuhen. Vor allem Schuhen, denn sie müssen richtig eingelaufen sein, bevor ich mir in den weitläufigen Museen die Hacken ablatsche.

 Paris

Bei den Franzosen gibt es ein vernichtendes Wort: *chargé*. Das bedeutet nichts anderes als »überladen«. Und beim Pariser Chic kann fast alles überladen wirken: Lippenstift *und* Eyeliner zu verwenden. Ein Kleid mit dem Gürtel zu tragen, mit dem es verkauft wurde. Eine Bluse mit zu vielen geschlossenen Knöpfen. Stellen Sie sich das Gegenteil von Miami vor... genau das ist Paris. Der ganze Sexappeal liegt in der Strenge, den Proportionen und darin, mit konzentrierter Hingabe ein einziges, richtig gut aussehendes Teil zu kaufen und es dann richtig zu strapazieren.

»Chic« im eigentlichen Wortsinn sieht spärlich aus, als hätte man etwas weggelassen, entfernt oder ausgemustert. Wenn Sie also ein Kleid tragen, dann tragen Sie nur dieses Kleid. Keine Kette. Keine auffallende Handtasche. Keine witzigen bonbonfarbenen Espadrilles. Nur ein Kleid und vielleicht einen Korb mit Ledergriffen und leichte Sandalen. Und zu einem weißen Tuxedo-Hemd und Leinenhosen zwei Bambusarmreife, einen Hauch goldenen Lidschatten und eine große Männerarmbanduhr. Das ist dann – *parfait*!

- IN DEN KOFFER GEHÖREN: Eine schwarze Tuxedo-Hose, High-Heel-Sandalen, ein figurbetontes weißes Hemd und ein grauer Kaschmirpulli mit richtig tiefem V-Ausschnitt. Das ist für den Herbst. Im Sommer dasselbe, aber tauschen Sie das Hemd gegen ein dünnes, ärmelloses Top von American Apparel, und kaufen Sie sich einen tollen BH zum Herzeigen (am besten in der flughafengroßen Dessousabteilung der Galeries Lafayette). Dann ein sensationelles Abendkleid und ein gut sitzender Trenchcoat. Ein zuverlässiger trägerloser BH (französische Kleidung ist nämlich oft locker, experimentell und kokett freizügig). Ein Rock oder Hosenrock, der nackten Beinen schmeichelt. Französinnen lieben nackte Beine mit fünf bis zehn Zentimeter hohen Absätzen und Trenchcoats (Catherine Deneuves Tochter trug einen bei ihrer Hochzeit!). Und zu guter Letzt

Modeschmuck im Art-déco-Stil. In Paris dreht sich alles um Ärmelbündchen, Männeruhren und viele, viele Armreife im Bohemian Style. Es macht richtig Spaß, im Café mit der Hand auf den Tisch zu schlagen, wenn man ein Statement abgeben will. Ihre Farbpalette? Unifarben schwarz, weiß und taubengrau (oder Honigbeige für Blondinen und Rotschöpfe).

- INVESTITIONEN VOR ORT: Ballerinas von Repetto in einer ausgefallenen Farbe, zum Beispiel Silber. Serge Gainsbourg besaß weiße, aber er war ein Dandy und ein Rockstar. Na schön, kaufen Sie auch ein Paar weiße! Ein feminines, leichtes Understatement-Sommerkleid, das ein bisschen schlabberig und unschuldig aussieht, à la *Bilitis*, dem Film aus den Siebzigern. Ein Paar witzige Sneakers mit dicken weißen Sohlen (auch Bensimons genannt), die junge Mädchen in geschmackvollen Farben wie Schoko und Sage tragen. Und die große Investition: ein plissierter Seidenschal von Hermès. Zu diesem Klassiker gibt's eine kleine Broschüre, die Ihnen ein Dutzend Möglichkeiten aufzeigt, wie Sie den Schal tragen können. Das Geniale an diesem Schal ist, dass er aussieht, als sei das Ihr Stil, und dass er *niemals* aus der Mode kommt.

London

Die Quintessenz des britischen Stils ist perfekte, noble Blässe, rosenfarbener Lippenstift und ein Kilt. Und ein schwarzer BH unter einer schlichten weißen Bluse. Für London packe ich meinen Koffer, als wäre ich eine Bibliothekarin, die Sexurlaub macht: figurbetonte Röcke, enge Pullis und sehr unanständige Höschen. London ist die einzige Stadt in Europa, die immer noch einen Draht zu den Sixties hat. Sofern Sie also einen Mac – einen sexy Reiter-Mackintosh – oder Trenchcoat in Navy, ganz hohe Lederstiefel und eine wilde Mähne haben, können Sie in jeden beliebigen Club gehen und die Lobby vom Ritz den ganzen Nachmittag lang in Beschlag nehmen. Im Sommer tragen Sie die Stiefel zu einem schlichten Blumenkleid oder trans-saisonal zu einem trapezförmigen Ministrickkleid und einem großen Kaschmirtuch. Klappern Sie die Modeläden der Haupteinkaufsstraßen, wie Topshop und Zara, nach günstigen Trend-Basics ab, und investieren Sie dann in ein, zwei britische Klassiker wie einen Kilt, echte Wellingtons oder eine Handtasche von Lulu Guinness. Alles andere können und müssen Sie faken. Der Brit-Stil ist so was von verdreht-traditionell, dass Sie sich umso verrückter vorkommen, je spießiger Sie aussehen. Im Gegensatz zu Frankreich ist dies das Land, wo man sich wie die Queen anziehen kann (Zopfmusterjäckchen, Kilt und Reitstiefel) und trotzdem scharf aussieht.

- IN DEN KOFFER GEHÖREN: Kniehohe (oder höhere) Killerstiefel. Ein sehr festlich wirkendes kleines Schwarzes und als Kontrast Satinschuhe. Vintage-Kleider: Hier können Sie sie tragen, ohne sich seltsam zu fühlen. (Und Vintage ist in London viel zu teuer.) Ein Twinset in einer verrückten Edelsteinfarbe.

- INVESTITIONEN VOR ORT: Ein Kilt. Ein sexy Partykleid von einem Label im mittleren bis tiefen Preissegment. Den besten Trenchcoat, den Sie sich leisten können. Ein origineller Regenschirm. Eine Tweedkappe. Eine geblümte Liberty-Bluse.

Capri

Kennen Sie etwa jemand außer Plum Sykes (britische Autorin, Modejournalistin und Mitglied der New Yorker High Society), der nach Capri fährt? Ich erwähne Capri als Beispiel für all die grauenvoll versnobten Ferienresorts, von St. Barts bis Palm Beach, von Mykonos bis zum Miami Shore Club. Der Ferienresort-Stil ist ein ungeschriebener Einheitslook, zu dem Sonnenbräune, Schmuck, Skinny Sandals sowie der richtige Schlapphut und ein Kaftan gehören. Ich glaube, man kann mit einem Besuch bei Daffy's und einer Flasche Jergens so gut wie alles auf dieser Liste faken, außer den Sandalen. Sophia Loren und Jacqueline Kennedy Onassis kauften ihre Sandalen auf Capri bei einem Schuster namens Amedeo Canfora, in seinem gleichnamigen kleinen Laden. Das würde ich auch tun, aber schon einen Monat vor Abflug (online unter www.canforacapri.com), und sie bei mir zuhause einlaufen, denn echte Aschenputtel laufen nicht mit Pflastern an den Füßen herum.

Noch ein Trick, um nicht so auszusehen, als wären Sie gerade vom Kreuzfahrtschiff ins Wasser gefallen: Waschen Sie Ihre Kaftane und Sommerkleidchen mit der Hand, damit sie geschmeidig bleiben und nicht so steif werden. Verzichten Sie auch auf grellweiße Kleidung (Creme, Ivory und

Pale Honey sind besser). Glitzernde Ferienkleidung sieht billig aus. Leichtes, mattes Leinen sieht eleganter aus als Baumwoll-Lycra. Packen Sie lieber ein richtig gutes Leinenhemd bzw. einen Leinenkaftan ein, den Sie zu knackigen Hosen und Tod's tragen. Der Trick ist, sinnlich statt sportlich auszusehen. Die adretten Ideale von Kragen-T-Shirts, Khakishorts und Karostoffen sind unter Italiens südlicher Sonne einfach fehl am Platz. Sneakers, Bermudas und Baseballkappen sind in Südeuropa sowieso ein No-Go – das sollte jeder wissen! Stellen Sie sich doch mal probeweise Audrey Hepburn in *Ein Herz und eine Krone* in Bill-Gates-Klamotten vor. Sie können nicht wie eine Göttin leben, wenn Sie wie eine Pfadfinderin gekleidet sind!

- IN DEN KOFFER GEHÖREN: Ein umwerfendes Sommerkleid in leuchtenden Farben oder mit vielen Stickereien. Verzierungen kommen auf Capri nie aus der Mode. Leinenhosen in Ivory. Tonnenweise indische Blusen in Juwelenfarben. Ein Bikini von Eres (diese Investition zahlt sich von allein aus). Ein fließendes Abendkleid, das Ihre Bräune zur Geltung bringt. Goldene Armreife und Ringe (alle groß, alle Fakes). Ein flatternder Seidenschal, falls Sie unverhofft eine Fahrt in einem Sportwagen mit einem herrlich halbseidenen Mann machen. Ein blütenweißes Tuxedo-Shirt. Tragen Sie es abends zur Leinenhose oder tagsüber mit Goldreifen, zum schwarzen Bikini, zu auffälligen Schildpatttönen (mit Schwarztönen sehen Sie zu sehr nach Gangsterbraut aus) und goldenen Armkettchen. Alles auf dieser Liste kann eine Billigkopie sein, außer dem Bikini.

- INVESTITIONEN VOR ORT: Sandalen (www.canforacapri. com) und ein hübscher, großer Hut aus honigfarbenem Stroh.

II.
Wohnen

Eins

Gemietetes Leben:
Bloß keine Sicht auf Backsteinmauern!

An meine erste Mietwohnung erinnere ich mich noch ganz genau. Sie lag im Erdgeschoss einer alten, zum Mietshaus umfunktionierten Villa. Vierhundertfünfzig Dollar im Monat. Im Wesentlichen bestand sie aus zwei riesigen, prachtvollen Wohnräumen mit offenen, weißen Marmorkaminen und Gipsstuckaturen an den Zimmerdecken. Doch sie hatte ein schmutziges Geheimnis: Mitte des Jahrhunderts hatte jemand aus Spanplatten und Sperrholz provisorisch eine Küche und ein Bad zusammengeschustert und mit Linoleumplatten ausgelegt. Der Boden des Wohnzimmers, das einen Blick auf den überwucherten Garten bot, fiel so schräg ab, dass das Zimmer wie eine Schiffskajüte auf einem Wellenkamm anmutete. Wenn man eine Orange oder eine Murmel fallen ließ, rollte sie ans andere Ende, wie eine Münze, die im Kino den mit Teppich belegten abschüssigen Gang hinunterrollt. Die alten Arbeitsplatten in der Küche sahen aus, als entstammten sie einem Diner aus einem Sam-Shepard-Stück, und die trüben Fensterscheiben hatten Sprünge. Aber egal, in meiner Familie mit irischer Herkunft und auch bei fast dem gesamten Rest der Welt kommt es auf das formelle Empfangszimmer an, und der Rest ist, offen gesagt, piepegal.

Schäbiger Prunk ist etwas anderes als Shabby Chic, und man braucht tonnenweise ausgebuffte Style-Ideen, um Ersteren in Letzteren zu verwandeln. In einem Zimmer mit gutem Grundriss, in das morgens Licht fällt, kann man sich vorstellen, in Paris zu sein. Aber das klappt nur mit dicken Musselinvorhängen. Denn die Sicht auf eine betonierte Einfahrt, ein schreiendes Kind oder eine Frau mit Lockenwicklern, die einen verrosteten Wäschewagen über das löchrige Trottoir zerrt, macht den schönen Traum zunichte. Für dieses Haus kaufte ich viele Eukalyptuszweige, ganze Wälder. Und Kerzen. Es waren genau die richtigen Räumlichkeiten für spinnerte New-Wave-Fantasten wie uns, und wir machten das Beste aus dem Grundriss. In einer Ecke stellten wir eine Gipssäule auf und schlangen ein paar aus dem Garten stibitzte Efeuranken darum. Wir veranstalteten großartige Dinner, machten in der Küche aber kein Licht, um die zarte Illusion eines Surrealisten-Gelages in Montparnasse aufrechtzuerhalten. Die Badezimmer-Falttür aus braunem Vinyl, die wie ein schlaffer Kompressionsstrumpf in den Plastikangeln hing, war eine Schande. Und die Mäuse erst! Aber dort lernte ich, mit Kleinigkeiten zu dekorieren, eine heimelige Atmosphäre zu schaffen und aus Tischdecken Vorhänge zu nähen. Mietwohnungen sind Stil-Labore und liefern Stoff für die tollsten Geschichten, wenn man alt – äh, älter – ist.

Die ersten Lektionen fürs Leben, Überleben und den Stil lernt man oft mit der ersten Mietwohnung. Mein Leben in bröckelnder Pracht in einem heruntergekommenen Viertel erwies sich als eindringliche Grenze zwischen meinem Traum vom unabhängigen Leben und genau dem Punkt, an dem dieser Traum endet. Mit weißer Farbe lässt sich nicht alles übertünchen, und vornehme Armut ist nicht besonders vornehm. Wir versuchten, den Geruch von gekochtem Corned Beef zu ignorieren, der durch den nachgebenden Küchenfußboden und das Stadtviertel selbst zog – ein Vorort mit baufälligen Villen, gnadenlos zerteilt von einer Autobahn. Auf dem Weg zur Immobilienagentur, wo wir den Mietvertrag unterzeichnen sollten, stand kein einziger Baum. Die Decke des Büros, das unsere Miete kassierte, war jahrzehntelang billigem Zigarrenrauch ausgesetzt gewesen und hatte eine Rembrandt-braune Patina angenommen. Die Geschäftsführer der Agentur waren zwei Männer: Abel Rubel und Albino Fiasco – die hießen wirklich so!

Ein Jahr später besichtigten Rubel und Fiasco unsere Wohnung, weil sie unsere Miete radikal erhöhen wollten. Gierig legten sie ihre Patschhändchen auf die kühle, würdevolle Front des größten Kamins. Einer von ihnen hielt ein Maßband in der Hand, der andere eine Zigarre. Sie schritten durch den Raum, um seine Fläche zu vermessen, und musterten mit einem verächtlichen Lächeln meine Tischdeckenvorhänge aus chinesischer Spitze. Sie hatten richtig scheußliche Zähne und waren merkwürdig gut gelaunt. »My dear lady«, sagte Albino schließlich, »dieser Kamin allein ist so viel wert wie die Miete für ein Jahr.« Daran hatten wir keinen Zweifel. Im Geiste sah ich schon, wie Hämmer das einzige Stück Schönheit in unserem Leben zerschlugen und der Kamin durch einen elektrischen Kaminofengrill ersetzt wurde. Plötzlich kamen uns die Wände sehr dünn und die Haustür nicht mehr massiv genug vor. In einem Raum, der nicht unser Zuhause war, wurden wir von zwei Männern, die keine Brüder waren, aber dieselben Polyesteranzüge trugen, in die Enge getrieben.

An guten Tagen stellte ich mir diese zwei hohen Räume in der Zeitschrift *World of Interiors* vor, an schlechten Tagen vernahm ich durch die Wände nur das gedämpfte Brummen der Fernseher. Schließlich wogen Moder und Verfall schwerer als die Schönheit des Kamins. Als wir wieder einmal unter einer großen Mäuseplage litten, zogen wir aus. Um Mitternacht warf ich aus dem Lkw einen Blick zurück und meinte, oben am Fenster eine Gestalt zu sehen, die durch einen Vorhangspalt lugte. Vielleicht war es die portugiesische Vermieterin, die triumphierend lachte, oder jemand anderes. Eine vornehme, längst verstorbene Dame, durch Zeit und Miete zu einem Geist des guten Geschmacks degradiert.

Tricks für die Mietwohnung

Aus einer Mietwohnung ein Zuhause zu machen verlangt körperlichen Einsatz und blindes Vertrauen. Sie können die Wände weiß tünchen und altes Linoleum herausreißen. Aber egal, mit wie viel Begeisterung Sie ans Werk gehen – Ihre Nachbarn können Sie nicht renovieren! Sie werden schnell merken, dass der schlechteste Standort in der besten Straße eine viel bessere Option für eine Mietwohnung ist als umgekehrt. Bei Mietwohnungen geht es vor allem um das Umfeld und ein gewisses (wenngleich geringes) Maß an Komfort und Stil. Marktwerte sind niemals menschliche Werte, und bei der Wahl eines Mietobjekts gibt es natürlich ganz grundlegende Regeln zu beachten. Meine Top Sieben sind die Quintessenz aus vier Jahrzehnten trägem Vagabundenleben:

1. Mieten Sie ein kleines, sauberes Objekt, das sich leicht untervermieten lässt oder für einen Haustausch geeignet ist. Es ist von unschätzbarem Wert, aus Ihrem Zuhause Nutzen zu ziehen, indem Sie ein paar Monate im Jahr von Mietzahlungen befreit sind oder im Tausch anderswo eine Unterkunft finden.
2. Mieten Sie immer eine Wohnung mit Sonnenlicht. Selbst eine helle Einzimmerwohnung wirkt größer und befreiender als ein Verlies mit Dutzenden Zimmern.
3. Wagen Sie sich nur dann in ein neues Stadtviertel (mit günstigen Mieten) vor, wenn es dort öffentliche Verkehrsmittel und Einkaufsmöglichkeiten gibt. Kümmern Sie sich nicht um Fabrikanlagen und das laute Straßenleben an einem Ort, der noch nicht luxussaniert wurde – die trendigen Cafés werden kommen.
4. Überlegen Sie, ob Sie nicht in eine Kleinstadt mit guter Verkehrsanbindung ziehen wollen, und stecken Sie das Geld, das Sie an Miete sparen, in Ihre Kunst, Leidenschaft, Kleinfirma oder Ihr Kind. Leben ist wichtiger als Lifestyle.
5. Erkundigen Sie sich vor der Vertragsunterzeichnung genau, was Sie verändern, streichen oder tapezieren dürfen. Sie sollten auch wissen, dass aller Geschmack der Welt nicht gegen ein Badezimmer mit braunen Siebzigerjahre-Fliesen ankommt.
6. Ist die Wohnung nicht renoviert, überlegen Sie sich, wie

viele Veränderungen Sie sich leisten können – zum Beispiel eine neue Lampenfassung – und was einfach nur Verwahrlosung ist: Feuchtigkeit, kaputte Fenster, Kakerlaken und Mäuse.

7. Entscheiden Sie sich für eine Bleibe, an der Ihnen mindestens fünf Dinge gefallen. Breite Flure, hohe Wände und Licht überzeugen mich immer, einen Mietvertrag zu unterschreiben.

Zwei

Bekenntnisse einer Arme-Leute-Einrichtung: Protzen Sie mit Wandfarben und Türknäufen

Mit bestimmten Tricks lassen sich gemietete Räumlichkeiten wohnlicher und viel präsentabler gestalten. Vermieter lieben Anstand, aber Cash ist ihnen lieber. Bezahlen Sie die Miete für zwei, drei Monate im Voraus, und fragen Sie dann, ob Sie Wandfarbe oder Tapeten anbringen dürfen. (Oft stellen Vermieter Standardverträge aus und lenken später ein, wenn sie sich sicher fühlen.) Garantieren Sie schriftlich, dass Sie die Bude beim Auszug weißeln werden. Zeigen Sie Ihrem Vermieter falls nötig Farb- und Stoffmuster – ein hyazinthblaues Schlafzimmer mag zwar durchaus Wunder für Ihre notleidende Seele wirken, aber Vermieter fürchten sich vor fröhlichen Wandanstrichen.

Damit eine Mietwohnung nicht wie eine Mietwohnung aussieht, sind mutige Schachzüge nötig: Erobern Sie den Raum, und nutzen Sie jeden Quadratzentimeter Stauraum, um die Banalitäten des Lebens zu verbergen: Stellen Sie den Fernseher in den Wandschrank, das Telefon aufs Bücherregal, den Computer in den Zwanzigerjahre-Sekretär... bringen Sie anschließend Lampenanschlüsse, Regale, Wandleuchter, Sockelleisten, ionische Säulen, Raumteiler und auch den kleinsten Farbklecks an, bevor Sie die größeren Gegenstände auspacken.

Investieren Sie in die besten Gardinen, Vorhänge und Jalousien, die Sie sich leisten können, besonders wenn die Fenster auf einen Lichtschacht, Backsteinmauern oder heruntergekommene Straßen hinausgehen. Tischtücher und Bettüberwürfe sind oft günstiger als Vorhänge und haben meistens genau die richtige Länge für schicke Vorhänge im Belle-Époque-Stil. Für Vorhänge in Bad, Küche und Dusche nehme ich am liebsten chinesische Tischdecken aus Baumwoll-Guipure, die ich reinweiß belasse, in einem Earl-Grey-Braunton färbe oder mit einem breiten, rosaroten Ripsband raffe.

Düstere, kleine Schlafzimmer sehen am besten mit einem knalligen, quadratischen Teppich, einer raffinierten Wand- oder Deckenfarbe und einer ausgefallenen Beleuchtung aus. Suchen Sie auf Flohmärkten nach spektakulären, romantischen oder gar kitschig angehauchten Stehlampen, und prüfen Sie die Verkabelung. Stehlampen und mehrere hübsch gruppierte Schirmlämpchen sehen immer besser aus als Deckenlampen.

Veranschlagen Sie eine Monatsmiete für die erste Instandsetzung und Dekoration Ihrer Bleibe. Das mag viel erscheinen, ist aber gerade genug, um die 08/15-Qualität solcher Horrormietwohnungen zu kaschieren, die mit honigbraunen Holzküchenschränken, Badfliesen aus dem Baumarkt und potthässlichen Deckenbeleuchtungen aus Milchglas ausgestattet sind.

Snobismus steckt im Detail. Machen Sie kleine, aber raffinierte, sichtbare Veränderungen, indem Sie etwa billige Messingtürgriffe gegen solche aus indischer Keramik oder durchsichtige

Vintage-Griffe aus geschliffenem Glas austauschen. Oder ersetzen Sie das Hausnummernschild an der Eingangstür, oder streichen Sie sie (falls der Vermieter im Ausland lebt) doch gleich neu! Was halten Sie von einer lodengrünen oder feuerwehrroten Tür? Das erinnert stark an die Londoner Sixties.

Falls Sie ein Einzimmerapartment bewohnen, setzen Sie Raumteiler ein: Papierparavents, Bücherregale oder ein mit Stoffbahnen drapiertes Baldachinbett. Seien Sie möglichst minimalistisch, damit Sie sich nicht von Ihrem Kram erdrückt fühlen. Kaufen Sie Zweige und Blätter statt Blumen, und das in rauen Mengen. Nichts macht in einem kleinen Raum mehr her als ein üppiger Gartenstrauß.

Ihr Tisch sollte immer sechs Plätze haben, und zur Wohnungseinweihung soll jede Freundin ein schönes, ganz individuelles Weinglas und einen Teller mitbringen. Legen Sie eine dazu passende Tischdecke auf, alles andere sollte im Kontrast dazu stehen, auch altes Silber und Teetassen.

Spielen Sie für den ersten Eindruck Ihrer schicken kleinen Behausung ein bisschen Königin. Kaufen Sie ein Bäumchen im chinesisch angehauchten Holzübertopf, einen hübschen Türvorleger oder eine längliche Blechschale mit Blumen der Saison – denn Ihr Reich beginnt an der Türschwelle. Und die jungen Verehrer können dort verweilen und träumen, während Sie gaaaaanz langsam die Tür öffnen.

PS: Sollten Sie in einem Wohnblock wohnen, hängen Sie doch einen gerahmten Druck neben der Wohnungstür auf, oder stellen Sie eine Topforchidee ins Treppenhaus... trotz schokobrauner Mietshauswände.

Drei

Königin der Flöhe:
Wie man schöne alte Dinge kauft

Flohmärkte, besonders die in Europa, verraten immer auch etwas über die Historie eines Landes. Ich erinnere mich an eine (wahrscheinlich erfundene) Geschichte, der zufolge Marie Antoinettes Krönungskleid nach der Französischen Revolution auf einem Pariser *marché aux puces* aufgetaucht war, ein wenig in Mitleidenschaft gezogen, nachdem es von einer einfachen Bauersfrau arg strapaziert worden war. Selbst wenn es nur ein Lügenmärchen ist: Das aufregende Versprechen eines tollen Flohmarkts lautet, dass wir im Staub Diamanten oder eine YSL-Smokingjacke für vierzig Dollar finden. Davon abgesehen, liegt über Flohmärkten immer ein Hauch des Todes, und ordentliche Menschen werden dort manchmal ein bisschen überempfindlich. Bei altem Kram hat jeder seine persönliche Grenze. Manche Leute schütteln sich bei der Vorstellung, in einen muffigen alten Nerzmantel oder ein paar Secondhand-Mules zu schlüpfen, würden aber sofort ihren Kopf auf ein gestärktes Kissen aus dem 19. Jahrhundert betten. Ihre Vorstellung von Trash oder Kostbarem zeigt sich am besten da, wo Sie abergläubisch sind. Ich kann nicht mit alten Fotos, Ledersesseln oder getragenen Pelzen aller Art leben, würde aber ohne mit der Wimper zu zucken das Hemd eines Verstorbenen und seinen Zylinder zum Dinner tragen.

Das Schöne an Flohmärkten ist, dass man dort ganz kreativ herumstöbern kann. Man kommt nie mit dem nach Hause, wonach man gesucht hat. Nach mehr als drei Jahrzehnten Flohmarkterfahrung von Arezzo über Paris nach Fort Greene, Brooklyn, habe ich ein paar Faustregeln zusammengestellt, wie Sie einerseits Schätze finden und andererseits einen Preis bezahlen, der Sie für Ihre unerschütterliche Ausdauer belohnt.

So werden Sie zur Königin der Flöhe

Kleidung

Egal, wie muffig ein Kleidungsstück aussieht, Sie müssen es vor dem Kauf anprobieren und damit genauso unbarmherzig umgehen wie mit einem nagelneuen Teil: Drehen Sie sich vor dem Spiegel, analysieren Sie Schnitt, Nähte und den Allgemeinzustand.

Die besten Vintage-Käufe auf Flohmärkten sind meiner Meinung nach Mäntel (da sie von ihren Besitzern oft gepflegt wurden), Abendkleider (weil sie selten getragen wurden) und Einzelteile wie Röcke, Blazer und Blusen (da man sie mit modernen Teilen kombinieren kann, ohne allzu verkleidet auszusehen).

Alte Schuhe (älter als Achtzigerjahre) sind meistens sehr eng und werden schnell mal zu steif, wodurch sie dann nicht mehr bequem zu tragen sind. Dasselbe gilt für Gürtel und Taschen. Für gewöhnlich bezahle ich ein bisschen mehr an einem Stand mit guter Auswahl (ausgesuchte Teile) und Accessoires, die richtig gut zusammen aussehen.

Das Wichtigste beim Kauf eines Vintage-Teils ist, dass Sie sich sicher sind, dass Sie es wirklich tragen werden. Sonst werden ein altes Kleid oder ein Kimono oder ein Paar Opernhandschuhe zu Dekogegenständen – die Sie allerdings nie aufhängen werden.

Fundstücke

Ein ausgestopftes Tier. Glasglocken. Nordafrikanische Silberkreuze und geschnitzte chinesische Opernmasken. Nichts von diesem Zeug ist lebenswichtig, das meiste fällt in die Kategorie »Sonderbar, aber liebenswert«. Die Franzosen nennen diese Objekte der Begierde *objets trouvés*. Diese Versuchungen stehen ganz weit unten auf meiner Liste der Dinge, die ich kaufen will, weil ich sie weder tragen noch essen noch darauf sitzen kann. Vom Preis her ist so etwas selten ein Schnäppchen, es sei denn, es hat für *Sie* große Bedeutung. Oft sieht eine verlockende Kuriosität an einem gut präsentierten Marktstand sagenhaft, bei Ihnen zuhause aber einfach nur ... kurios aus.

Möbel

Sich mit Flohmarktfunden einzurichten ist ein spontanes Vergnügen, aber Sie sollten trotzdem etwas kaufen, das in Ihre Bude passt und seine Funktion erfüllt. Nehmen Sie ein Maßband, ein Foto des Raums, den Sie einrichten möchten, und bei Bedarf ein paar Musterproben mit (Gewebe, Stoffe und eine Farbpalette). Ausladende Möbelstücke wie Himmelbetten, Anrichten und Sofas bekommt man auf Märkten für einen guten Preis, weil der Händler sein Lager räumen möchte. Andere Wahnsinnsschnäppchen sind Bilderrahmen und Lampen. Überprüfen Sie aber die Festigkeit von Stuckrahmen (mit dem Alter werden sie porös und bröckelig) sowie Lichtstärke und Verkabelung einer Lampe.

Kunst

Ein echtes Meisterwerk werden Sie zwar nicht auf dem Flohmarkt finden, aber wer weiß, vielleicht entdecken Sie ja eine Lithografie eines bekannten Künstlers der Moderne (in den Kunstmagazinen der Jahrhundertmitte waren oft welche abgebildet), eine hervorragend erhaltene Radierung aus dem 19. Jahrhundert von einem unbekannten, aber begabten Zeichner oder eine handkolorierte, gravierte Bildtafel aus einem alten Botanik- oder Modemagazin oder einem Buch, von dem einzelne Seiten verkauft werden. In letzter Zeit sind primitive oder Außenseiterkunst und richtig kitschige Bilder als Dekoration in Mode gekommen. Im Lauf der Zeit können Sie mühelos eine Themensammlung von solch schrulligen Werken zusammenstellen (Vögel, Clowns, Vintage-Kunst) – das sieht an der Wand originell und einladend aus. Geben Sie dafür nicht mehr als zweihundertfünfzig Euro aus, denn heutzutage gibt es im Internet und auf unabhängigen Kunstmessen viele recht gute zeitgenössische Kunstwerke von jüngeren Künstlern zu konkurrenzfähigen Preisen.

Schmuck

Der Wert von Modeschmuck ist im Internet und in Fachbüchern gut dokumentiert, und die Händler kennen ihre Ware meistens ganz genau. Verlangt ein Händler einen deftigen Preis für einen bekannten Designer, bitten Sie ihn, Ihnen die Signatur oder den Stempel auf dem betreffenden Schmuckstück zu zeigen. Ein Ensemble, bestehend aus Brosche, Halskette und dazu passendem Armband (auch Parüre genannt), lässt ein schlichtes schwarzes Kleid sofort glamouröser aussehen und feiert Saison für Saison ein Comeback. Es gab Zeiten, da trug jede Frau jeglicher Gesellschaftsschicht einen ganzen Schwung funkelnder Armreife oder große, klotzige Ohrclips. Deshalb findet man heute noch massenweise guten Modeschmuck. Kaufen Sie in erster Linie etwas, weil es Ihnen gefällt, und weniger, weil es eine Geschichte hat. Plastikperlen kosten praktisch nichts und passen zu fast allem. Sammeln Sie sie in verschiedenen Größen, Stranglängen und Farbtönen (von Pale White bis Golden Sepia). Golden schimmernde Vintage-Perlen haben in meinen Augen einen Hauch von Chic.

Feilschen und Timing

Die Qual bei Flohmärkten ist, dass man die besten Deals zu zwei ganz verschiedenen Zeitpunkten macht. Frühaufsteher haben die größte Auswahl – dann scharen sich Händler, Stylisten und die Stylescouts der großen Designer um die Stände. Die besten Preise gibt's aber dann, wenn die Händler gegen Abend genervt zusammenpacken, aber noch ein paar Dollar einnehmen wollen. Meine Maxime für den besten Deal heißt: Liebe. Wenn Sie sich wirklich, *wirklich* in etwas verguckt haben, dann trödeln Sie nicht herum, und kaufen Sie es auf der Stelle. Für gewöhnlich geht ein Qualitätsteil schnell weg, erst recht Vintage-Klamotten, die (zumindest ansatzweise) den aktuellen Saisontrend spiegeln.

Feilschen Sie mit gesundem Menschenverstand. Ich handle den Preis meistens auf eine runde Summe herunter und wedele dabei mit einem oder mehreren neuen Geldscheinen, um den Händler rumzukriegen. Wenn auf dem Preisschild beispielsweise fünfundzwanzig Dollar steht und ich mit einem Zwanziger winke, kommt der Deal ziemlich sicher zustande. Wie bei jedem Shoppingtrip setze ich mir ein Bargeldbudget und klappere dann den ganzen Markt ab, bevor ich auch nur einen Cent ausgebe. Auf diese Weise gehen mir unter Umständen zwar ein, zwei Sachen durch die Lappen, weil jemand schneller (oder reicher!) war, aber wenn ich überlegt einkaufe (wobei ich mich jeweils nur auf Deko, Mode oder Geschirr konzentriere), bin ich mit meiner Ausbeute zufrieden.

Zum Schluss noch etwas zum Thema Feilschen: Ein Händler ist oft selbstständig tätig, bezahlt eine Standgebühr und hat keine riesige Gewinnmarge. Ein Flohmarktfund ist etwa um die Hälfte günstiger als etwas, das Sie im Laden kaufen – Sie können gern feilschen, aber es sollte nicht nur darum gehen, ein Schnäppchen zu machen. Den Wert eines Flohmarktes machen nicht nur die Preise aus, sondern die angebotenen Raritäten.

Vier

Wohnlichkeit für wenig Geld: Meine Tricks für Atmosphäre

Auch wenn Sie am Wochenende ohne Geld dastehen, müssen Sie nicht herumsitzen wie in Gottes Wartesaal. In meiner Highschoolzeit zog mich meine Mutter immer auf, wenn ich samstags zuhause blieb, merkwürdige viktorianische Rezepte wie Trifle-Desserts ausprobierte, aus altem Kleiderstoff Kissenhüllen nähte, im hohen Gras unseres Gartens einen Holzstuhl bemalte oder (erfolglos) versuchte, in einem Fischernetz über meinem Bett Chiantiflaschen aufzuhängen. Daran hat sich dreißig Jahre später nicht viel geändert. Wenn ich gerade mal wieder knapp bei Kasse bin, versuche ich oft, meine Zeit gewinnbringend zu gestalten und angesichts meiner leeren Taschen nicht in Apathie zu versinken: Ich tue schnell etwas (das heißt in einem Zeitraum von fünfzehn Minuten bis zu einer Stunde), das meinem Zuhause und meinem Gemüt das Gefühl gibt, reich zu sein. Falls ich an den großen Brocken (wie der Steuer) nichts ändern kann, führe ich gern Veränderungen im Kleinen herbei. Es spendet Kraft, Ihr Zuhause zu verschönern und die Energie dort hineinzustecken, und häufig kostet es nicht mal was.

1. Starten Sie eine Putzorgie

Wenn es mir gelingt, in einen einzigen Raum meiner Wohnung ein bisschen Ordnung zu bringen, erfüllt mich ein Gefühl der Ruhe, und ich bilde mir ein, wohlhabend zu sein. Aufräumen schenkt Ihnen Freude an Ihren Besitztümern und wertet sie auf, und es verleiht einfachen Stillleben – wie Zweigen in einer hohen Vase oder eine große, flache Holzschale mit Anjou-Birnen – mehr Kontur. Ich habe immer einen Couchtisch (mit einem Innenfach), in dem ich Dinge unterbringe, und hohe Deckelkörbe für die allabendliche Spielzeugaufräumaktion. Da ich gründliches Putzen hasse, habe ich mich für viel Stauraum entschieden: Körbe, Schachteln, Truhen und hohe Regale helfen mir, in Hochgeschwindigkeit klar Schiff zu machen oder ein Zimmer (oder den großen Tisch in der Raummitte) rasch für einen anderen Zweck umzufunktionieren.

Zur Vorbereitung aufs Putzen unterteile ich jeden Raum in vier Bereiche, setze mir eine irrsinnig kurze Frist – eine Viertelstunde pro Bereich – und arbeite mich im Uhrzeigersinn vor: Je schneller die Arbeiten erledigt sind, desto mehr Spaß machen sie. Die Böden putze ich mit heißem Wasser und dem Allzweckreiniger Dr. Bronner's Flüssigseife Rose (erhältlich zum Beispiel bei www.biggreensmile.de). Oberflächen reinige ich mit einem Schwamm, den ich vorher mit Zitrone, weißem Apfelessig und einem Spritzer Orangenöl-Reiniger befeuchtet habe. Chemische Reinigungsmittel benutze ich nicht. Auf www.blueegg.com hole ich mir regelmäßig Anregungen für billige, umweltfreundliche Methoden für Pflege und Sauberkeit im Haushalt. Ähnliche Webseiten im deutschsprachigen Raum sind: www.froschladen.de, www.oekoplanet.de oder www.forum-waschen.de.

2. Lassen Sie visuelle Ablenkungen verschwinden

Meine Mutter hatte in meiner Kindheit eine klare Regel: Keine Ketchupflaschen auf dem Tisch. Und alles andere, was sie als ästhetisch eigenwillig empfand, zum Beispiel Butter in der Verpackung oder eine Dose Salz, wurde weggeräumt. Dasselbe machte sie auch in der Küche, wo nur Geschirr, Blumen und Kochbücher standen und der ganze funktionale, aber banale Krimskrams verborgen war.

3. Lassen Sie bewusst Extraraum frei

In einem traditionellen irischen Haus aus der Generation meiner Großmutter war das Wohn- oder Empfangszimmer der vornehme Vorzeigeraum, wo niemals Staub lag. Ich habe auch so ein Wohnzimmer, mit einer heißgeliebten Ikea-Couch, auf der eine bunte indische Tagesdecke liegt, ein paar langen, um die Fenster drapierten Saristoffbahnen und einem schlichten großen Holztisch. Ich finde, je weniger ich in diesen Raum stelle, desto eleganter sieht er aus. Deshalb sind die Wände auch lediglich mit Kränzen aus frischen Weizenähren und Trockenblumen (fünfzehn Dollar das Stück, von einem Bauernmarkt) sowie ein paar körnigen Schwarzweiß-Familienfotos dekoriert. In vieler Hinsicht ist dieser Raum der spirituelle Motor des Hauses, weil er immer leer ist. Und bereit für die bessere Gesellschaft!

4. Adrette, duftende Schränke

Der Gipfel der Banalität ist für mich, einen Schrank oder eine Schublade aufzuräumen. So etwas tut man aus Langeweile kurz vor der Verblödung oder im Gefängnis. Doch immer, wenn ich einen Schrank aufreiße, der nach Gewürznelken duftet, oder mein Sammelsurium an Messern und Gabeln in einer sauberen, mit alter Bambustapete ausgelegten Schublade liegen sehe, komme ich mir insgeheim glamourös vor. Der Trick bei einem dieser Mini-Dekoprojekte ist, sich jeweils nur ganz kleine Bereiche vorzunehmen. Eine Schublade. Ein Regalbrett. Einen Teil eines begehbaren Schranks. Bei größeren Projekten wird das Ganze schnell zur Plackerei. Wenn ich eine Viertelstunde Zeit habe, putze ich die Besteckschublade und lege sie mit Papier aus. Habe ich eine Stunde zur Verfügung, ordne ich meine Kleidung nach Farben oder bastele vielleicht aus Gewürznelken und einer Orange eine Duftkugel, die ich an einem Band aufhänge, damit alles angenehm, würzig und süß duftet.

Duftkugeln gab es schon im 15. Jahrhundert, und auch die amerikanischen Siedler verliehen damit ihrer Kleidung Zitrusfrische. Für ein Mitbringsel würde ich die Gewürzmischung hinzufügen, aber für den Alltag reichen Gewürznelken meiner Meinung nach aus. Statt Orangen können Sie auch Zitronen oder Limetten verwenden.

Duftkugel

Für 2 Kugeln brauchen Sie:
2 Orangen (alternativ Äpfel, Zitronen oder Limetten)
Zahnstocher oder Nadel zum Vorbohren der Löcher
Ganze Gewürznelken, mindestens 50 Gramm, je nach gewünschtem Muster (ich kaufe meine en gros, da sie meistens teuer sind)
Gewürzmischung (siehe nachfolgendes Rezept)
1,50 m Geschenkband

Für die Gewürzmischung vermengen Sie:
3 TL gemahlenen Zimt
3 TL gemahlene Gewürznelken
3 TL gemahlene Muskatnuss
3 TL gemahlenen Ingwer
3 TL Iriswurzelpulver (die getrocknete, gemahlene Wurzel bestimmter Lilien wird als Fixiermittel verwendet)

> **Anleitung**
> Die Herstellung einer Duftkugel ist einfach, kann aber eine Weile dauern! Spießen Sie einfach eine Gewürznelke nach der anderen in eine Orange (oder eine der anderen oben genannten Früchte). Leichter geht es, wenn Sie die Löcher mit einem Zahnstocher oder einer Nadel vorbohren.
> Sobald die Kugel komplett mit Nelken gespickt ist, können Sie ihr nach Belieben noch mehr Duft verleihen, indem Sie sie in der Gewürzmischung wälzen und zum Trocknen zwei Wochen kühl lagern. Befestigen Sie das Band anschließend mit einer Nadel an der Kugel, und hängen Sie sie auf.

5. Ein Gewand für Ihr Bett

Kissenhüllen sind die preiswerteste Art, um ein Bett zu dekorieren oder zu verwandeln, und oft gibt es sie sogar in den nobelsten Textilgeschäften und auch in Vintage-Läden vergünstigt. Ich finde unterschiedlich große Kissenhüllen in denselben Farbtönen schick, ebenso kontrastierende Blumendrucke und altes Leinen mit fremder Leute Monogramm. Legen Sie sich im Lauf der Zeit ein Set von sechs Kissenhüllen zu, und passen Sie sie an Ihr Bett an. Vielleicht müssen Sie dazu eine riesengroße Hülle verkleinern oder zwei kleine Kissen in einen großen Bezug stopfen, um ihn auszufüllen. Setzen Sie mit vielen verschiedenen

Kissen einen Kontrast zu weißen Laken und einer weißen Daunendecke. Mir gefallen am besten die Baumwollsets ALVINE von Ikea, die so gestärkt sind, dass sie nicht billig oder glänzend aussehen. Bügeln Sie Ihre Bettwäsche mit Lavendelwasser und nur wenig Stärke. Hören Sie laute Rockmusik während dieser geistlosen Tätigkeit, und verziehen Sie sich dann im seidenen Morgenmantel und mit einem dünnen Bändchen ordentlich obszöner oder revolutionärer Literatur ins frisch gemachte Bett. Das ist Schlafzimmerdekadenz!

6. Legen Sie einen Kräutergarten an

Falls Ihr Fenstersims oder die Fensterbank breit genug sind, können Sie die meisten Küchenkräuter selbst ziehen. Oder Sie stellen sie in Terrakottatöpfen rings um den Zugang zur Küche. Aus Angst vor Katzenpipi auf meinem Basilikum pflanze ich es lieber drinnen an. Dafür bräuchten Sie dann ein sonniges Fleckchen. Einjährige Kräuter kosten nicht die Welt.

Setzen Sie sie in reichhaltigen, gut dränierten Boden, und düngen Sie sie möglichst wenig bzw. gar nicht. Duft und Aroma von Kräutern intensivieren sich in Magerböden.

Schneiden und verwenden Sie Ihre Kräuter oft. Auch junge Pflanzen müssen zurückgeschnitten werden, damit sie austreiben und üppig wachsen. Einjährige Kräuter wie Basilikum können Sie schon ab einer Höhe von fünf bis zehn Zentimeter stutzen, aber übertreiben Sie es nicht, und entblättern Sie nicht die ganze Pflanze für ein Pesto! Allenfalls kaufen Sie im Laden welche dazu.

Fünf

Saubere Bettwäsche, Chopin und schwarzer Tee in einer weißen Porzellantasse: Die Basics für ein Fünf-Sterne-Boudoir

Nach der Uni wohnte ich mit einer jungen Frau zusammen, die ihr weißes Nachthemd aus indischer Baumwolle alle drei Tage wusch und bügelte. Ich machte mich über ihre Zwanghaftigkeit lustig, erkannte aber im Lauf der Zeit das System hinter ihrer Emsigkeit. Ihr frischgemachtes Bett war eine kleine paradiesische Insel in einer typischen Studentenbude, und sie selbst stürmte mit einem Band im Haar und Penny Loafers an den Füßen wie eine frisch gewaschene, gesittete Privatschülerin in den Tag. Suzy war keine Aristokratin, aber sie war gewitzt. »Was meinst du, wie viel bezahlen die Leute für ein nobles Hotel?«, fragte sie mich. »Ein großes Bett mit sauberer, schwerer, gestärkter weißer Bettwäsche – und ein bisschen Chopin – gibt einem das Gefühl, reich zu sein.« Es ist wohl wahr, dass Ablenkung zerstreut und dass Luxus neben einem Mindestmaß an Privatsphäre, erlesener Musik oder Stille für zusätzlichen Raum sorgt. Wenn Sie Ihr Schlafzimmer komplett ausräumen und nur ein schön gearbeitetes Bett, einen Nachttisch mit ein paar schmalen, interessanten Büchern, eine Nachttischlampe, die ganz sanftes Licht verbreitet, ein paar Topfpflanzen sowie eine saubere, weiße Porzellanteetasse hineinstellen und sonst *gar nichts*, wird sich in Ihrer Seele das Gefühl von Fünf-Sterne-Luxus breitmachen. Fernseher, grelles Licht, Zeitungen, Smartphone, große, massive Schränke, hässliche Stehlampen und haufenweise gerahmte Fotos gehören raus. Ich sagte RAUS! Ein Boudoir ist kein Schlafzimmer, sondern ein Daseinszustand. Ein Ort, um sich auszuruhen, aufzutanken und Banales und Praktisches auf später zu verschieben.

Am ersten Frühlingstag nehme ich zwei Saris und schlinge sie über das Dach meines Himmelbetts. An den Ecken des Bettrahmens befestige ich mit schmalen Baumwollbändern (aus alten Sommerkleidern recycelt) zwei kleine Bündel Lavendel und schaue dann hinauf in ein kleines Himmelszelt. Lavendel duftet nach Wellness-Spa und französischen Hotels, und das tut Brooklyn im Sommer definitiv nicht. Mein teuerstes Möbelstück ist wahrscheinlich das Bett, in dem ich schlafe. Es war heruntergesetzt und kostete siebenhundert Dollar, weil irgendein Holzschnitzer auf Bali zu viele Vampirfilme angeschaut und mit seiner Arbeit die zahlungskräftige Kundschaft in SoHo, NYC, verschreckt hatte. Das war eine tolle Anschaffung, weil es sich wie ein Raum in einem Raum anfühlt und selbst ein kleines Zimmer mit niedriger Decke damit prunkvoll aussieht. Himmelbetten sind großartige Boudoir-Betten, weil sie sich für wenig Geld so vielfältig gestalten lassen. Unter dem Bett stehen Fünf-Dollar-Pantoffeln aus Chinatown und mehr nicht. Dieses Stückchen sauberer, leerer Raum lässt auch im kleinsten Zimmer ein Gefühl von Noblesse aufkommen. Auf den Nachttisch stelle ich eine eingetopfte Narzisse oder Hyazinthe (sie halten länger als Schnittblumen) und eine weiße Porzellantasse, meistens mit Zitronengrastee für den Mitternachtsdurst.

Als ich in einem Einzimmerapartment wohnte, machte ich mir genau diese Prinzipien des Hotelzimmerchics zu eigen und unterteilte den Raum für das Boudoir mit einer Liege, die hinter einem schlichten, mit einem elfenbeinfarbenen Klaviertuch dekorierten Paravent stand. Allabendlich vor dem Einschlafen spielte ich Albinonis *Adagio g-Moll* oder Chopins *21 Nocturnes*, die mich in eine Sphäre jenseits von Worten, To-do-Listen, Einsamkeit, Ansprüchen, Ängsten und dem dröhnenden Straßenlärm befördern sollten.

Manchmal lade ich ein paar Freundinnen zum Abendessen auf meinem Bett ein. Dann sitzt jede mit ihrem Wein und ihren Kissen in einer Ecke. Ab und zu arbeite ich auch dort, und manchmal, wenn alles ganz schrecklich ist, verkrieche ich mich unter einer Daunendecke, um alles zu vergessen. Meine Mutter ermahnte uns immer, ganz viel zu schlafen, denn »Morgens sieht alles so viel besser aus, und es kostet nichts, meine Lieben!«. Heute erwachte mein Sohn aus seinem spätsommerlichen Nickerchen in meinen Armen und fragte mit einem Blick in den blauen Seidenhimmel meines Bettes: »Träume ich noch?« Und ich antwortete mit Nachdruck: »Ja!«

Sechs

Kunst ohne Künstler:
Kreieren Sie Ihr eigenes Meisterwerk

Schlechte Kunst«, pflegte mein Vater, ein Maler, beim Frühstück zu wettern, »ist schlimmer als gar keine Kunst!« Doch das hielt mich nie davon ab, Kunstposter und Lithografien an die Wände meines Schlafzimmers zu hängen. Gauguin hat das getan, warum also ich nicht? Als ich das erste Mal nach New York zog, lebte ich im »Parkside Evangeline«, einem schäbigen, von der Heilsarmee geführten Wohnheim für Damen im Gramercy Park. Am zweiten Tag hängte ich einen Paolo-Veronese-Druck am Fußende meines bescheidenen kleinen Einzelbetts auf. Er zeigte nur einen Drei-Dollar-Engel aus dem Metropolitan Museum of Art, nicht weniger und sicher auch nicht mehr. Drucke sind, wie Postkarten, einfach ein schönes Fragment des Originals. Der Engel sah gut aus, doch es fehlte ihm die Energie, diese gewisse emotionale Aufladung. Es war ein schüchternes Statement in einem schüchternen Moment meines Lebens. Jahre und viele Schlafzimmer später bin ich der Meinung, dass alles Kunst sein kann, was man sich (mit der richtigen Einstellung) an die Wand hängt. Geben Sie mir heute aber lieber eine ramponierte Geige oder ein Paar scharlachrote Ballettschuhe mit Samtband statt ein auf Papier gedrucktes »Meisterwerk« oder ein gefälschtes chinesisches Ölgemälde.

In alten Bauernhäusern schmücken ehrwürdige Gebrauchsgegenstände wie Sensen oder alte Emaillesiebe die weißgetünchten Wände, und ihre offensichtliche Authentizität verströmt so viel mehr Energie als eine Sonnenblume von Van Gogh in einem billigen Messingrahmen. Eines meiner Lieblings-»Kunststücke« ist ein großer indischer Korb, den ich für sechs Dollar gekauft habe. Manchmal nehme ich ihn von der Wand und lege die gefaltete Wäsche hinein. Manchmal fülle ich ihn mit Zitronen, meistens jedoch bewundere ich ihn einfach, wie er da schlicht und prachtvoll an einer sauberen, weißen Wand hängt.

Egal, wie minimalistisch Ihr Geschmack ist: Die Seele braucht Schönheit. Ich brauche in meiner Umgebung das Gefühl, das zur Schau gestellte und betrachtete Kunst hervorruft, damit ich weiß, dass ich am Leben bin, und ich zögere nicht, Federn, Perlen, Postkarten, ja sogar Kleidungsstücke und Hüte an eine kahle Wand zu pinnen, nur um mit der Energie eines Raumes und meiner eigenen Stimmung zu spielen. Ich erinnere mich an ein Bild von Edie Sedgwick in ihrem Schlafzimmer/Einzimmerapartment: eine riesige Pferdezeichnung. Sie war nichts Besonderes, aber riesengroß und gewagt. Elektrisierend. Wie oft wird doch, wenn wir in kleinen Räumen leben, die Dekoration im Namen der Nützlichkeit vernachlässigt und mit Füßen getreten! Meine liebsten Einrichtungsgegenstände verbinden beides miteinander, tendieren aber stark zum Ornamentalen. Das macht einfach mehr Spaß! Die Stylistin Viva Vayspap nähte aus spitzenbesetzten Taschentüchern eine tibetisch angehauchte Gebetsfahne und hängte sie über ihr Bett. Originell, kokett, sexy, fromm – alles zugleich. Joni Miller (Autorin des legendären *Teapot & Tea Calendar*) und Fan amerikanischer Volkstraditionen, dekorierte ihren Flur mit Kleiderbügeln aus dem 19. und 20. Jahrhundert. Die Interior-Stylistin Hilary Robertson (meine Nachbarin) kreiert in ihrem Haus monochrome Stillleben auf praktisch jeder glatten Oberfläche: Muscheln, Knochen, Zweige, Blumen, Laborgläser, Perlen, Fächer, Steine, Teetassen und Vasen – alle in pudrigen Creme-, Taubengrau- und Weißtönen (einige davon sind unter www.hilaryrobertson.com zu sehen). Sie gibt nicht viel Geld für ihre Zufallsobjekte aus, dafür geht sie mit ihrer Zeit verschwenderisch um, weil sie den Raum, für den sie Miete bezahlt, als Kreativlabor und Galerie für sich wandelnde Ideen betrachtet. »Ich lebe weit weg vom kalten Küstenmeer in Somerset, deshalb habe ich es auf meinem Bücherregal neu erschaffen. Das Leben zuhause entbehrt oft jeglicher Poesie, deshalb muss man sich einfach seine eigene erschaffen.«

Hängen Sie alles an den Nagel!

Ein schönes, perlenbesticktes Kleid, ein Seidenkimono oder eine alte Fahne eignen sich als Schmuck für eine kahle Wand ebenso wie eine Schullandkarte aus einem anderen Jahrhundert – die gibt es ganz billig auf Flohmärkten. Ich tausche die Teile in meinem Wohnzimmer/Empfangszimmer gern aus, vor allem wenn sie bewusst *keine* Kunst sind. In einen verglasten Rahmen von IKEA oder einen leeren Vintage-Rahmen setze ich regelmäßig neue Objekte: ein zartes javanisches Körbchen, eine Kinderhaube, einen einzelnen abgelegten Opernhandschuh, eine Collage aus Konzertkarten oder eine Handvoll getrockneter Blumen, deren Patina und Charakter auf einem schlichten, braunen Passepartout besser zur Geltung kommen. Liebhaberkunst, wie man sie bei Garagenverkäufen und in Gebrauchtwarenläden findet, ist viel eindrucksvoller, wenn mehrere Stücke gruppiert werden. Auch die Kulisse ist entscheidend: Mir gefallen zum Beispiel Blumengemälde an einer kornblumenblauen Wand und Gemälde von Haustieren an einer leuchtend roten Wand.

Schlechter Geschmack in kleinen, konzentrierten Dosen hebt den guten Geschmack hervor, das haben Designerlegenden wie Jonathan Adler bewiesen. Er lässt in den Mix gerade genug Kitsch einfließen, damit ein Raum anfängt, zu vibrieren und sein eigenes Lied zu summen. Auch leere Bilderrahmen (ich liebe Stuckrahmen aus den Zwanzigerjahren) und Spiegel eignen sich als Wanddeko, die sich mühelos sammeln und arrangieren lässt. Durch Spiegel erhalten selbst kleinste Räume Opulenz, gebrochenes Licht und Tiefe; eine Spiegelgalerie lädt Sie ein, an der gegenüberliegenden Wand beispielsweise getrocknete Blumen oder ein großes Stück Stoff aufzuhängen.

> *Ein zweites Leben für ein schönes Bukett:*
> *die beste Art, einen Strauß Rosen zu trocknen*
>
> Entfernen Sie welke Blätter von den Stielen. Bündeln Sie die Rosen zu kleinen Sträußchen. Binden Sie die Stiele mit brauner Schnur fest zusammen, und hängen Sie sie für mindestens drei Wochen an einem trockenen, kühlen und dunklen Ort (Speise- oder Besenkammer) zum Trocknen auf. Je größer der Strauß und je dicker die Stiele, desto länger dauert das.

Trocknen Sie Sträuße aus Sentimentalität oder für die Vase, wenn Sie sich keine frischen Blumen leisten können. Mischen Sie für einen richtig poetischen Strauß die Farben: fliederfarbene »Julia-Rose«-Pfingstrosen, purpurfarbene »Mr.-Lincoln«-Rosen und blassgelbe Rosen nehmen durchs Trocknen satte Altmeister-Farbtöne an und sehen ein wenig aus wie alte, mit Aquarell nachkolorierte Postkarten. Getrocknete Rosen machen sich gut über einem Türrahmen, fächerartig aufgehängt oder in einer breiten, hochmodernen Glasvase arrangiert. Erzeugen Sie einen Kontrast zwischen Marotte und Chic, indem Sie getrocknete Rosen an einem ungewöhnlichen Ort aufbewahren, beispielsweise in einem modernen, ganz in Weiß gehaltenen Badezimmer oder auf einer Küchenablage.

Gestalten Sie den Kaminsims um

Ein Kaminsims ist die Plattform für einen Traum oder die Bühne für ein Theaterstück, und die Requisiten können Sie verändern. Ich finde ihn viel zu schade, um nur gerahmte Fotos dort aufzustellen oder, Gott bewahre, Rechnungen und Briefe abzulegen!

In meinem gemieteten Utopia in Brooklyn gibt es drei Kaminsimse, die ich monatlich umdekoriere. Um Tiefe zu erzeugen, hänge oder lehne ich einen breiten Spiegel an den Kamin und dekoriere ihn auch: mit Postkarten, in Lippenstift geschriebenen Gedichten, alter Kunst und naturalistischen Drucken aus verblichenen Büchern.

In einheitlichen Farbtönen arrangiert, sehen Kaminsims-Stillleben wunderhübsch aus. Zurzeit habe ich auf dem Kaminsims meines Schlafzimmers aus vielen verschiedenen, gruppenweise angeordneten Gegenständen eine Studie in Weiß arrangiert: eine weiße Seidenrose und ausgebleichte Muscheln, weiße Flaschen und ein weißes Modellboot mit zerfetztem Tuchsegel.

Falls es bei Ihnen zuhause eine ganz kahle Wand gibt, könnten Sie dort eventuell einen Sims aus recyceltem (manche würden sagen: geborgenem) Holz anbringen. Das sieht besonders gut auf Tapeten oder unverputztem Backstein aus. Alte Kaminsimse kosten nicht viel, und ihr Zustand ist unerheblich. In viktorianischen Häusern waren sie der Mittelpunkt (ganz ähnlich wie heute die Plasmabildschirme). Die Herren lehnten sich daran, um ernste Dinge zu besprechen, die Damen saßen mit einem Buch oder einer Handarbeit daneben, und obendrauf sammelten sich kuriose Gegenstände an. Ich liebe Kaminsimse und habe oft den Eindruck, dass den Menschen in ihrer Hast, Bücherregale aufzustellen oder »Unterhaltungszentren« einzurichten, das Gespür für Gestaltung abhandengekommen ist.

Wenn Sie Ihren Kaminsims kostengünstig, aber umwerfend gestalten möchten, sammeln Sie Flaschen im selben Farbton: braune Stout- und Lagerbierflaschen, grüne Öl- und Weinflaschen, leuchtend blaue Saratoga-Glasflaschen sowie orangefarbene Flacons von Toilettenartikeln. Gruppieren Sie diese dann je nach Laune zu Stillleben. Wenn ich einen Strauß Blumen kaufe, stelle ich in jede Flasche eine einzelne Blüte oder verwende stattdessen frische Kräuter wie Rosmarin oder Lavendel. Diese eher opulenten als überladenen Flaschen fangen das Licht ein, und mein Herz macht kleine Freudensprünge, wenn sie funkeln und die Abendsonne reflektieren.

Schmücken Sie die Diele

Eine Diele ist oft entweder total vergeudeter Durchgangsraum oder zieht magnetisch Unordnung an. Kleine, an die Wand genagelte Balken oder Bretter bieten Platz für schöne Dekogegenstände (von Schuhen bis zu Kürbisflaschen!); ein paar senkrecht aufgehängte Geigen oder Gitarren können sich an den Stufen einer Wendeltreppe hinaufziehen; und für schräge Flohmarktkunst gibt es keinen besseren Platz als in Augenhöhe angebrachte Schaukästen wie in einer Flurgalerie. Die Engländer sind – womöglich inspiriert vom Trend des 18. Jahrhunderts, ein Kuriositätenkabinett einzurichten – närrische Sammler, und häufig sieht man in ihren Dielen die ausgefallensten Objekte, von ausgestopften Eulen bis hin zu gerahmten Erotika. Eine Diele kann das unbewusste Bindeglied zur Seele des Hauses sein und ist der perfekte Bereich, um alle möglichen persönlichen Fetische – von Schuhen bis hin zu ausgestopften Möwen – zur Schau zu stellen. An irgendeinem öden Schmalhans-Wochenende habe ich im Eisenwarengeschäft mal neun Messinghaken gekauft und meine Männerhut-Kollektion daran aufgehängt. Jeden Tag setze ich einen anderen auf und fühle mich so elegant wie ein Mayfair-Dandy auf dem Weg nach Ascot.

Stöckchen, Steine und Naturdeko

Elaine Grove, eine Bildhauerin in Amagansett, ließ sich für die Wände ihres Esszimmers etwas ganz Verrücktes einfallen: Sie dekorierte sie mit einem Alphabet aus Zweigen und Ästen, die zufällig genau die Form von Buchstaben hatten. Das erinnert ein wenig an Stephen King, aber mir gefällt es sehr. Meine Nachbarin Hilary Robertson hat ihre Stabheuschrecken in riesigen Laborgläsern aus dem 19. Jahrhundert untergebracht – lebende Kunst auf den Küchenablagen – und viele graue Steine in Kristallschalen gelegt. Meine Freundin Edwige lässt in ihrem Bad in Marseille Strandmuscheln vom Strand in echtem Meerwasser treiben. Riesige, gebleichte, gefurchte Treibholzstücke machen sich in einer kleinen Stadtwohnung genauso gut wie in einem

Strandhaus – ebenso ein riesiges Ruder oder ein schöner, silbern gestrichener, an der Decke (aber nicht nahe bei Kerzen!) aufgehängter Ast. Schön sehen auch getrocknete Blumen und Blätter hinter Glas in einem prunkvollen Monumentalrahmen aus oder eine Holzvase mit einer großen Handvoll Samenhülsen statt Blumen. Diese Ästhetik wirkt am ehesten in einem Raum mit neutralen Farben, rustikalen Texturen (Sisal, Sackleinen, Holz) und Akzenten in Elfenbein, Türkisgrün und Türkisblau.

Der Kontrast macht's – männlicher vs. weiblicher Stil

Mein Geschmack bei Illustrationen, Gestaltung und Design tendiert eindeutig zum Hyperfemininen. Bei Tapeten, Tagesdecken und Vorhangquasten bin ich – ich gebe es ja zu – ein verspieltes Mädchen. Doch es ist nicht gut, den maskulinen Stil in einem Raum oder bei einem Dekorationsthema zu ignorieren. Das Gefühl von Fülle und Tiefe in einem Raum entsteht durch ungewöhnliche Kontraste, die sich eher mit einem guten Auge kreieren lassen als durch großzügige Ausgaben. Die Deluxe-Interior-Designerin Kelly Wearstler platziert oft ein sehr aussagekräftiges, abstraktes Gemälde auf einer in Softfarben gehaltenen Wand oder arrangiert zarte Kristalle mit einer klobigen Messinglampe zu einem Tisch-Stillleben. Ihre Räume sind nie geschlechtsneutral – kokette, feminine Details (ein Kaminsessel mit Satinbezug) flirten mit richtigen Machoteilen (ein Kopfende aus schwarzlackiertem Bambus). Ein anderer großer Meister des modernen Geschmacks, Simon Doonan, witzelte in dem hervorragenden Vintage-Dekor-Buch *The Find* (von Stan Williams), dass jeder Raum ein »Mantique«, also ein männliches antikes Stück, brauche. Das sind diese exzentrischen, superklotzigen Objekte, die Sie womöglich im Büro Ihres Vaters oder in einer Folge von *Mad Men* finden. Dieses Prinzip würde ich in einem sehr farblosen Schlafzimmer übernehmen, indem ich ein paar klobige Artdéco-Kölnisch-Wasser-Flaschen oder eine gewagte Stehlampe im Mid-Century-Modern-Stil hineinstelle. Falls Sie ein Mann sind, der einen kleinen Raum preiswert einrichten möchte, können Sie diese Idee natürlich auch umkehren. Ein weiblicher Vorstoß in eine offensichtlich männliche Domäne, etwa mit einem Bambusschaukelstuhl oder einem Goldrahmen, zeugt von Wagemut und könnte durchaus auch den großen Verführer verraten. Ich jedenfalls wollte einen Mann, in dessen Loft Pfingstrosen standen, immer sofort küssen.

Überkleben Sie die Toilettenwände!

Es ist recht lustig festzustellen, dass manche der vornehmsten englischen Häuser die kleinsten Bäder haben. Kein Wunder, dass man sie stille Örtchen nennt. Kein Wunder auch, dass die Bewohner sie mit kapriziösen, exzentrischen Tapeten, originellen Radierungen und selbstgemachten Collagen verschönern. Lord Snowdon, der Fotograf der Königsfamilie, schmückte sein winziges Bad mit Postkarten und Kunstdrucken und lackierte es anschließend für die Nachwelt. Ich weiß, Collagen sind typisch für die psychedelischen Sechzigerjahre, aber mir gefallen sie. Sie können sich über mehrere Wochenenden hinweg langsam Ihre Bilderwände aufbauen und sie anschließend lackieren. Für die Spirituellen unter Ihnen mag das eine Wand mit Affirmationen sein, für Modefreaks bunt zusammengewürfelte Schwarzweißfotos von schicken Stilikonen – und für Leute wie mich? Ich habe endlich ein Zuhause für meine umfangreiche Quattrocento-Postkartensammlung gefunden.

Mehr Pep für unscheinbare Türen

Bonnie Cashin, die visionäre amerikanische Designerin von Handtaschen und Sportkleidung, besaß früher ein putziges Atelier am East River. Sie bemalte die Türen – ganz stinknormale Sechzigerjahre-Türen – quietschbunt und kritzelte sie dann mit Gedichten, markigen Sprüchen und positiven Mantras über Kreativität und das Leben voll… elegante Graffiti sozusagen. Ich finde, Türen werden viel zu selten genutzt. Wir haben vor ihrer blanken Autorität viel zu viel Respekt, obwohl ein weißer Raum durch eine hübsche Tür mit kornblumenblauem Mattanstrich nur gewinnen würde, oder auch eine butterblumengelbe Kinderzimmertür viel besser aussähe, wenn man in Stencil-Technik violette Elefanten aufmalen würde.

PS: Fragen Sie in einem Fachgeschäft oder einem großen

Design-Einrichtungs-Outlet nach Farbdosen im Angebot; oft sind das von Hand gemischte Farben, die abgelehnt wurden, oder gewagte Farbtöne. Oder kreieren Sie mit mehreren kleinen Musterdosen ein Design in Komplementärfarben. Lassen Sie sich von Alexander Girard, dem erstaunlichen Designer der Fünfzigerjahre aus New Mexico, inspirieren: Ihm gefiel der Farbenclash von Kanariengelb/Bonbonrosa und Terrakotta/Veronese-Blau.

Leben Sie Ihre Dekoträume online aus

Nehmen Sie sich jede Woche etwas Zeit, um ein Online-Scrapbook mit Ihren liebsten Dekoideen zu kreieren, und legen Sie ein Archiv an, in dem Sie Freunden zeigen, wie Sie den Spagat zwischen Low Budget und perfektem Geschmack wagen. Die hervorragende Website www.apartmenttherapy.com konzentriert sich regelmäßig sowohl auf kleine Wohnräume als auch kreative Lösungen für Innenräume mit Arbeits- und Wohnbereich. www.designspongeonline.com und die gänzlich respektlose, selbstherrliche Site http://decorno.blogspot.com sind in zackigerem Insider-Ton gehalten, aber Geschmack (und Humor) haben hohes Niveau.

III.
Einkommen

Eins

Abgebrannt, aber nicht am Ende: Gutgelaunt trotz leerer Taschen

Besonders amüsant ist es nicht, knapp bei Kasse zu sein, aber es ist normal. Vor allem in einer Finanzkrise, sei es Ihre eigene oder die von ganz Europa oder Nordamerika. Schulden häufen sich schleichend und unbemerkt an, und obwohl immer wieder gepredigt wird, wir sollten den Gürtel enger schnallen und unser Lunchpaket von zuhause mitbringen, leben wir immer noch nicht in einer Kultur der Sparsamkeit. Langsam, aber sicher hat die Kluft zwischen unserem Einkommen und unseren Schulden die Grenze der Belastbarkeit erreicht, und wir blicken aus großer Höhe hinab und sehen Geröll unter dem Hochseil, aber kein Netz. Gott segne die genügsamen, emsigen Eichhörnchen, die für schlechte Zeiten einen Notgroschen auf der Bank haben, und allen anderen stehe der Himmel bei!

Mir ist zwar bewusst, dass es hervorragende Beratungsstellen gibt, die einem zeigen, wie man finanziell wieder auf die Beine kommt, und dass jedermann in Gelddingen schlauer, gewiefter, respektvoller und eigenständiger werden kann, aber trotzdem ist es immer noch ein unausgesprochenes emotionales Tabu, pleite zu sein. Wie verkraftet man die Blamage, sein Geld in den Sand gesetzt zu haben? Oder wenn es knapp wird und man nicht weiß, an wen man sich wenden soll? Das ist nämlich längst nicht so lustig und herzig, wie es bei den albernen Shopaholics in Film und Fernsehen aussieht. Es ist beängstigend und demütigend, leere Taschen zu haben. Und obendrein ist es auch unglaublich ermüdend und zeitraubend.

Ich war schon in allen möglichen Lebensumständen pleite. Natürlich während der Studienzeit. Einmal während einer schweren depressiven Phase, als ich meinen Arbeitswillen verlor. Dann als frischgebackene Mutter, die versuchte, ein Buchprojekt abzuschließen, sodass ich am Ende weder Zeit noch Geld übrig hatte. Und ganz, ganz oft, weil ich wie Marie-Antoinette lebte (und nichts auf die Seite legte), und dann meinen Job verlor. *Autsch*. Ich habe auf vielerlei Arten erfahren, dass man ein Freelancer-Leben nur führen kann, wenn man immer wieder längere Zeitspannen ohne Einkünfte übersteht. Da ich keine Kreditkarten habe, bekommt Bargeld für mich eine noch dramatischere Bedeutung – wenn es weg ist, ist wirklich *alles weg*. Und ich musste lernen, sowohl innere Stärke zu entwickeln, als auch eine äußerliche Fassade aufrechtzuerhalten, wenn ich auf Geld warte. Nachdem ich jahrelang mit angesehen habe, wie das Geld schneller wieder ausgegeben ist, als es hereinkommt, frage ich mich, ob der Schmerz darüber, gefährlich knapp bei Kasse zu sein, nachlässt (und ob sich schnellere Lösungen finden), wenn Panik und Schamgefühl nicht so sehr im Vordergrund stehen.

Jeder hat eine Vorstellung davon, wo er in seinem Leben stehen sollte, und strebt dies auch an, aber die unbequeme Wahrheit ist, dass man in jedem Alter wieder als armer Schlucker enden kann. Vierzigjährige Ex-CEOs stehen sicher nicht auf Reis und Bohnen, und wer will es ihnen auch verübeln? Als ich neunzehn war, hatte Pleitesein etwas mit Beharrlichkeit, Einfallsreichtum und fast schon Romantik zu tun. Heute brauche ich nur meinen Sohn anzuschauen und fühle mich verantwortungslos, weil ich seine Schulmilch mit Kleingeld bezahle. Aber egal, was mein Ziel ist, ich weiß, dass es Zeiten geben wird, in denen ich einfach sehr wenig Geld habe. Um wieder auf die Beine zu kommen und den Wohlstand anzukurbeln, muss ich meinen Verstand mit wirksamen (aufmunternden) Tricks täuschen. Die folgenden Mantras und Lösungsansätze habe ich mein Leben lang angewendet, um mich mit weniger Geld besser zu fühlen, während ich daran arbeite, mehr zu verdienen.

Brief an ein abgebranntes Selbst

Lesen Sie sich diesen Brief an dem Tag vor, an dem Sie eine Kündigung bekommen, Ihre Kreditkarten gesperrt werden, Sie Ihr Dispolimit erreicht haben, eine Gehaltskürzung in Kauf nehmen müssen, Ihren Arbeitsplatz retten wollen oder Sie sich schwarz auf weiß eingestehen, wie viele Schulden Sie tatsächlich haben. Mit den folgenden Worten rede ich mir immer gut zu, wenn ich keine Arbeit habe, kein Scheck im Briefkasten liegt und ich weder einen Funken Inspiration noch Bargeld habe. In so einem Fall muss ich alle meine Energien bündeln, um Wege aus dem Nebel des Mangels zu finden.

1. ICH BIN NICHT, WAS ICH VERDIENE. Wenn Sie persönlichen Erfolg und Fortschritt an Ihrem Bankauszug messen, werden Sie sich oft als Versager vorkommen. So viele Errungenschaften im Leben lassen sich nicht in Euro und Cent messen, besonders wenn Sie Ihrer Berufung gefolgt sind, Kunst betrieben, auf der Suche nach dem Sinn Ihres Lebens gejobbt oder ein Kind aufgezogen haben.

2. ICH HABE EINE BESSERE IDEE. Fragen Sie sich, wo die Energie hin verschwunden ist. Haben Sie sich immer gewünscht, reich zu sein, anstatt dauernd zu arbeiten, nur um Ihre grundlegendsten Bedürfnisse zu befriedigen? Haben Sie über Ihre Verhältnisse gelebt, um ein Gefühl von Mangel zu kompensieren, oder war es die Reaktion auf die panische Frage, ob wirklich von allem »genug« vorhanden ist? Manchmal schrumpfen die Rücklagen, wenn Sie Ihren Geldmangel zu stark verleugnen. Die schmerzhafte Peitsche der Rezession hat uns gelehrt, dass Schulden durch Shoppen ebenso wenig getilgt werden, wie Sparen Sicherheit vermittelt. Jedes Mal, wenn Sie kurz vor der Pleite stehen, müssen Sie sich eingestehen, dass Sie nicht mit Geld umgehen können oder schlicht und einfach keinen Finanzplan haben. Wenn Sie gerade noch ein paar Hunderter in der Tasche haben, müssen Sie sich das Geld kürzen und die Zeit ausdehnen. Das heißt, mit zwanzig Euro pro Tag leben und sich so fünf Tage kaufen, um in ihnen mehr Geld zu generieren. Ein Gefühl für die Dringlichkeit der Situation kann Sie inspirieren, sämtliche Ihnen zur Verfügung stehenden Ressourcen effizienter einzusetzen.

Und wenn Ihnen nur noch die Zeit geblieben ist, dann gehen Sie äußerst sparsam damit um.
3. ICH KANN DURCHHALTEN. Victor Hugo schrieb: »Wer nicht fähig ist, Armut zu ertragen, ist nicht fähig, frei zu sein.« Ich glaube, er meinte damit, dass der menschliche Geist größer ist als die Summe der materiellen Umstände. Es geht immer irgendwie weiter, und in der Zwischenzeit trinken wir heißen Tee. Halten Sie tapfer stand, denn es ist nicht dasselbe, ob Sie nur vorübergehend abgebrannt oder lebenslang bettelarm sind. Haben Sie die Demut, den Unterschied zu erkennen.
4. ICH BESITZE WÜRDE. Wer außer Ihnen weiß, dass Sie völlig abgebrannt sind? Die Angst und die Scham, mittellos zu sein, haben für gewöhnlich mehr damit zu tun, was andere denken, als damit, wie Sie selbst zurechtkommen können. Während einer finanziellen Durststrecke wahre ich meine Würde, indem ich meine Wohnung und mein Äußeres sauber und in Ordnung halte, Sport treibe, meditiere und das Positive visualisiere. Bei manchen Menschen stellt ein Gebet die Würde wieder her, für andere ist es beruhigend, Wohltätigkeitsarbeit zu leisten. Das Allerschwierigste ist, jenes tiefere innere Sicherheitsgefühl wachzurufen – aber Sie können es immer üben, indem Sie einen ganzen Tag nur (erbauliche) Dinge tun, die nichts kosten, Ihnen aber das Gefühl vermitteln, stabil zu sein und die Sache im Griff zu haben. (Siehe »Jetzt verschenken: Nette Geschenke für wenig Geld«)
5. PLANEN, NICHT IN PANIK GERATEN. Wenn mein Kontostand auf null ist, erstarre ich oft und versinke in Selbstmitleid. Ich tue nichts, um die Situation zu verän-

dern oder zu verbessern, und bin so erschrocken, dass mir außer Schlafen nichts Besseres einfällt. Depressionen und Armut passen gut zusammen, weil beide für blockierte Energien stehen. Da fließt nichts, und da wächst auch nichts. Es mag der Intuition zuwiderlaufen, joggen zu gehen oder die Wohnung zu putzen, wenn man kein Geld mehr hat, aber meistens ist es dann doch das Erste, was ich tue. Wenn ich meinen Kopf kläre, finde ich die Energie, um schnell Geld aufzutreiben. Keiner kommt zu meinem Flohmarkt, wenn ich heulend vor meiner Tür sitze! Und keiner wird von meinem neuen, tollen Buch erfahren, wenn ich es keinem Verlag anbiete. Abgebrannt sein heißt: Sie brauchen eine zweite Chance, aber die erste Person, die Ihnen diese Chance gibt, müssen Sie selber sein.

6. ICH HABE GENUG DINGE. Wenn ich mir nichts Neues leisten kann, flicke und wasche ich meine Kleidung, ordne sie neu und bringe sie auf Hochglanz. Häufig finde ich dabei viele Sachen zum Verkaufen oder Verschenken, und das hilft, den Fluss der Fülle wieder in Bewegung zu bringen. Außerdem fühle ich mich wirklich erfüllt (und manchmal reumütig vermessen), wenn ich sehe, was ich bereits besitze, und wenn ich es aktiv nutze, anstatt noch mehr anzuhäufen. Gestern habe ich zum ersten Mal meinen Kaffeebereiter benutzt, weil er mir in die Hände fiel, und musste grinsen. Mein nächster Scheck kommt am Freitag, und ich habe einen schönen großen Krug mit geeistem Kaffee im Kühlschrank, an dem ich nippen kann, während ich auf ihn warte.

for Mrs Evelyn

Nov 17 First Term
Oct 18 Racket restring
Oct 19 Cash for trip
Second Term
Y.A. & Judson
Drug Co
for trip to J

Zwei

Ein Budget erstellen: Abspecken, auch wenn Sie fast pleite sind

Es gibt zwei Arten, wie Sie genug Geld zum Leben haben: Die erste ist, mehr Geld zu verdienen. Die zweite ist, mit Ihrem Besitz nachhaltig umzugehen. Die zweite Variante gefällt niemandem so recht. Aber es ist durchaus möglich, ein bisschen bescheidener zu leben, ohne auf guten Stil zu verzichten. Dazu brauchen Sie nur ein wenig Überlegung und jenes überaus seltene Gut, das da heißt: Einschränkung. Das Radikalste, was ich um des Überlebens willen getan habe, war zugleich das Einfachste. Ich vernichtete alle Kreditkarten. Nur von Bargeld leben heißt, dass ich nur das haben kann, wofür ich bezahle, aber nichts, was ich auf Kredit kaufe, um es zu besitzen. Wenn ich greifbares Geld auf den Tresen lege, fühle ich mich tatsächlich um ein Gewicht erleichtert, wie bei einem Blutverlust. Und wenn ich Geld abhebe, weiß ich, dass sofort weniger für mich übrig bleibt. Das ist eine strenge Methode für Willensschwache. Ich liebe Klamotten, Reisen, antike Schränke, Kissen mit Quasten und üppige, frische Blumensträuße. Ganz früher ging ich tatsächlich zur Entspannung shoppen. Können Sie sich das vorstellen? *So nineties!*

Geld zu schätzen, zu respektieren und zu sparen, lernte ich nur, indem ich jeden einzelnen Dollar kontrollierte. Das schadet dem Finanzplan nicht. Ich kaufe immer noch frische Blumen und hübsche Dinge für daheim, aber erst wenn Miete und Nebenkosten bezahlt sind. Und erst nachdem ich eine Zeitlang von nur zwanzig Dollar pro Tag gelebt habe, gebe ich mich auf dem Flohmarkt oder in der Dessousabteilung dem Kaufrausch hin. Keine Ahnung, wie lange ich diese franziskanische Disziplin aufrechterhalten werde, aber ich liebe es, wenn gesunder Menschenverstand über Verschwendung triumphiert und Sparsamkeit über Blödheit. Wo mein Geld hingekommen ist, sehe ich in meinen Kleiderschränken, die mit High Heels vollgestopft sind: Seidensatin, Kork, Gold- und Wildleder. Wie Gäste für eine Party, die niemals stattfand, hatte ich diese Schuhe für ein Leben gekauft, das nicht meines ist. Dasselbe mit Handtaschen, Spitzenslips, Corsagen, Schleierhüten und Handschuhen. Handschuhe, um Himmels willen! Letzte Woche habe ich sechs Teetassen zu je 7,95 Dollar gekauft. Ich benutze sie täglich, manchmal dreimal täglich, und wenn die Henkel abbrechen, fülle ich die Tassen mit Duftwachs und weihe sie den Göttern der Mäßigung und Sparsamkeit.

Sich am Riemen zu reißen ist ein bisschen eintönig und führt dazu, dass man am Ende auf seinen Finanzplan pfeift. Deshalb verprasse ich manchmal grundlos Geld. Heute Abend, wenn ich für meinen Sohn Tiefkühlerbsen und Kabeljau zubereite, könnte ich dem Drang nachgeben, etwas guten spanischen Cava aus einer dieser Teetassen zu trinken, denn Luxus wird erst dann so richtig spürbar, wenn man ohne ihn auskommt und sich dann einen richtig großen, ausgiebigen Schluck genehmigt.

Wie ein armes Glamour Girl Kosten senkt

 Gelegenheitsausgaben

- Trinken Sie nur einmal pro Woche so einen blöden, hippen Latte statt jeden Tag. Oder noch besser: Nehmen Sie einen Kaffeebereiter zur Arbeit mit, und machen Sie für sich und alle, die Sie mögen, frischen Fairtrade-Kaffee.
- Trinken Sie kein abgefülltes Wasser mehr. 1,80 Euro pro Tag mag wenig erscheinen, um den täglichen Wasserbedarf zu decken, aber es ist totaler Beschiss. Besorgen Sie sich einen Wasserfilterkrug für zuhause und das Büro, und nehmen Sie immer eine Trinkflasche eigenes frisches, gereinigtes Leitungswasser mit. Das ist so simpel, und die Umwelt profitiert unglaublich davon. Dieser ganze Plastikmüll!
- Lesen Sie Zeitschriften in der Bibliothek oder online (viele der wichtigen Editorials, die Sie interessieren, sind dort schon eingestellt).
- Gründen Sie mit Freunden einen Buchverleihclub, um neue Taschenbücher untereinander zu tauschen.
- Leihen Sie sich Filme und Musik aus, anstatt sie zu kaufen oder zu mieten.
- Stellen Sie rings ums Haus Topfpflanzen auf, anstatt Schnittblumen zu kaufen.

- Nehmen Sie immer Ihren Lieblingslippenstift und -eyeliner mit, damit Sie im Notfall nicht noch einen kaufen müssen.
- Kaufen Sie die wichtigsten Dinge in größeren Mengen ein, und bewahren Sie sie in Ihrem Schreibtisch im Büro auf. Bei mir sind das schwarze blickdichte Strumpfhosen.
- Gehen Sie mit vollem Magen in den Supermarkt, damit Sie nur das kaufen, was auf dem Einkaufszettel steht. Beherzigen Sie dieses Prinzip auch beim Kleiderkauf, und gehen Sie gut gekleidet einkaufen. Seien wir doch mal ehrlich: Fast jedes neue Kleidungsstück sieht besser aus als eine alte Jeans!
- Gehen Sie nie nach einer Trennung, einer Gewichtszunahme oder einem Streit mit Ihrem Liebsten shoppen – auch nicht mit Ihrer Schwester oder besten Freundin, die Sie womöglich zu höheren Ausgaben überreden.

Rechnungen und Nebenkosten

Der Energieverbrauch lässt sich radikal senken, wenn Sie Ihren Körper an Hitze und Kälte gewöhnen und am Wochenende Klimaanlage und Heizung anderer Leute nutzen. Im Sommer verbringe ich die meisten Wochenenden im Freien oder in kühlen Museen und Kinos, denn mit dem Stromverbrauch der Klimaanlage nehme ich es sehr genau. Im Winter heize ich als Australierin ziemlich moderat und trage dafür dicke Socken!

- Korrespondieren Sie per E-Mail statt per SMS.
- Benutzen Sie zuhause eine Telefonkarte, und löschen Sie alle Services aus Ihrem Festnetz- und Handyvertrag, die Sie gar nicht nutzen. (Glauben Sie mir, es sind sehr viele.)
- Lesen Sie immer das Kleingedruckte. Ich finde Rechnungen grässlich, aber ich schaue sie mir doch an, ja, ich lese sie ganz genau durch, um Fehler zu finden (oder zu korrigieren) oder um herauszufinden, ob irgendeine Mahngebühr droht. Gewöhnen Sie sich an, Ihre Monatsrechnungen gründlich durchzulesen und irrtümlich aufgeführte Kosten oder Verzugsgebühren zu hinterfragen. Für eine Rückerstattung genügt oft schon ein Anruf.
- Bezahlen Sie alle Nebenkosten und Kreditkartenrechnungen online; Verzugsgebühren sind Verschwendung, wenn Sie von einem beschränkten Einkommen leben, und die handeln Sie sich nur ein, weil Sie keine »unangenehme« Post öffnen wollen.
- Damit Stromrechnungs-, Hypotheken- oder Mietzahlungen weniger Stress verursachen, nutzen Sie am besten einen Dauerauftrag.

Saubermachen

Nutzen Sie die Sonne, um Polster- und andere Möbel, Teppiche und Winterkleidung auszulüften. Eine professionelle Reinigung bewahrt Sie nicht vor dem unvermeidlichen Staub.

> **Probieren Sie doch mal diesen selbstgemachten Öko-Allzweckreiniger aus:**
>
> Mischen Sie zu gleichen Teilen weißen Essig und Salz. Scheuern Sie die Oberflächen mit einem unbehandelten Reinigungstuch.

Unter folgenden Links können Sie Tipps für umweltfreundliches Reinigen und Leben austauschen:

http://www.brigitte.de/gruen/haushalt/oeko-tipps-putzen-1002490/
http://www.nachhaltigleben.ch/themen/wohnen-haushalt/putzen-ohne-chemie/umweltfreundlich-putzen-ohne-chemie-172
http://www.paradisi.de/Beauty_und_Pflege/Hygiene/Putzen/Artikel/21379.php
http://www.haus.de/PH2D/ph2d.htm?snr=14549
http://www.oekologisch-leben.biz/

Kultur

Bei meinem Tod muss ich einen Teil meines Besitzes wohl dem Metropolitan Museum of Art vermachen, weil ich fünfmal im Monat dort bin und nur einen Dollar für den Eintritt in seine Marmorhallen bezahle. »Eintritt nach eigenem Ermessen« bedeutet: Man bezahlt, was man möchte – für Studenten und mittellose Dandys ein wirklich guter Deal.

- Leisten Sie Freiwilligenarbeit bei einem Freiluftkonzert, bei einer Truppe für traditionellen Tanz oder Theater oder auf Sommer-Kunstfestivals. Eine bessere Möglichkeit, um hinter die rote VIP-Absperrung zu gelangen und kostenlos bei Bandauftritten und Aufführungen dabei zu sein, gibt es nicht.
- Sehen Sie sich bei öffentlichen Empfängen in Museen, Buchhandlungen und Botschaften um. Sie werden erstaunt sein, wie viel Weisheit, Wein und Käse es dort gibt!
- Kaufen Sie das Ticket für eine Veranstaltung bei der offiziellen Vorverkaufsstelle statt übers Telefon; alle diese Servicegebühren summieren sich, und oft bekommen Sie einen besseren Platz, wenn Sie den Grundriss des Theaters oder Stadions mit eigenen Augen sehen.
- Durchforsten Sie das Internet nach Last-Minute-Tickets; je näher die Events rücken, desto billiger werden sie. Holen Sie sich um Ihrer eigenen Sicherheit willen Ihre Tickets aber immer an einem überfüllten öffentlichen Ort ab, idealerweise mit Freunden.

- Stöbern Sie regelmäßig nach Gratis-Last-Minute-Tickets unter http://www.de.freecycle.org/ und auf der Gratisliste von www.craigslist.org.

Essen

Ich weigere mich, es wie die Freeganer zu machen, die Hinterhöfe großer Supermärkte nach entsorgten Lebensmitteln durchstöbern. Doch ich respektiere diese Entscheidung angesichts der enormen Lebensmittelverschwendung in unserer Konsumwelt. Ganz oft lasse ich meine Freunde Kühlschrank und Speisekammer plündern und sie das mitnehmen, was ich nicht esse, oder wir veranstalten mit unseren jeweiligen Vorräten ein gemeinsames Abendessen.

- Die beste Methode, um weniger Geld für Lebensmittel auszugeben, ist, die eigene Verschwendung in den Griff zu bekommen und einen Geschmack für die gesündesten Lebensmittel zu entwickeln, die am wenigsten kosten. Essen Sie also saisonal, und kaufen Sie nur das, was Sie (von der Menge und der Auswahl her) sicher verbrauchen werden.
- Bestellen Sie doch beim nächsten Restaurantbesuch Appetithäppchen, Tapas, Barfood oder ein Mittagsmenü; die

Qualität ist dieselbe, aber die Portionen und die Tageszeit machen beim Preis viel aus.

• Machen Sie eine Kunst daraus, ein Lunchpaket von zuhause mitzunehmen. Damit können Sie potenziell Hunderte von Euro monatlich einsparen, und Sie ernähren sich besser. Total öde Neuigkeiten, aber wollen Sie nicht gern ein Paar neue Schuhe?

Verkehr

Gehen Sie wenn möglich zu Fuß. Benutzen Sie öffentliche Verkehrsmittel, und mieten Sie ein Auto, wenn Sie eines brauchen. In Großstädten, wo Einkäufe zu Fuß erledigt werden können, der Transport gut organisiert ist und man eher selten mit dem Auto unterwegs ist, lässt sich das gut bewerkstelligen. Für Menschen in ländlichen Gebieten oder Vororten (oder, Gott behüte, in L.A.): Was ist so radikal daran, sich mit den Nachbarn ein Auto zu teilen? Stellen Sie sich den Zustand unseres Planeten vor, wenn die Bewohner einer einzigen Straße in jeder Stadt das tun würden… (ich muss erst noch Autofahren lernen und melde mich dann wieder).

Unterhaltung

Elektronische Unterhaltung hat uns abstumpfen lassen. Erwachsene und Kinder gleichermaßen. Versuchen Sie, zweimal wöchentlich etwas zu lesen. Oder kramen Sie ein paar altmodische Brettspiele heraus, legen Sie sich ein Hobby zu, beschäftigen Sie sich handwerklich, versuchen Sie es mit Malerei, oder kochen Sie an zwei Abenden. Sie werden sofort attraktiver und interessanter und wollen auch nicht mehr so viel kaufen, weil Sie einfach einen Bogen um die Werbung machen.

Gründen Sie mit Freunden ein Fußballteam, einen Scrabble-Club oder eine Band. Das kostet weniger, als reihum Dinnerpartys zu schmeißen, und hält obendrein Körper und Geist auf Trab.

Ein Babysitter für einen kinderfreien Kinoabend, Ausgaben für kleine Snacks und vielleicht ein Abendessen kosten unter Umständen am Ende genauso viel wie ein Opernabend. Bleiben Sie stattdessen doch zuhause, bringen Sie die Kinder ins Bett, und veranstalten Sie einen Filmabend mit Gemeinschaftsbüfett. Oder machen Sie daraus einen richtigen kinderfreien Abend für zwei, werfen Sie sich in Schale, und mieten Sie ein paar ausländische Filme mit einer scharfen Nebenhandlung.

Wundersame geldfreie Tage

Weniger Geld auszugeben lernt man am besten, indem man eine Zeitlang überhaupt nichts ausgibt. Hätten Sie Vergnügen daran, an einem Tag pro Woche nichts zu kaufen? Hier folgt ein Monat geldfreier Sonntage, die für junge Verliebte und Familien gleichermaßen geeignet sind.

1. **TAG DER INTELLIGENZBESTIEN.** Lesen Sie an einem Tag einen ganzen Roman (oder eine Novelle). Sie haben zwölf Stunden, um ein ganzes Buch von vorn bis hinten zu lesen. Lesen Sie beim Frühstück, im Bett, im Bad, auf dem Rasen, im Bus, am Pool, auf der Couch, auf dem Hometrainer. Wenn Sie auf der letzten Seite angelangt sind, schreiben Sie alle Eindrücke auf, die Ihnen dazu einfallen, und kommen Sie anschließend wieder in die Welt der Tatsachen zurück.

2. **BEWEGLICHER FEIERTAG.** Verbringen Sie den Vormittag in der Küche und den Nachmittag draußen. Bereiten Sie aus allem, was Sie in Speisekammer, Kühltruhe und Kühlschrank finden, ein Festessen zu, und laden Sie drei Freunde oder Freundinnen ein, dasselbe zu tun. Es darf nichts Neues gekauft werden. Treffen Sie sich am Zielort (beispielsweise bei einer Freundin im Garten), und bringen Sie Bastelmaterial, Gedichtbüchlein, Gitarren und Kameras mit. Nehmen Sie den Tag auf Band auf, diskutieren Sie über Rezepte, erzählen Sie, wie Sie im hintersten

Winkel des Küchenschranks wie durch ein Wunder den Safran wiederentdeckt haben, und schwelgen Sie in allem, was Ihnen zur Verfügung steht.

3. SEXY SONNTAG. Bitten Sie Ihre Schwiegermutter, die Kinder zu übernehmen. Bitten Sie Ihre Mitbewohnerin, wandern zu gehen. Sie brauchen Ihr Bett, Ihre Liebe, ein wenig Aprikosenöl, Barry White, ein Körbchen mit gekühlten Erdbeeren und vielleicht ein paar frische Handtücher. Verführung mag zwar teuer sein, aber Liebe machen ist GRAAAAATIS und ist es wert, dass Sie einen ganzen Tag oder vom Morgengrauen bis zur Abenddämmerung wirklich schwelgen und die Möbel ramponieren. *Perrrfekt!*

4. HANDARBEITSSTUBE. Legen Sie laute Rockmusik auf, zerschneiden Sie alte Kleider, tauschen Sie Reißverschluss- gegen Knopfloch-Nähkünste, trommeln Sie die Mädels zusammen, und werden Sie kreativ. Wenn Sie die Tagesgestaltung nicht dem Zufall überlassen wollen, könnten Sie anbieten, das Schlafzimmer einer Freundin zu beleben, indem Sie eine Tagesdecke oder Kissenhüllen nähen und Kissen verteilen. Nähen Sie sich gegenseitig Schürzen, und sticken Sie bissige Sprüche vorne drauf. Oder gestalten Sie langweilige Alltagskleidung wie T-Shirts, Jeans oder Slipdresses individuell. Perri Lewis ist Handarbeits-Stylistin beim *Guardian*, und das Schöne an ihrer Arbeit ist, dass sie immer up-to-date und dabei ganz einfach nachzumachen ist. Inzwischen hat sie einen eigenen Blog – http://makeanddowithperri.wordpress.com –

und der ist einfach hinreißend. Meine anderen Lieblingssites und leicht exzentrische Blogs für coole, moderne Hand- und Näharbeiten sind:
www.craftzine.com
www.futuregirl.com
http://angrychicken.typepad.com
www.yarnstorm.blogs.com
www.purlbee.com
http://tinyhappy.typepad.com
www.sewmamasew.com
www.threadbanger.com

Für den deutschsprachigen Raum gibt es zum Beispiel:
http://baseportal.de/cgi-bin/baseportal.pl?htx=/Tichiro/Strickblogs&localparams=1&range=750,25
www.farbenmix.de
http://www.wunderweib.de/modeundbeauty/mode/bildergalerie-2794399-mode/Stricken-Haekeln-Co-die-besten-Kreativ-Blogs.html
http://www.bastelwunder.net/2011/cat-und-kascha/
http://naehenundmehr.blogspot.ch/

Drei

Leben Sie für das, was Sie lieben: Warum Berufungen wichtig sind

Ich wuchs mit (mittellosen) Hippieeltern auf und bin als Erwachsene meistens immer noch Hippie (und mittellos). Diese schwierigen Umstände haben mit einer Entscheidung zu tun: Ich habe mein Leben lang versucht, nur vom Schreiben zu leben. Mein Vater mühte sich ein Leben lang damit ab, von der Malerei zu leben, was ihm letztlich auch gelungen ist. Ich war hin und wieder erfolgreich, erlebte aber auch ein paar deftige Flops und strampele mich weiterhin ab. Es gibt einfachere Wege, die von Künstlern jedoch selten eingeschlagen werden. Ich bin mit der Auffassung groß geworden, dass Kämpfen etwas Edles sei, und frage mich daher oft, ob das Pleitesein für mich nicht eine seltsam vertraute Komfortzone darstellt. Deshalb lasse ich meinen Kontostand wohl auch immer wieder hartnäckig gegen null gehen. Kreativ überleben oder – häufiger – einfach bloß überleben kenne und kann ich einfach am besten. Aber letztlich ist das auch eine Form grandioser Sinnlosigkeit, denn sich um Geld zu sorgen ist eigentlich ganz und gar nicht kreativ, und die Jagd nach Kreativität gehört zu den teuersten Dingen überhaupt. Mein Lieblingswitz unter Freunden geht so: »Hey, es kostet viel, um ein Freigeist zu sein«, und ich bin jedes Monatsende aufs Neue der lebende Beweis dafür.

Mit Pleitesein meine ich völlig abgebrannt sein: aus dem Sparschwein das letzte Geld für ein paar Lebensmittel schütteln und hin und wieder das eine oder andere Möbelstück verkaufen, um davon die Miete zu bezahlen. Mit Pleitesein meine ich auch, regelmäßig über die eigenen Verhältnisse leben, von irgendeiner völlig hirnrissigen Reise schamlos mit leeren Taschen nach Hause kommen und daran glauben – fest daran glauben –, dass man schon irgendwie über die Runden kommen, sich wieder aufrappeln und weitermachen werde.

Ich trinke nicht, spiele nicht, kaufe weder zu viel noch auf Kredit, aber das Bargeld, das mir zur Verfügung steht, gebe ich immer bis auf den letzten Cent aus. Ich finde, Geld sollte genauso schwer arbeiten wie ich und hin und wieder ein Wunder geschehen lassen. Vermutlich wurde ich einfach so erzogen. Wir lebten von nichts, schienen aber alles zu haben – alles, bis auf neue Dinge. Dieses Leben war recht romantisch, aber auch stressig. Empfehlen würde ich es niemandem, aber ich glaube fest daran, dass die glücklichsten Menschen die Arbeit tun, für die sie geboren wurden, und die dabei auf das Geld pfeifen. Selbst die supervernünftige, weise Finanzberaterin Suze Orman stimmt mit mir darin überein, dass es so etwas wie heilige Visionen gibt. In ihrem amüsanten Ratgeber *The Money Book for the Young, Fabulous & Broke* rät sie jungen Menschen, lieber einen Beruf zu ergreifen, den sie lieben, anstatt einen ungeliebten Job anzunehmen. Denn eine Karriere dient – genau wie eine Berufung – nicht nur dem Unterhalt, sondern formt vielmehr das Leben.

Aber es soll Leute geben, die dieses Prinzip auf die Spitze treiben, und genauso wurde ich erzogen. 1969, als man eine Villa in Sydney, Australien, noch zu einem Spottpreis kaufen konnte, kauften meine Eltern, die für Geldanlagen eindeutig blind waren, stattdessen vier Flugtickets nach New York.

Mein Vater wollte nach Amerika, um dort sein Glück als abstrakter Maler zu versuchen – zum allerungünstigsten Zeitpunkt. Damals war Konzeptkunst en vogue, die Superstar-Expressionisten sollten erst sieben Jahre später zurückkehren, und unsere Familie musste erfinderisch sein, um zu überleben. Meine Mutter führte in Chelsea einen flippigen Laden für Vintage-Klamotten, verkaufte Eintrittskarten in einem Programmkino und schloss sich einer Lebensmittelkooperative an, um uns mit Lebensmitteln aus dem Hinterland versorgen zu können. Mein Bruder und ich waren überzeugt, dass unsere Eltern alles hinkriegten, nachdem Dad ein Puppenhaus gebaut und Mum sämtliche Zimmerwände eigenhändig gestrichen hatte. Zu Weihnachten nähte sie mir ein Samtkleid, das wie ein Kimono aussah. Dad malte und war unser kämpferischer Held. Wir glaubten an Henri Matisse statt an den Weihnachtsmann und bekamen als Gutenachtgeschichte regelmäßig von Vincent van Goghs unglaublichem Künstlerpech zu hören. »Vincent hat nie auch nur einen Heller gesehen... aber er *glaubte an sich!*«

Ohne dass es ausgesprochen wurde, war uns bewusst, dass wir wegen Dads Malerei abgebrannt waren, doch an seinem Traum waren wir alle mit schuld, und Malen würde die Situation natürlich retten! Wir wuchsen auf mit Buster Keaton, Muddy Waters, Mark Rothko, blindem Vertrauen und Curry. Unser Disneyland war ein Kräuterladen in der Carmine Street im West Village namens »Aphrodisia«, in dem höllisch scharfe Currygewürze aus riesigen Holztrögen verkauft wurden und der bis spätabends geöffnet hatte. Anfang der Siebziger schien Authentizität in New York in aller Munde zu sein: das echte Garam Masala, der echte Bessie-Smith-Blues, die erste Woody-Guthrie-Raubkopie. Intuitiv, selbstgezogen, Underground, abgerissen, handgefärbt und frei – *das* waren die damaligen Werte. Und im Gegensatz zu heute konnte man damals abgebrannt sein, ohne sich dafür schämen zu müssen. Die Mieten waren niedriger, die Träume wilder und meine Eltern blutjung.

Am Samstag, und zwar an *jedem* Samstag, marschierten wir los zu Fanelli's, einer original Flüsterkneipe aus den Zwanzigerjahren und inzwischen Künstlerbar, hinter deren Tresen immer noch ein Baseballschläger aus der Zeit der Weltwirtschaftskrise aufbewahrt wurde und an deren Wänden, die mit Nikotin-fleckigem Pressblech verkleidet waren, Bilder von Schwergewichtsboxern hingen. Mein Bruder kannte ihre Namen auswendig. Als das Fanelli's dichtmachte, zogen wir weiter zu Max's Kansas City, einer kultigen Rock'n'Roll-Bar, wo es bei Einbruch der Dämmerung gratis Brathähnchen gab. Einmal stritt ich mich im Max's mit Andy Warhol um eine Hähnchenkeule. Ich war sieben. Es erschien mir völlig normal, in einer Bar aufzuwachsen, Shirley Temples zu trinken und mich mit Frauen mit Federn im Haar zu unterhalten, ganze Tage in einem schummrigen Kino auf alten Samtsitzen zu verbringen und an Halloween in paillettenbesetzten Kleidern herumzulaufen, die in Mums Laden an der Decke gehangen hatten. »Kinder von Spießern«, pflegten meine Eltern mit finsterer Miene zu sagen, »sehen den ganzen Tag lang fern, essen Tiefkühl-Hamburger und müssen um 19 Uhr ins Bett.« Schon der Gedanke daran ließ uns in unseren indischen Sandalen erschaudern. Und folglich hatten wir keinen blassen Schimmer davon, wie primitiv wir lebten.

»Ästhetik«, sagte mein Vater durch den Rauch seiner Marlboro hindurch, »ist wichtiger als guter Geschmack – Ästhetik heißt, dass man einen Standpunkt hat.« Schon sehr früh begriff ich, dass »Ästhetik« für die lebhaften Ablenkungen sorgte, die unsere offensichtliche, aber sehr erfinderische Armut kaschierten: Ein rustikaler Kelim verhüllte die nackten Wände und die Stelle mit dem zerschlissenen Linoleum aus der Zeit der Weltwirtschaftskrise; an der Badezimmertür, über einem großen, klaffenden Riss, hing ein Posterdruck von Matisses Gemälde »Das rote Atelier«; ein ausladender Farn beherrschte die Küche und lenkte davon ab, dass die Decke unseres Mietshauses aus dem 19. Jahrhundert nichts weiter als ein Holzgitter mit einer durchhängenden Gipskartonverkleidung war.

1978 zogen wir zurück nach Australien und ließen uns in einem Vorort nieder, um die Ecken und Kanten abzuschleifen, die wir in den sieben harten Jahren im Herzen von New York City bekommen hatten. Mums Bemühungen beim Renovieren konnte man bestenfalls als halbherzig bezeichnen. Sie strich die Fassade des Hauses, das wir gemietet hatten, halb Indischrot und halb Schokobraun. Keiner von uns erinnert sich, ob ihr die Farbe ausging oder ob sie sich vornahm, unsere Nachbarn so sehr zu hassen, dass sie jegliche Arbeiten einstellte. Unsere armen Nachbarn nebenan, betagte Relikte aus den 1950ern, deren Rasen wie Kunstrasen aussah und deren stuckverziertes Haus Wände so dick und proper wie ein frischer Marzipan-Hochzeitskuchen hatte, mussten viele Nächte mit lautem, schwermütigem Blues ertragen.

Allmählich wurde mir klar, dass wir auf unbehagliche Art anders waren. Als unkonventionelle Revoluzzer zu leben kam mir langsam so vor, als setzten wir uns über ein ganz grundlegendes Gesetz wie die Schwerkraft hinweg. Ich hatte nicht nur das Gefühl, abgebrannt und immer einen Tick schmuddelig zu sein, sondern auch ständig mit alltäglichen Hindernissen konfrontiert zu werden. Da ich mit dreizehn das erste Mal ein Bügeleisen in die Hand bekam und nähen lernte, ging ich in einer Uniform zur Schule, die wie ein zerknittertes Geschirrtuch aussah. Da ich keinen Föhn hatte, war mein Haar ein einziger riesiger, von einem Gummiband zusammengehaltener Schopf. Meine Mutter kaschierte ihre offensichtlich heikle finanzielle Lage dadurch, dass sie uns dazu brachte, gemeinsam zu kochen, Kleider zu nähen und Musik zu hören, und mir erzählte, dass die adretten, braven Mädchen in der *Seventeen* nur aus Druckerschwärze bestünden. Im Geschäft gekaufte Kleidung fand sie spießig, also kauften wir in Chinatown billigen Stoff und nähten daraus auf einer Singer-Nähmaschine aus dem 19. Jahrhundert ohne Schnittmuster Boy-George-Klamotten. In der Badewanne färbten wir häufig Vintage-Kleider. Wenn man jung ist und sich emsig in eine Sache vertieft, kommt man sich nicht sonderbar vor – bis einen die anderen so bezeichnen. Die Konfrontation mit den Kritiken und dem Snobismus an der Highschool war, als würde ich aus einem Traum erwachen, in dem ich selbst nackt bin und alle anderen Kleidung tragen – natürlich gebügelte!

Zum Glück haben sich die unerschütterliche Kreativität, das Chaos, der Verzicht und die Hingabe ausgezahlt. Heute, dreißig Jahre später, sind mein Vater und mein älterer Bruder gefeierte Maler, und meine Mutter besitzt eine umfangreiche Textilsammlung sowie einen großen Regency-Tisch statt dem alten Bauernhaustresen. Und in einem unauffälligen Schränkchen unter der

Treppe steht jetzt ein origineller italienischer Staubsauger. Die Tage, an denen wir unsere Kelims über den Gartenzaun legten und mit einem Besen ausklopften, sind wohl vorbei.

Da das Märchen von der Kunst als Erlöserin, das meine Eltern immer erzählt hatten, wahr wurde, leben sie heute in einem Matisse-Gemälde: prachtvolle antike Teppiche, wundersame russische Kerzenleuchter, Spitze aus Istanbul. Aber kein Bügelbrett. Vierzig Jahre lang nicht zu bügeln erscheint mir unglaublich intelligent. Heute habe ich selber einen kleinen Sohn, und seine Art lässt sich vermutlich auch mit »bügelfrei« umschreiben. Er trägt Mädchenmäntel und ungleiche Socken, schläft unter einer mit wilden Tieren bestickten Decke aus Laos-Seide – und hinterlässt überall, wo er vorbeikommt, Bleistiftlinien. Sein Gesicht ist sauber, sein Haar hingegen lang und ungebändigt. Bibi Blocksberg darf er sich nicht anhören, dafür tanzt er lieber mindestens einmal am Tag nackt zu den Stones. Im Gegensatz zu mir besitzt er ein Sparschwein und sucht seine Spielsachen seinem Minibudget entsprechend nach dem Preis aus, doch das ist der einzige echte Fortschritt. Wahrscheinlich will er später mal Musiker werden – ein Beruf, der von Unsicherheit, Aufopferung und sexy Elend geprägt ist. Perfekt. Willkommen in der Familie!

Vier

Ich war die Garderobenfrau der Stars: Kleine Jobs, die Ihr Leben verändern

Meine erste Liebe war Maler, Bildhauer, Sozialist und... Tellerwäscher. Wie George Orwell in seinem Buch *Erledigt in Paris und London* bekleidete Tim die Position eines *plongeur*. Damit befand er sich auf der untersten Stufe der Gastro-Leiter und hatte noch lange, nachdem er gebadet hatte, diesen milchigen Küchengestank an sich. Ein so niederer Job ist wahrlich ein Charaktertest. Als mein Vater als junger Maler in London anfing, ergriff er die Gelegenheit beim Schopf, Straßenfeger zu werden, hielt aber nur ein paar Tage durch. »Nie werde ich den Schmutz vergessen, der mir tief in die Poren drang, die beißende Trockenheit in der Kehle und das Gefühl, nie sauber zu sein.« Es ist ja nicht für immer, reden wir uns ein, wenn wir etwas tun, das uns unter unserer Würde erscheint. Mit vierundzwanzig arbeitete ich in einem Café für 3,75 Dollar die Stunde und miserable Trinkgelder, nachdem ich einen sehr anstrengenden Job als Zeitschriftenredakteurin geschmissen hatte, weil – so argumentierte ich –

jede Arbeit besser war, als sich Sorgen ums Geld zu machen. Aber manche Jobs sind nicht besser als Armut. Bei manchen geht man seelisch drauf, ist am Ende ausgelaugt und hat nur das Allernötigste zum Existieren.

Hundemüde, so fühlt man sich bei solchen McJobs, aber heutzutage werden viele von uns nicht darum herumkommen, (wieder) einen anzunehmen – nach einer Entlassung, nach einem Mutterschaftsurlaub, um Schulden zu tilgen, die Miete zu zahlen oder ein Zweitstudium zu finanzieren. Ich meine, das Tabu, mit dem Jobs belegt waren, in denen man keine Karriere machen kann, ist seit Beginn der Rezession komplett weggefallen, und jede Arbeitsstelle, egal wie unbedeutend, macht sich gut im Lebenslauf und ist Nahrung für die Zukunft – und an guten Tagen auch für die Seele. Die Perspektiven sind es, die jeder in einem Temporärjob gemachten Erfahrung den letzten Schliff verleihen, sie aufwerten und letztendlich neue Möglichkeiten eröffnen, egal wie bescheiden diese sein mögen. Schließlich wissen Sie wirklich nie, wann (oder wo) sich einmal die große Chance bieten wird. Bei meinem einzigen echten Kellnerjob lernte ich eine Gruppe Grafikdesigner kennen, denen meine geistreichen Bemerkungen so gefielen, dass ich am Ende Werbetexte für sie schrieb. Sie waren einhellig der Meinung, ich sei die langsamste Kellnerin mit dem schnellsten Mundwerk in Sydney. Hier stelle ich Ihnen meine sechs besten McJobs vor (darunter auch ein Praktikum und ein Sommervolontariat) und was ich dabei lernte.

Mit 15: Auf einem Markt Kleider verkaufen
(Wochenlohn 14-45 Dollar)

Als junge Fashion-Designerin war es mein Ziel, pro Woche eine Handvoll Vintage- und selbstgenähte Kleider zu verkaufen, damit genug Geld für mehr Baumwollstoff und Nähgarn, mehr Vintage-Klamotten, eine Tüte Fish'n'Chips und zwei, drei Gin Tonic am Samstagabend zusammenkäme. Eine echte Gewinnnmarge gab es nicht, aber ich musste den Kunden gegenüber die volle Gewähr übernehmen, falls sich etwas in Wohlgefallen auflöste, da ich die Teile für den Verkauf selbst anfertigte. Etwas Selbstgemachtes zu verkaufen gibt genauso viel Kraft, wie es erniedrigend ist. Mit Mode kommt man schneller voran, weil man die Trends buchstäblich im Entstehen aufgreift und auf der Straße verkauft. Viele bekannte Designer (etwa Collette Dinnigan) fingen auf genau demselben Friedhof in Sydneys Stadtteil Paddington an, wo ich meine grässlichen New-Romantic-Kleider verscherbelte. Heutzutage könnte man solche Sachen online sicher weitaus gewinnbringender verkaufen, z.B. bei etsy.com. Sich an einen Verkaufsstand zu stellen ist manchmal entmutigend: Die Hoffnung kommt und geht mit jeder pingeligen Person, die daherkommt, aber man lernt dabei auch, etwas vom Fleck weg sofort zu verkaufen. Ich führte meine scheußlichen (wenngleich originellen) Kleider selbst vor und nahm Kundenbestellungen entgegen. Es ist immer einfacher, an sein Produkt zu glauben, wenn ein bisschen Herzblut drinsteckt.

Mit 16: Sommervolontariat im Spastic Centre

Ich bin altruistisch, aber unorganisiert. Statt mich auf die Suche nach einer Wohltätigkeits- und Freiwilligenarbeit zu machen, stolpere ich meistens darüber. Die Chance, mit behinderten Kindern zu arbeiten, bekam ich nur, weil die Mutter meiner besten Freundin eines dieser Zentren leitete. Ich war nur drei Wochen dort, aber diese Erfahrung war wirklich ein unglaublicher Glücksfall. Jedes Jahr fand ein Sommerlager statt, und ein paar Teenager halfen bei den Aktivitäten. Von dieser Erfahrung, mit Kindern mit Zerebralparese zu arbeiten, zehre ich auch dreißig Jahre später noch. Wir veranstalteten Rollstuhlrennen, ausgelassene (manchmal chaotische) Lunches, Tagesausflüge in einem extra dafür umgebauten Transporter – und ich bekam die Möglichkeit, mit dieser Arbeit einer Berufung zu folgen, anstatt nur einen Job zu erledigen. Als ich mit den Kindern durch ein Einkaufszentrum ging, spürte und sah ich aus nächster Nähe, wie es ist, behindert zu sein. Wir waren so vielen Blicken und gönnerhaftem, mitleidigem Lächeln ausgesetzt, was qualvoll und zugleich äußerst aufschlussreich war. Viele Jobs, die man als Jugendlicher annimmt, dienen dem oberflächlichen Zweck, mit stundenlanger, hirnloser Arbeit ein bisschen Kohle zu verdienen. Das Volontariat hingegen vermittelte mir ein Gefühl für Arbeit, das sinnstiftender war als eine Lohnerhöhung. Ich glaube nicht, dass es eigennützig ist, Freiwilligenarbeit bei einem wichtigen Bewerbungsgespräch oder im Lebenslauf zu erwähnen, solange Sie es mit Ihrem ganz persönlichen Gefühl von Erfüllung verknüpfen. Viel zu oft betrachten wir Arbeit nur als etwas, wofür wir bezahlt werden. Dabei beschert uns eine Gratisleistung im Lauf der Zeit einen viel subtileren Reichtum.

Mit 18: Pralinenverkäuferin bei Bon Bon Chocolates

Mein erster richtig lukrativer Job im ersten Studienjahr konfrontierte mich mit Luxus und den Superreichen. Die Pralinen bei Bon Bon, per Luftfracht von Belgien und Frankreich eingeflogen, wurden einzeln von silbernen Servierplatten verkauft. Wir Verkäuferinnen trugen weiße Handschuhe, die wir tagsüber mehrmals wechselten, um immer adrett auszusehen. Pralinen verkaufen ist wie Sex verkaufen – die Leute drücken sich buchstäblich die Nase am Schaufenster platt, um besser zu sehen, und mehrmals am Tag musste ich die Nasen- und Fingerabdrücke von den Scheiben wischen. Eine Kundin, eine gewisse Mrs. Money (ja, sie hieß wirklich so!), fütterte ihren Hund mit Champagnertrüffeln. Viele Männer kauften eilig große Packungen für ihre Geliebten. Schuldbewusste Frauen verbrachten sträflich viel Zeit damit, eine einzelne Praline auszusuchen, und bereuten dies lautstark beim Verlassen des Ladens.

Ich kostete gern von den Pralinen und spuckte den Rest aus wie eine Weinverkosterin, wurde aber wegen eines weit weniger offensichtlichen Vergehens gefeuert: wegen meiner lauten Seufzer. Reiche Leute hassen Melancholie, weil sie mehr auf emotionalen Trost aus sind als auf materielle Dinge. Menschen, die sich alles leisten können, wollen dein Lächeln. Beim Verkauf von Gourmetpralinen lernte ich folgende drei wichtige Dinge: Erstens: Wenn man eine große Schleife im Haar trägt, stellen die Leute seltsame Forderungen an einen. Zweitens: Mithilfe eines kleinen Silbertabletts und weißen Handschuhen lässt sich praktisch alles doppelt so teuer verkaufen. Und drittens? Behalten Sie Ihre Seufzer für sich.

Mit 23: Barista im Mali Café (Wochenlohn 170 Dollar)

Guten Kaffee zuzubereiten – Cappuccino, *affogato*, Flat White und Espresso – ist genauso wie Feuermachen. Hat man es einmal gelernt, vergisst man es nie mehr und hält damit einen mächtigen Zauber in den Händen. Das A und O bei einem richtig guten Kaffee ist das Erhitzen der Milch: Ich musste darauf achten, dass sie nicht kochte, aber auch nicht zu kalt wurde; ich prüfte sie mit dem Handrücken und goss sie liebevoll, aber flink in die Tasse, um sie zu einer wolkenweichen Schaumkrone aufzuschlagen. Seltsamerweise konnte ich Jahre später in einer Werbeagentur so richtig punkten, weil ich für wichtige Kunden »echten« Kaffee zubereitete. In einer anspruchsvollen Umgebung kam mir diese eher »niedere« Fähigkeit gar nicht mehr so »nieder« vor. Und das Schöne ist, dass es niemals Vergeudung ist, wenn man gelernt hat, Leute schnell zu bedienen und auch bei langen Warteschlangen einen kühlen Kopf zu bewahren. Als Freelance-

Autorin versuche ich, alle Kunden so zu behandeln, als ob sie die höchste Priorität hätten. Mein Motto lautet: Schnell verpflegen und noch eine Schaumkrone obendrauf setzen. Ein weiteres Geheimnis der Cafékultur: Schenken Sie den Kunden ein Lächeln, und schwatzen Sie mit ihnen, *nachdem* sie ihren Kaffee bekommen haben, denn bei hungrigen Menschen vergeuden Sie bloß Ihren Charme.

Mit 26: Garderobenfrau bei Raoul's (pro Abend 35–72 Dollar)

Matt Dillon nahm sein Sakko mit zum Barhocker, setzte sich umgehend darauf und machte damit all meine Hoffnung auf ein Trinkgeld von diesem Mädchenschwarm zunichte. John F. Kennedy Jr. überreichte mir seinen schwarzen, bei Brooks Brothers maßangefertigten Kaschmirmantel, doch bevor ich seine Körperwärme spüren konnte, riss ihn mir die Restaurantmanagerin (ja, du, Cindy!) aus den blassen Händen. Als Garderobenfrau der Stars fühlte ich mich fast so wie ein Kleiderständer. Ich wurde dann an der Bar am Fuß einer Wendeltreppe geparkt, und meine Bezahlung war ein Cognacglas voll mit Ein-Dollar-Scheinen und den Telefonnummern eher langweiliger Männer, die sich die ganze Nacht lang an ihrem Glas festhielten. Was mir an Schnelligkeit und Erinnerungsvermögen fehlte, machte ich mit einem anmutigen Lächeln und geistesgegenwärtigem diplomatischen Verhalten wett. Denn wenn Frauen einen Job haben, der mit körperlicher Nähe einhergeht, verhalten sich andere Frauen ihnen gegenüber im Allgemeinen ekelhaft.

Als Garderobenfrau lernte ich die Gesetze von Nähe und Distanz kennen: Den Mantel eines Mannes vom eigenen Körper weghalten, das Kleidungsstück nie mit den Armen umfangen, wenn die Ehefrau zuschaut, aber *ihren* Nerz tragen, als wäre er ein Neugeborenes. Diese Erfahrung würde ich heute in einer Vorstandssitzung anwenden, bei der ich mit einem Mann und einer Frau gleichzeitig zu tun hätte. Den Mann würde ich ganz neutral anschauen, Körper und Hände aber der Dame zuwenden. Eine entspannte Körperhaltung strahlt Stärke aus, und wenn Sie Ihren Raum unter Kontrolle haben, haben Sie meistens auch die Situation im Griff. Sexuelle Konkurrenz führt zu intensiven, unausgesprochenen Spannungen am Arbeitsplatz (selbst dann, wenn es dort nur Frauen gibt), aber damit kann man leicht fertigwerden, indem man diskret, offen, einfühlsam und ein kleines bisschen raffiniert ist. Mag sein, dass die Fähigkeit, mit anderen Menschen zusammenzuarbeiten, daraus entsteht, ihre Bedürfnisse zu erkennen und damit umzugehen. Meiner Chefin bei Raoul's ging es darum, mit den Stars auf Tuchfühlung zu sein, aber ich an meiner Wendeltreppe war dem Himmel wahrscheinlich ein Stück näher! Ich weiß noch, wie ich mich an dem Abend, als JFK Jr. die Ecklounge gebucht hatte, nach oben zur Garderobe schlich. Ich ging zu dem ächzenden Kleiderständer, schlüpfte in seinen Mantel und tanzte darin einen stummen Walzer. Übrigens, Cindy, falls du das hier liest: Dieser lange, schwarze, schöne Doppelreiher roch nach Regen, Sandelholz und Glückseligkeit. Das war mein bestes Trinkgeld an jenem Abend.

Mit 27: Praktikantin beim *BOMB Magazine* in New York

Überall auf der Welt machen die Menschen kindische Bücklinge vor Ruhm und Berühmtheit. Durch den Starkult verlieren sie ihre Eigenheit, ihre Kreativität und ihren Mumm. Daher ist es äußerst hilfreich zu wissen, dass Berühmtheiten tödlich langweilig sein können. Ich verehre den Intellekt, und was gab es da Besseres, als ein Praktikum bei einer hochgestochenen New Yorker Zeitschrift zu absolvieren und Interviews mit Bildhauern, Künstlerinnen, Poeten oder Romanautorinnen zu transkribieren, die vor allem über sich selbst redeten. Ich erinnere mich immer noch gern an Richard Serra. Meiner Meinung nach ist er ein Genie, wahrscheinlich der großartigste Bildhauer, den Amerika je hervorgebracht hat, aber der langweiligste Redner auf dem ganzen Erdball. Das darf ich sagen, nachdem ich seiner Stimme sechs Stunden lang gelauscht habe. Ich fühlte mich von seiner Monotonie verletzt und zog daraus den Schluss, dass es zwischen einer Legende und ihrem Ursprung immer eine ziemlich große Kluft gibt. Was wir sehen, lesen und hören, wurde vorher bearbeitet, damit es einen geheimnisvollen Nimbus erhält und unterhaltsam ist – denn die Menschen, die wir bewundern, bestehen auch nur aus Schmutz, Blut, Wasser und Tränen, genau wie wir. Während meiner jahrelangen Arbeit als Journalistin, die auf diese Ferienarbeit folgte, lernte ich, im Dunstkreis bekannter Persönlichkeiten weniger zu kuschen, sondern mehr Fragen zu stellen und ganz genau zuzuhören. Menschen, die mehr Macht haben als Sie, mögen eines ganz besonders, und das ist ausnahmslos der Klang ihrer eigenen Stimme. Und wenn Sie Ihr eigenes Ego mal beiseitelassen, ist es tatsächlich ein Privileg, ihnen zuzuhören. Als »zweite Garnitur« kann man gar nicht aufmerksam oder bescheiden genug sein. Selbst heutzutage ist es wie in dem Filmklassiker *Alles über Eva*. Sie werden erst dann zur Diva, wenn Sie eine(n) aus nächster Nähe beobachtet und sich ihr (sein) blödes Geschwafel für eine lange, lange Zeit angehört haben.

Fünf

Erste Eindrücke, Geld und Schicksal: Powerdressing für Landeier

Es ist merkwürdig, aber wahr: Wenn Sie einen Job haben wollen, der Ihr Einkommen verbessert, müssen Sie sich so kleiden, als besäßen Sie bereits ein riesiges Vermögen. Es zahlt sich wirklich aus, wenn schon nicht reich, dann doch nobel auszusehen, und das ist der Grundpfeiler des Powerdressing. Ich mag diesen Begriff nicht, akzeptiere ihn aber mittlerweile, weil Kleidung einer der schnellsten Wege ist, einen nachhaltigen Eindruck zu hinterlassen, auch wenn das eigentlich eine blanke Lüge ist. Ich habe einmal vor einer Gruppe Prominenter bei einem schicken Lunch bei Hermès, Paris, einen Vortrag gehalten. In meinem Durchschnittsfranzösisch erzählte ich handfeste Anekdoten und hatte vierzig Minuten lang das Wort. Am Ende eilte eine Dame im Balenciaga-Blazer auf mich zu, hob ihr Kinn, zeigte auf meine Hose und sagte: »Schätzchen… Ihr Reißverschluss ist kaputt!« Was zeigt uns das? Wenn man ein Detail vermasselt, ist alles vermasselt. Genauso gut hätte ich den Vortrag nackt auf einem Pferd sitzend halten können.

An das Zicken-Outfit für Vorstellungsgespräche habe ich früher keinen Gedanken verschwendet. Ich spielte eher so was wie Kleider-Lotterie, mit Blazern ohne Flecken und Kleidern mit ordentlichem Saum und ordentlich angenähten Knöpfen. Heute habe ich eine Uniform, und die hängt ordentlich verpackt in einer Hülle gleich vorn an meinem Kleiderschrank. Sie besteht aus einem Paar polierter schokobrauner Mary Janes mit halbhohem Absatz, zwei durchsichtigen rauchfarbenen Strumpfhosen, einem grünen, gemusterten Seidenkleid aus den Siebzigern, einem braunen Ledergürtel und einem braunen Leinenblazer. Für wirklich förmliche Anlässe habe ich einen zur Kostümjacke passenden Rock, einen schwarzen Kaschmirpulli mit V-Ausschnitt und ein kleines Hermès-Tuch. Daneben hängt in einem sauberen Baumwollbeutel eine Lackhandtasche mit allem Nötigen, von neuem Lippenstift bis hin zu Visitenkarten. Dieses Notfallset ist wie eine Spardose. Ich weiß, dass ich ihren Inhalt herausschütteln und zum Lunch, einem Meeting oder einem Vorstellungsgespräch eilen kann, ohne mir schlampig vorzukommen.

Natürlich ist das Schummelei. Businessklamotten sind meistens nur Fassade. Wenn man nicht tatsächlich im Finanz- oder Rechtswesen arbeitet, ist es ein merkwürdiges Gefühl, sich förmlicher als gewohnt zu kleiden, wenn man im Herzen eigentlich eine Rockerbraut ist. Eine weit verbreitete, irrige Annahme in Bezug auf Kleidung für Bewerbungsgespräche ist, dass es einen Einheitslook für den Erfolg gibt. Tatsächlich hat jede Branche unglaublich feine Stilnuancen. Wenn ich ein Portfolio oder einen Lebenslauf bei einer Agentur oder Zeitschrift abgebe, bei der ich gern arbeiten würde, schaue ich mir oft jeden Mitarbeiter gründlich an – den Praktikanten am Wasserspender, die Dame an der

Rezeption und den CEO hinter einer dicken Glastür – und mache mir Notizen. Und klaue massenweise Looks.

Ich hatte mal einen außergewöhnlichen Chef namens Herbert Ypma. »Nennen Sie mich doch Herby«, sagte er schnurrend. Er kleidete sich wie ein Ralph-Lauren-Model und hatte ein kantiges Gesicht wie der Held aus einer Fitzgerald-Kurzgeschichte. Er hätte Tee nach China verkaufen können, weil er immer wie aus dem Ei gepellt, glattrasiert und auf Zack war. »Hör mal, Mädel«, pflegte er durch seine sinnlichen, sich schnell bewegenden Lippen zu sagen, »du musst so lange in die Rolle schlüpfen, bis du sie bekommst, und bis dahin musst du den Mund vollnehmen« – hier machte er eine dramatische Kunstpause – »und zwar richtig!« Er liebte die Macht positiver Klischees und entsprach den meisten auch: in erster Linie weil er pünktlich und seine Krawatte immer gebügelt war und er etwas seltsam Glamouröses ausstrahlte, das ansteckend war. Während meiner Arbeit bei Herby – ich rührte die Werbetrommel für seine Zeitschrift und lektorierte einen zwanzigseitigen Text über Kunst – trug ich ein kanariengelbes Leinenkostüm, ein smaragdgrünes Kostüm und viele kleine Schwarze. Er brachte mir auf eine sehr an Dale Carnegie erinnernde Art bei, dass der erste Eindruck oft die letzte Chance ist, um einen Eindruck zu hinterlassen, und man nie professionell genug aussehen kann. Heute ist Herby für seine Fotografie und seine großartige Buchreihe *Hip Hotels* berühmt. Ich denke immer an ihn, wenn ich bei einem Meeting jemanden mit einem warmen, herzlichen Händedruck begrüße und weiß, dass ich angemessen gekleidet bin. Ach ja, apropos den Mund richtig vollnehmen – nennen Sie mich doch Anna!

Das macht was her

Um einen Job zu ergattern, müssen Sie manchmal auch so aussehen, als bräuchten Sie keinen, und sich ein bisschen wohlhabender anziehen als Sie sind. Und *das* ist nun wirklich ganz simpel: Kleiden Sie sich etwas schlichter, als Sie eigentlich möchten. Chic ist, wie wir alle wissen, die Kunst der Beschränkung, nicht des Auffallens. Bei diesem Look geht es mehr um Konsistenz und Verhältnismäßigkeit als um auffällige Hinweise wie Goldknöpfe oder Riesenhandtaschen. Wie der Rich-Girl-Chic-Look *nicht* aussehen soll, sehen Sie an den Girls im Film *Heathers* aus den Achtzigerjahren. Wie es richtig geht, können Sie sich bei der Filmemacherin/Mutter/Style Queen und Muse Sofia Coppola abgucken. Sie trägt immer ein schickes Kleid, dazu eine ganz schlichte Frisur und fast kein Make-up. Dieses Risiko, unscheinbar auszusehen, ist sehr *french*, aber Understatement lässt sich immer durch ein Luxuselement hervorheben: polierte Fingernägel, weiches, gepflegtes Haar, einen Cocktailring so groß wie ein Straußenei. Die folgenden Ideen würden zwar die meisten reichen Möchtegern-Prinzessinnen erschaudern lassen, aber mit diesen Tricks leiste ich mir Glamour für wenig Geld.

- Besser großer als kleiner Schmuck: Eine große Uhr, ein noch größerer Cocktailring, eine große (damit meine ich riesig wie eine Tarantel!) Brosche, eine große, klobige Kette und große Ohrringe – das sieht glamouröser aus als ein paar fummelige, windige Schmuckstücke. Der Trick dabei ist aber, pro Outfit nur *ein* Gold-Statement – poliert oder mit Edelsteinen besetzt – zu tragen.

- Eine unifarbene Handtasche ohne Logos, Klunker oder lange Troddeln. Eine tolle Handtasche kann man nicht faken, aber die gute Nachricht ist, dass Sie eine richtig schöne (und aktuelle) Designertasche auch mieten können. Eine wirklich gute Tasche kostet um die hundert Dollar. Das bedeutet, eine Woche lang bei Power-Lunches und Bewerbungsgesprächen ein Statusobjekt zur Schau zu tragen, ohne sich dadurch finanziell zu ruinieren. Im deutschen Sprachraum können Sie zum Beispiel unter folgenden Internetadressen Handtaschen mieten: www.bags4rent.com, www.poshbags4rent.de, www.handtaschen-mieten.de, www.rentabag.de, www.designhandtaschen.com.

- Glänzendes, natürliches, nicht malträtiertes Haar mit viel Volumen und unauffälligen Highlights, die Sie nicht wie ein Streifenhörnchen aussehen lassen. Schön gepflegtes, welliges oder lockiges Haar sieht mehr nach Luxus aus als schlecht geglättetes Kraushaar. Sie erinnern sich vielleicht an das klassische Siebzigerjahre-Model Lauren Hutton: Ihr schwer zu bändigendes Haar sah immer graziös aus. Der Sleek Look wirkt eher billig, besonders wenn die Haarspitzen wie ein frittierter, spitzer Rattenschwanz aussehen. Weg mit dem Haarglätter!

- Eine ganz, ganz leichte Bräune. Ich verwende Jergens für den gewissen Luxuseffekt. Aber machen Sie vorher ein Peeling, Sie wollen schließlich keine braun-weiß gestreiften Beine haben!

Erste Eindrücke

- Schicke, glänzende Schuhe mit niedrigem Absatz ohne Plateausohle in einer neutralen Farbe, die sich nicht mit den übrigen Farben beißt. Angelina Jolie trägt ständig schwarze Ballerinas und nudefarbene Lederpumps. Nicht, dass sie unbedingt schöner aussehen müsste, aber irgendwie lässt die zurückhaltende Eleganz solcher Schuhe sie erst so richtig reich aussehen.

- Polierte statt lackierte Fingernägel, das ist sauber, modern und pflegeleichter. Probieren Sie es auch an den Fußnägeln.

- Perfekt sitzende Vintage-Kleidung. Nichts ist besser als ein Sixties-Kaschmirmantel in Camel oder ein kleines Leinen-Shiftkleid. Mein »Rich Girl«-Kleid ist so was von schlicht: ein knielanges, hellbeiges A-Linie-Vintage-Leinenkleid. Es sieht so klassisch aus wie Kleidung von Oleg Cassini und dabei so modern wie Prada und hat nur dreißig Dollar gekostet. Ich trage es zu Bambusarmreifen, Goldrand-Aviators, dazu eine Handtasche und Schuhe in Schokobraun. *Klingelingeling!*

- Diesen Trick verrate ich Ihnen mit freundlicher Genehmigung von Liz Lange, der ultimativen Uptown-Girl-Designerin. Liz stellt mit nur einer einzigen Farbe ein komplettes Outfit zusammen: Navy, Beige oder Weiß, dazu bewusst eine Colorclash-Handtasche oder einen schmalen Colorclash-Gürtel. Die Klamotten kosten nicht mehr, sehen aber teurer aus, weil sie aufeinander abgestimmt sind und von Kopf bis Fuß eine durchgehende Linie bilden.

- Ein Statement-Dress mit wirklich modernen Schuhen. Jeden Sommer kaufe ich ein Kleid mit auffälligem Grafikdruck in einer Monochrom-Palette (meistens Schwarz und Weiß oder leuchtend Gelbgrün und Weiß), und dazu leuchtend rote, zitronengelbe oder grüne Schuhe. Keine weiteren Accessoires (außer einer neutralen Handtasche). In einem Eyecatcher-Kleid vermitteln Sie hohe soziale und professionelle Kompetenz. Zusammen mit einem ausgefallenen Schuh (Espadrilles mit Keilabsatz, Plateaupumps oder schwarz-weißen Spectators) sehen Sie regelrecht arrogant aus. Und jetzt her mit dem besten Restauranttisch und dem Buchvertrag!

- Der Feinschliff: Etwas Weiches, Exzentrisches oder ein klein bisschen Schockierendes, damit man sieht, dass Sie sich in Ihrer Haut wohl fühlen. Meinen guten alten Missoni-Schal trage ich zu einem sehr formellen Kostümblazer. Damit sehe ich nicht so verbissen aus, und der formelle Schnitt wirkt gleich viel glamouröser. Liebend gern trage ich zum kleinen Schwarzen viele bunte französische Armreifen mit Strasssteinen oder einen kuschelweichen Kaschmir-Wrap zu Safarikostüm und Espadrilles. Die TV-Köchin Nigella Lawson trägt zu allem Espadrilles. Das sieht ein bisschen albern aus, aber es funktioniert. Am besten kommen Sie stilsicher rüber (auch wenn die Tasche gemietet ist), wenn Sie Ihr Outfit mit einem ganz persönlichen Teil verschönern. Zum Beispiel mit einem einfachen venezianischen Perlenarmband, das diskret das Sonnenlicht einfängt, oder etwas Auffälligem wie ein leuchtendes Seidenfutter in einem sehr schlichten Mantel. Ich glaube, Christian Louboutins Riesenerfolg hat viel mit seinem Einfall zu tun, seine Schuhe in sündigem Rot zu besohlen. Dieses rote Aufblitzen ist wie der Vamp-Lippenstift, den keine Frau mehr trägt, aber vielleicht sollten wir wieder damit anfangen.

Das klassische Kostüm, neu interpretiert

Manche Kostüme stellen mit dem Körper merkwürdige Dinge an. Zu viele Knöpfe lassen Sie wie eine Gourmetwurst aussehen, die aus allen Nähten platzt. Ein schlecht eingesetzter Ärmel verleiht Ihnen kantige Schultern, und ein zu enger Rock verfehlt seinen Zweck vollends. Wenn Sie sich nicht gerade um eine sehr formelle Firmenposition bewerben, empfehle ich folgende Taktik: Tragen Sie zu Anfang jeweils nur ein Element Ihres Kostüms, und sorgen Sie lieber mithilfe von Farbtönen für Einheitlichkeit. Ich finde, ein und derselbe Ton bzw. dieselbe Farbe bei unterschiedlichen Stoffen sieht schick aus: ein schokobrauner Rock aus Noppenseide, ein Kaschmirpulli im selben Ton und ein Leinenblazer in einer kontrastierenden Komplementärfarbe wie Violett oder Terrakotta. Dieser Stilcode folgt dem Gesetz der Kombimode, ohne allzu spießig auszusehen. Mit einem Kostümblazer peppen Sie eine weiße Bluse und eine Flatfront-Hose im Tuxedo-Stil auf, und das Tüpfelchen auf dem i wäre eine kurze, seidene Männerkrawatte. Hemden mit durchgehender Knopfleiste sehen smarter aus als Träger- oder Shelltops (und nicht so nachlässig). Sie sollten aber leuchtende Farben haben, denn in Weiß oder mit Nadelstreifen sehen sie billig aus, sofern sie nicht maßgeschneidert oder aus qualitativ gutem Stoff sind.

Wenn Sie ein Kostüm tragen möchten, kaufen Sie eines mit tiefem Ausschnitt und richtig gut geschnittenen Schultern, und lassen Sie den Ärmelbund abändern, damit er direkt am Handgelenk endet. Mit dieser simplen Veränderung sieht ein Kostüm wie maßgeschneidert aus. Lassen Sie sich ganz viel Zeit damit, ein Kostüm zu finden, so wie Sie es auch bei einer Jeans machen würden, und prüfen Sie dann, wie der Blazer zu Jeans aussieht. Falls Sie es sich leisten können, kaufen Sie gleich zwei davon, denn ein Ersatzkostüm ist von unschätzbarem Wert, und dank der Abwechslung sind die diversen Bewerbungsgespräche nicht mehr ganz so schlimm. Zu guter Letzt: Nähen Sie ins Taschenfutter einen Glückspfennig ein. Warum? Weil Stil ohne ein bisschen magisches Denken nichts wert ist.

Einfache Pflegetipps mit großer Wirkung

»Schuhe und Fingernägel, Schätzchen, Schuhe und Fingernägel!" Das ist das Mantra meiner Freundin Robin Bowden, die erst Textilfashion-Expertin auf der Seventh Avenue war und heute als Immobilienguru und Senior Vice President arbeitet – und das, weil sie immer schicke, von Hand polierte Brogues trug. Sie schwört, dass einem Chef als Erstes immer die Extremitäten auffallen. Deshalb sind meine Nägel und Schuhe immer poliert, und alle vierzehn Tage überprüfe ich Sohlen, Riemchen und Schnürsenkel bei häufig getragenen Schuhen. Handtaschen hingegen leben wieder auf (und leben länger), wenn Sie sie allabendlich leeren, das Futter säubern und sie in weichen Baumwollbeuteln (ich nehme Kissenbezüge) aufbewahren, statt sie vollbepackt irgendwo aufzuhängen.

Sechs

Guter Geschmack, aufs Wesentliche reduziert: Die neue Shopping-Ökologie

Pablo Picasso witzelte einst: »Ich würde gern wie ein armer Mann leben, aber mit viel Geld!« Und genau das haben reiche Leute mit gutem Geschmack schon immer getan. Zur Entsagung in der bestmöglichen aller Welten entschlossen, mieten sie sich in der Toskana ein kleines Bauernhaus mit achtzig Morgen Land, essen von einem grobgehauenen, antiken Bauernteller selbstgebackenes, mit erlesenem Olivenöl extra vergine beträufeltes *pane pugliese* – und tragen stolz handgeschusterte Gandhi-Latschen aus Florenz und eine Tunika von Calypso St. Barth. So einfach würde ich auch gern leben, Sie etwa nicht?

Das Lustige an kultiviertem Geschmack ist, dass er einem treu bleibt, auch wenn die finanziellen Mittel, die ihn ermöglichen, nicht mehr vorhanden sind! Im Gegenteil: Mit zunehmendem Alter wird das Verlangen nach Luxus stärker. Aber mit diesem Anspruch entwickelt man auch Raffinesse, wenn es darum geht, Qualität aufzuspüren und rigoros wählerisch zu sein. Sie müssen Stil haben, um nur ein einziges tolles Kleid zu besitzen, und mit dieser Disziplin schonen Sie zugleich Ihren Geldbeutel und die natürlichen Ressourcen. Gemäß einem verqueren logischen Umkehrschluss ist Chic die wahrhaft grüne Logik. Ich liebe schöne Dinge, möchte aber weder den Planeten noch mich (auf der Jagd nach ihnen) erschöpfen und habe mich immer gefragt, wann genug tatsächlich genug wäre. Dieser Moment ist jetzt gekommen. Meiner Meinung nach wird die modernste Art zu shoppen von drei Prinzipien gelenkt: Sparsamkeit, Geschmack und Bewusstsein. Und diese drei Prinzipien ergänzen einander hervorragend.

Wahre Werte – die Kunst des »Mehr für weniger«

Dinge von Wert müssen nicht preiswert, sondern ihren Preis wert und von Bestand sein. Den wahren Wert der Dinge zu kennen ist wichtiger, als nur auf das Preisetikett zu schauen oder sich das begehrteste Label unter den Nagel zu reißen, und das lernt man am besten, wenn man sich Zeit nimmt und ganz, ganz selektiv vorgeht, um eine Handvoll schöner Teile zu erstehen, an denen man sehr lange Freude hat.

Es war in den letzten Jahren viel von der Slow-Food-Bewegung die Rede, einer Nachhaltigkeitsrevolution, die dafür plädiert, mit heimischen Produkten genussvoll zu kochen und mehr auf Aroma und Frische zu achten, statt hastig Fertigprodukte zu verzehren. Stellen Sie sich vor, wir könnten unser Zuhause genauso einrichten und uns genauso kleiden! Wenn wir mehr auf Qualität und Langlebigkeit achten und jedes Kleidungsstück wie ein altes Erbstück oder eine Tomaten-Ursorte behandeln würden. Im Textilmuseum von Oaxaca habe ich mir einen handgewebten, handgefärbten Sarape gekauft. Mit hundertfünfzig Dollar war er so ziemlich das teuerste Tuch im Laden – jedenfalls kein Urlaubsschnäppchen. Aber der Stoff verströmte die Wärme der Sonne und hatte die Farbe von ungebranntem Terrakotta. Zuhause in Brooklyn drapierte ich ihn über einen Holzstuhl und machte ihn zum Richtwert für jedes Kleidungsstück und jeden Stoff, die ich danach kaufte. Intensität. Integrität. Qualität und auch Seele. Nie hätte ich gedacht, dass ich nach solchen Dingen bei einem kleinen Schwarzen, einer Armbanduhr oder Gummistiefeln suchen würde, aber jetzt tue ich es. Andernfalls haben sie für mich überhaupt keinen Wert.

Der Glamour der Einfachheit

Falls Eleganz Verweigerung bedeutet, dann geht es bei modernem Luxus definitiv eher um kunstvolles »Weniger« als um aufgeblähtes »Mehr«.

Ein Blumensträußchen, in Zeitungspapier gehüllt und mit Kordel umwickelt statt in unzählige Lagen aus nicht biologisch abbaubarem Plastik verschnürt. Lieber ein handbemaltes Leinenkleid von einer Designstudentin statt ein massenproduziertes, pestizidgetränktes, von Kinderhänden genähtes Kleid. Lieber ein Gemälde als ein TV-Flachbildschirm. Oder lieber genau diese eine tolle Handtasche, die Sie täglich benutzen, als die siebzehn, die in Ihrem dunklen, völlig überfüllten Kleiderschrank vor sich hin stauben.

Für den neuen, von Besonnenheit geprägten Stil gibt es viele Gründe, aber überraschender Geldmangel ist sicher einer der letzten. Das Konsumverhalten in den Bereichen Mode, Einrichtung, Geräte und vor allem bei umweltfreundlicher Haushaltsführung hat sich deutlich verändert: Die Erde kann sich das nicht leisten, und Sie aufgrund der Rezession auch nicht mehr. Gut! Ganz ehrlich: Ich will nie wieder eine Handtasche, einen Jogginganzug oder eine Jeans sehen, die mit goldenem Klunker und plakativen Logos verziert sind.

Man muss ziemlich mutig sein, um sich einfach und gut zu kleiden, aber alle, die es tun, heben sich ab und strahlen einen raffinierten Glamour aus, der sie (welche Ironie!) sogar noch reicher aussehen lässt. Ist Ihnen schon mal aufgefallen, dass spirituelle Führungspersönlichkeiten mit schlichtem Leinenhemd und Schlabberhose beeindruckender aussehen als Präsidenten im Dreiteiler? Wenn Sie Ihren Stil aufs Wesentliche reduzieren, strahlen Sie würdevolle Besonnenheit aus und sind sofort »postfashion«, trans-saisonal und originell. Ein gutes Beispiel für diesen Minimal Glamour ist Lauren Hutton. Ich habe sie schon in Baumwollhemd und khakifarbenen Sneakers in New York herumdüsen sehen. Ich habe sie mit Caban-Jacke und Leinenkappe in der U-Bahn gesehen. Und im Studio 54, in den Hoch-Zeiten der Glitzerdiskos, habe ich sie in etwas gesehen, das wie ein Einweg-Overall aussah. Ganz egal, welcher Trend gerade vorherrscht, Hutton spielt ihr Gespür für poetische, zweckmäßige

Mode aus. Sie hat eine unverwechselbare urbane Uniform; die ist ganz billig und verströmt Siebzigerjahre-Safari-Chic, aber Hutton sieht trotzdem immer so aus, als wäre sie an einem fantastischen Ort gewesen, und sie sieht immer wie Lauren Hutton aus. Sie ist so schlicht wie eine Idaho-Kartoffel. Mir ist es egal, ob sie ihren Körper heimlich in Kaviar mariniert – diese Frau hat die Sehnsüchte der nächsten Generation bereits erfüllt: Sie sieht aus, als ließe sie es sich gutgehen, sie sieht aber nicht so aus, als würde sie dauernd shoppen gehen.

Ein Plädoyer für »grünes« Shoppen

Cleverer Chic heißt, Labels auf der Innenseite zu tragen (falls Sie sich überhaupt etwas aus Labels machen) und dieselbe Ethik für Essen, Wasser, Wohnen und Kleidung anzuwenden. Für bewusste Menschen gibt es beim Kleiderkauf so etwas wie sündiges Vergnügen nicht. Mit ein bisschen Gespür können Sie ein T-Shirt aus Fairtrade-Baumwolle *und* ein Paar Manolos für weniger Geld erstehen. Ich war mal in einem Kommissionslager in Brooklyn, das wie Carrie Bradshaws begehbarer Kleiderschrank aussah: Regale über Regale mit Manolo-Mules riefen meinen Namen, und ich musste richtig lange darüber nachdenken, was dieses Bild in mir auslöste.

Ende der Neunzigerjahre lag einem City Girl mit einem Haufen spitzer Seidenschuhe die Welt zu Füßen. Zehn Jahre später in Secondhand-Luxus zu schwelgen ist aber viel genialer. Kann eine verarmte Style Queen öko sein? Ich glaube, es wird mit jedem Tag einfacher. Was Mode und Ethik betrifft, gerate ich heute seltener in Konflikte, denn immer mehr Mainstream-Modehäuser halten sich an die einfachen (aber sozial weitreichenden) Grundregeln, Öko-Materialien und -farben sowie Fairtrade-Baumwolle zu verwenden, und stellen ihre Artikel in Ländern mit fairen Arbeitsbedingungen her. Es klingt nicht sexy, beim Shoppen so viel darüber nachzudenken (das ist realitätsfern, nicht wahr?), aber es ist nichts anderes, als das Etikett auf einer Suppendose zu lesen. Zutaten = Integrität.

Damit schlage ich keine neue Form von Konsumdenken im Tausch gegen das alte vor (wie den nicht enden wollenden Modezyklus selbst); es geht auch nicht darum, das, was Sie bereits besitzen, durch Öko-Chic zu ersetzen. Aber immer, wenn Sie etwas Neues kaufen wollen, haben Sie sehr wohl Wahlmöglichkeiten. Ein einfaches Beispiel: Ich brauche ein Sommerkleid fürs Wochenende. Ich möchte kein 20-Dollar-Kleid, wenn es von einem Kind für einen Hungerlohn angefertigt wurde – aus Fasern, die die Bauern vergiftet haben. Lieber recycele ich etwas, das ich schon habe (oder nähe es um), kaufe mir ein Vintage-Baumwollunterkleid und färbe es oder verlange im Laden ein nachhaltiges Produkt, das Stil hat. Das kostet vielleicht etwas mehr, aber dann trage ich es auch sieben Jahre. Hier verzahnt sich Öko-Shoppen mit den Prinzipien Qualität und Schlichtheit. Wenn dieses Sommerkleid gut gemacht ist und sich von der Masse abhebt, wird es jede Saison überdauern.

Wo wird meine Kleidung hergestellt? Woraus ist sie hergestellt? Wer hat sie hergestellt? Diese Fragen werden sich bald alle Verbraucher stellen, nicht nur die Öko-Freaks. Denim ist der Beweis dafür, denn selbst große Unternehmen wie Levi's verwenden mittlerweile Biobaumwolle. Auf den folgenden innovativen Internetseiten von Unternehmen und Läden finden Sie (erschwingliche) Fairtrade- und Öko-Mode.

www.americanapparel.com
www.peopletree.co.uk
www.ethicalsuperstore.com
www.greenfibres.com
www.edunonline.com
www.ciel.ltd.uk

Deutschsprachige Websites:
www.waschbaer.de
www.hessnatur.com
www.greenality.de
www.vivanda.de

IV.
Essen

Eins

Einfache Festgelage:
Nahrung für Freunde, Leib und Seele

Als ich mit siebzehn von zuhause auszog, besaß ich nur wenig Lebenserfahrung. In der ersten Woche gab ich praktisch mein ganzes monatliches College-Geld für Baguettes, Wein, Mandeltörtchen und Käse aus. Eines Abends lud ich einen jungen Mann zum Abendessen zu mir ein und nahm an, er fände es sehr stilvoll, sich mit einem Mädchen im trägerlosen Fünfzigerjahre-Tüllballkleid an einer Käseplatte gütlich zu tun. Dabei gingen gleich mehrere Dinge schief. Erstens war mein Zimmer so klein, dass ich die riesige viktorianische Servierplatte mit dem Käse mitten auf mein Einzelbett stellen musste. Zweitens erschien der junge Mann auf seinem italienischen Motorrad erst um zwei Uhr morgens. In jener Nacht starrte ich stundenlang die diversen Käsesorten an und grübelte über das viele Geld nach, das ich dafür ausgegeben hatte. Die blauen Adern des Roquefort, die hefige, rot-marmorierte Rinde des Taleggio, das satte Gelb des Munster und die makellose Rinde des Brie. Und als ich da so saß, zusah, wie das

Wachs in meinen Kandelabern dahinschmolz, und das beißende Aroma inhalierte, schwor ich mir, meinen Gästen nie mehr Käse aufzutischen. Eine kluge Entscheidung, denn derartige Luxusprodukte taugen selten als Grundlage für eine Mahlzeit, sondern bedeuten meistens eher wirtschaftlichen Ruin. Häufig sind es die kleinen Extras – das delikate Töpfchen Pâté oder der spanische Feigenkuchen –, die uns beim Sparen einen Strich durch die Rechnung machen.

Gäste verköstigen ist nicht dasselbe wie Gäste bewirten, doch eine umsichtige Gastgeberin kann beides tun, indem sie ein paar unumstößliche Regeln beherzigt. Mit Grundregeln, wie einem guten Gespür für Verhältnismäßigkeit, einem elegant gedeckten Tisch und zügigem Servieren, liegen Sie nie verkehrt – und die Gäste möchten Ihre Freigebigkeit gern erwidern und sich revanchieren. Die Gesetze eines einfachen, aber großartigen Festmahls lernte ich von ein paar lieben, hartgesottenen Frauen, die mit demselben graziösen Schwung Adlige und verrückte Künstler bewirtet haben. Frauen, denen vierzig Dollar zur Verfügung stehen, um ein paar hungrige Mäuler zu stopfen, und die einen Tisch mit gebügelten Tischdecken und alten Servietten mit venezianischer Spitze schmücken.

Hélène Valentine, eine hervorragende französische Malerin und die warmherzigste Gastgeberin, die ich kenne, serviert allen, die ihr Haus betreten, zu jeder Tageszeit Champagner. Normalerweise ist das aber ein Non-Vintage-Champagner von kleinen Erzeugern, niemals eine große Marke, sodass er ihren Etat nicht sprengt. Mit über siebzig immer noch verführerisch, geleitet Hélène Sie zu einem ausladenden, bequemen Sessel, gibt Ihnen ein Glas in die Hand, setzt sich Ihnen gegenüber, faltet die Hände im Schoß und fragt liebenswürdig: »Wi gettes Inen? Ersählen Sie miralles!« Der Zauber wirkt sofort – und das Essen, das sich anschließt, ist zwar hervorragend, aber nicht wirklich von Bedeutung. Fühlt sich ein Gast gleich zu Beginn ein bisschen verführt, ist der Abend immer ein Erfolg. Große Schüsseln mit grünen sizilianischen Oliven, frisches Brot in rauen Mengen und kleine Käselaibe, serviert mit Birnenscheibchen, geben den Gästen das Gefühl, von Anfang an umsorgt zu werden. Schon ein einziges Glas Prosecco oder Champagner vermittelt einem den Eindruck, es handle sich um einen besonderen Anlass. Sobald die Gäste ihren Mantel abgelegt haben, drücke ich ihnen ein Glas in die Hand, auch den Abstinenzlern, für die ich einen Krug Cranberry-Punsch bereithalte. Verwöhnen Sie die Leute von Anfang an, dann stellen sie im weiteren Verlauf des Abends meistens weniger Ansprüche.

Ein weiterer entscheidender Punkt für die Schlossherrin ist das Timing. Selbst wenn Sie auf dem Boden auf Bergen von Kissen essen, sollten Sie rasch servieren – nie später als vierzig Minuten nach der Ankunft des letzten Gastes. Das habe ich schmerzhaft erfahren müssen, nachdem ich einer Gruppe spanischer Gäste das Abendessen um 23 Uhr servierte in der Annahme, so mache man das in Barcelona. Ich sah sie nie wieder. Vermutlich habe ich die Tapas vergessen, die endlose Nächte erträglich machen.

Beim Bewirten geht es um die Balance. Mit Gerichten, die zu viel kosten und zu wenig Reiz bieten, bekommt man Gewissensbisse. Mahlzeiten, bei denen zu wenig aufgetischt wird und wo die Gäste um mehr Brot bitten müssen, wirken knauserig. Mahlzeiten mit zu vielen scharfen Gewürzen, vor allem Kumin, sind eine Frechheit. Und Mahlzeiten, bei denen sich die Gäste zu schnell betrinken, können schon vor dem Dessert schlimm ausarten.

Damals, bei meiner Nacht der großen Käsesorten, war einfach schon von Anfang an der Wurm drin. Der gut 1,90 Meter große junge Mann musste sich bücken, um in mein Zimmerchen zu gelangen, warf einen Blick auf das schwindende Kerzenlicht und die feuchte Käseplatte und lachte. »Nettes Stillleben«, grunzte er, stibitzte sich eine Handvoll Waterford-Cracker und konnte sich ein breites Grinsen über mein schwarzes Ballerina-Tutu nicht verkneifen. Leider war es Brie vor die Säue geworfen, und die anschließende Liebesszene war kein Vergleich zu einem Film von Peter Greenaway. Was wir auftischen und wem wir es auftischen, ist teils Fantasie und teils Fakt. Da ist es hilfreich, wenn Ihre Träume und die des anderen in dieselbe Richtung gehen.

Die zehn Gesetze für clevere Bewirtung

1. Treffen Sie Vorbereitungen wie ein General

Listen sind Retter in der Not und schonen zugleich den Geldbeutel. Wollen Sie Gäste bewirten, können Sie gar nicht organisiert genug sein. Was sich am Vorabend zubereiten lässt (Kuchen, Eintopf, Suppe, Schmorgerichte, Currys), sollte fertig sein. Ausgaben in letzter Minute sind vermeidbar, wenn Sie Mineralwasser, Cracker, Oliven, Senf, Nüsse, Kerzen, Käse und ein paar Extraflaschen Wein im Großpack oder im Sonderangebot kaufen. Decken Sie bereits nachmittags den Tisch, und vergessen Sie bloß nicht die gebügelten Servietten (die zusammengewürfelt und uralt sein dürfen, aber aufrecht stehen bleiben, wenn Sie einen Zweig wilden Lavendel dazustecken und das Ganze mit einer Ripsbandschleife fixieren), das polierte Silber (je älter und ungleicher, desto besser) sowie viele frische Oliven, Nüsse und Topfpflanzen in der Tischmitte. Und immer zwei offene Flaschen Rotwein. Experimentieren Sie mit der Tischbeleuchtung, bevor die Gäste eintreffen, zünden Sie die Kerzen aber erst drei Minuten vorher an: Schließlich sollen sie nicht zu schnell herunterbrennen – und nichts ist romantischer, als die Gäste aufbrechen zu lassen, kurz bevor die Kerzen erlöschen.

2. Nehmen Sie Gästeangebote an

»Soll ich etwas mitbringen?«, werden hilfsbereite Freunde fragen. Und Sie antworten darauf umgehend mit Ja und geben ganz konkrete Anweisungen. Das hört sich ein bisschen geldgierig an, aber die Erleichterung darüber, dass sich jemand um die Süßigkeiten kümmert oder Sie ein paar Extrablumen für die Zimmerdekoration zur Hand haben, bedeutet einfach mehr Luxus für weniger Geld. Die Gleichung lautet: Wenn drei Pärchen je ein, zwei Flaschen guten Wein und zwei Gäste Desserts mitbringen, haben Sie fast zweihundert Dollar gespart. Wenn jemand Blumen mitbringen möchte, bitten Sie höflich um ausschließlich weiße Blumen. Weiß sieht immer gut aus, sogar weiße Nelken fügen sich nahtlos in einen üppigeren unifarbenen Strauß ein.

3. Schlüpfen Sie in ein Cocktailkleid, und (be)dienen Sie dann wie ein Soldat

Öffnen Sie nie mit Badezimmerfrisur die Tür! Tragen Sie unter der Schürze schon Ihr göttliches Gastgeberinnengewand; wenn Sie startklar aussehen, fühlen sich die Gäste willkommen und durch ein gewisses Maß an Formalität geehrt. Egal, wie entspannt die Meute ist, legen Sie einen Zeitpunkt fest, wann gegessen wird. Für gewöhnlich sollte das zwanzig bis vierzig Minuten, nachdem alle eingetroffen sind, sein. Oder früher, falls Ihre Gäste dafür bekannt sind, tief ins Glas zu schauen.

4. Seien Sie stolz auf einfache Speisen

Üppiges Essen ist eindrucksvoller als teures Essen. Ein Berg Muscheln, in einer einfachen Tomaten-Knoblauch-Brühe gedämpft, und ein Korb mit grob geschnittenem, warmem Baguette kosten fast nichts, sorgen aber im Nu für die richtige Stimmung. Ebenso drei bis vier einfache Brathähnchen mit getrockneten Kräutern, Zitronen und Oliven, dazu eine Platte mit geschmortem Wintergemüse. Mir ist aufgefallen, dass Gäste selten mehr als einen Salat essen und die meisten etwas Aufwändigeres als einen kleinen Endivien-Brunnenkresse-Salat ohnehin nicht wollen. In meine Salatsauce kommen circa vier Esslöffel Olivenöl, zwei Esslöffel Balsamico-Essig, ein Teelöffel Kastanienhonig, eine Prise Meersalz, der Saft einer halben Zitrone und zwei Teelöffel körniger Senf. Ich rühre sie in einem alten Senftopf an und überlasse es den Gästen, nach Gusto nachzusalzen. Je besser das Olivenöl, desto weniger »richtiges« Dressing benötigen Sie. Eine weitere einfache Salatidee ist, ein teures Gemüse wie Rucola oder Radicchio mit dünn geschnittenen Williams-Christ- oder Kaiser-Alexander-Birnen sowie einer Handvoll Walnüsse, frischen grünen Apfelscheibchen und Pistazien zu »strecken«.

Um ein einfaches Essen nach mehr aussehen zu lassen, sollten Sie beim Auftischen nicht an frischen Kräutern sparen. Die alten Römer und Franzosen in der Provence servierten ihre Mahlzeiten immer auf einem hübsch arrangierten Bett aus essbaren Blättern. Tun Sie dasselbe mit Wildkräuterstängeln.

5. Putzen Sie den Tisch heraus

Wenn Sie ein paar Baumwollservietten bügeln, zusammengewürfeltes Porzellan nehmen und Tischkärtchen basteln, sieht sogar Pizza irgendwann gut aus. Ich bekomme immer einen Riesenschub Selbstvertrauen, wenn mein Tisch beim Eintreffen der Gäste elegant aussieht. Das wirkt einladend und kostet mehr Zeit als Geld.

6. Ihre Gäste sind keine Versuchskaninchen

Experimentelle Rezepte sind für Gäste kein Vergnügen, weil sie mehr Zeit in Anspruch nehmen und – nach zu viel Riesling für die Küchenchefin – möglicherweise zu mittelmäßigen Resultaten führen. Seien Sie lieber für ein Cassoulet bekannt, das Sie blind kochen können, als für ausgefallene Marinaden und spleenige Rohkostsuppen. Ihre Gäste fühlen sich wie zu Hause, wenn Sie Lieblingsspeisen im Repertoire haben und diese oft auftischen. Ich bin bekannt für gegrillte Lammschlegel, Estragonhühnchen und eine pikante Zwiebel-Anchovis-Quiche. Und erstaunlicherweise wird keiner aus meinem Freundeskreis es jemals müde, wenn eine Platte gegrilltes Gemüse auf den Tisch kommt. Im tiefsten Winter wollen die Leute heißes Essen, keine coolen Ideen.

7. Kochen Sie genügsam statt modern

Obskure Zutaten sind schlicht und einfach Gourmet-Albernheiten. Ein Hühnchen mit Haut kostet im Laden für gewöhnlich nur halb so viel wie ein gehäutetes, und die Ironie dabei ist, dass fettige Haut besser gart. Mit vier Hühnerbrüsten inklusive Haut zaubere ich ein herzhaftes Dinner for two, indem ich frisch gehackten Estragon, geschälte Zitronenscheiben, Steinsalz und schwarzen Pfeffer unter die Haut schiebe. Mit Salat und kleinen Bratkartoffeln ergibt das eine schnelle, ganz frische, herzhafte Mahlzeit. Dazu ein Glas Rotwein. Hühnerfleisch eignet sich auch gut als Grundlage für ein Curry oder eine pikante Quiche. Das durchlässige Fleisch passt am besten zu intensiveren Aromen und sollte nicht wie ein schlechter Kompromiss eintönig und mutterseelenallein auf einem Teller serviert werden. Fleisch für Gäste geht schnell mal ins Geld. Ich suche nach Sonderangeboten oder einer Marktneuheit (z.B. australisches oder isländisches Lamm), und wenn etwas richtig gut aussieht und preiswert ist, kaufe ich große Mengen davon und friere es ein. Ich kaufe lieber Biofleisch und -fisch. Damit kann ich eher kleinere Portionen auftischen und das Essen mit Gemüse, Pilav und Salaten anreichern. Unzerteilter Fisch und große Fische machen was her, sind aromatisch, schmecken auch gebacken, und man kann sie ruhig im Ganzen servieren. Fischfilet ist meiner Meinung nach langweilig und kostet meistens mehr. Verzichten Sie also auf diese Sitte, und vertrauen Sie Ihren Gästen, dass sie es nicht übelnehmen, wenn sie eine Gräte finden.

8. Kochen Sie saisonal. *Punkt.*

Die Erde, Ihr Körper und Ihr Portemonnaie – alle werden es Ihnen danken, wenn Sie Lebensmittel saisonal einkaufen. Auch wenn ich früher im tiefsten Winter eine mexikanische Mango verschlungen habe, geht doch nichts über die Echtheit (und den verminderten CO_2-Fußabdruck) von regional angebautem saisonalen Obst oder Gemüse. Es ist eine Einladung an Ihre Kreativität, eine Million Zubereitungsarten für Äpfel,

Kürbisse oder Heidelbeeren zu finden, wenn sie preiswert und im Überfluss vorhanden sind, und bei Blumen geht es mir genauso. Wenn Fliederzeit ist, möchte ich nur wilde Fliederzweige, und davon bringen mich alle Treibhausrosen dieser Welt nicht ab.

9. Verbinden Sie den Nachtisch mit etwas Dramatischem

Legen Sie zum Nachtisch andere Musik auf, und sorgen Sie für eine andere Stimmung. Räumen Sie die Überbleibsel eines großen Bratens oder ein fleckiges Tischtuch weg, und schaffen Sie eine Atmosphäre süßer Erholung. Mischen Sie die Gäste, wenn sie anfangen zusammenzukleben oder wenn Ehepaare sich offensichtlich langweilen. Wechseln Sie fürs Dessert doch in einen Raum mit Kerzenbeleuchtung, und stellen Sie Schälchen mit Beeren, Nüssen und Pralinen auf. Eine andere Beleuchtung am Ende einer Mahlzeit lockert den Abend auf und lädt zum Flirten ein, was meiner Meinung nach hervorragend für die Verdauung ist.

10. Zum Schluss etwas Süßes

Ihre Gäste fühlen sich verwöhnt, wenn Sie zum Schluss etwas Besonderes machen. Aus irgendeinem Grund ist Schlagsahne für Männer unwiderstehlich lecker, besonders mit einem Tropfen Vanille und Puderzucker. Frische Beeren, ein schmales Stück Schokoladentorte aus dem Laden oder ein einfacher, selbstgemachter Kuchen wie Tarte Tatin (nichts ist so preiswert wie Äpfel) – all das schmeckt doppelt so köstlich mit schwerem Rahm. Servieren Sie zum Dessert eisgekühlten Prosecco (viel günstiger als Champagner): Schon ein, zwei Gläser pro Person haben nach schweren Weinen und intensiven Gesprächen dieselbe Wirkung wie ein Spritzer kaltes Wasser. Und machen Sie nicht so ein Gedöns um Kaffee. Es ist doch besser, wenn die Leute ein bisschen beschwipst nach Hause gehen, finden Sie nicht?

Zwei

Schmalhans-Wochenmenüplan – sieben Mahlzeiten für je zehn Euro

Bei genügsamem Essen denkt man an Kriegsrationen. Mir geht es jedenfalls so, weil meine Oma aus Sydney je 450 Gramm Zucker, Mehl, Butter und Fleisch streckte wie einen Seidenstrumpf über einen Canyon, um ihre siebenköpfige Familie durch die Woche zu bringen. Aber wären meine australischen, irischen und schottischen Vorfahren nicht so fremdenfeindlich gewesen und hätten ein paar gemüselastige, leichte asiatische und indische Reis-Nudel-Gerichte mit wenig Magerfleisch probiert, hätten sie keinen Hunger leiden müssen. Die klassische westliche Ernährungsweise mit Fleisch zu jedem Hauptgang, einem zuckersüßen Nachtisch und haufenweise Backwaren für zwischendurch macht dick und kostet viel. Und sie erinnert so unangenehm an Kriegszeiten.

Heutzutage schimmert bei den Vorschlägen für die Low-Budget-Küche (von Websites bis Kochbüchern) noch das Erbe jener faden Gerichten durch, für die vorwiegend abgepackte Waren oder Konserven, billiges rotes Hackfleisch, Schmelzkäse und Brot verwendet wurden. Die Gerichte erinnern verblüffend stark an Krankenhauskost! Sinnlicher Genuss und Sparsamkeit lassen sich jedoch gut vereinbaren, sofern wir mit einfachen Zutaten kreativ umgehen und uns von dem Diktat befreien, Grundlage jeder Mahlzeit müssten Protein, Getreide und Gemüse sein.

Preiswertes Essen wird oft mit einfacher Küche oder Convenience Food in Verbindung gebracht. Manch einer denkt bei sparsamem Essen nur an asiatische Ramen-Nudeln und die üblichen dürftigen Grundnahrungsmittel aus der Studentenzeit. Doch ein gutes Essen hat weniger etwas mit der Preiskalkulation pro Nase zu tun, sondern vielmehr mit der Frage, wie Sie es schaffen, mit Ihren Wocheneinkäufen so lange auszukommen, dass jeder Bissen gut schmeckt und Ihnen guttut. Mit Grundnahrungsmitteln aus dem Vorratsschrank können Sie Frischware strecken, aber beides muss ausgewogen sein, damit ein Low-Budget-Dinner gut schmeckt und appetitlich aussieht. Ich kenne unzählige Arten, wie man eine Tasse Reis für 25 Cent kocht, habe aber immer frischen Koriander zur Hand. Ob eine vietnamesisch angehauchte Suppe oder ein Blitzrisotto – mit einem Bund frischer Kräuter wird beides zur raffinierten Mahlzeit.

In diesem Kapitel geht es vor allem ums Abendessen, denn Frühstück und Mittagessen sind ziemlich einfach zuzubereiten und kosten weniger. Aus emotionalen und physiologischen Gründen bzw. einfach des Rituals wegen ist das Abendessen bei mir ganz wichtig. Mein Sohn bekommt tonnenweise frisches Obst und ordentliches Gemüse auf den Teller, beides in lustige Formen geschnitten. (Mit seinen knapp fünf Jahren stellt er schon Ansprüche.) Mindestens einmal pro Woche veranstalte ich ein kleines Dinner mit Freunden. Es gibt aber auch Tage ohne besonderes Essen, da tut's ein Avocado-Toast mit ein paar Kirschtomaten und einem Apfel. Aber in Gedanken überlege ich immer schon, was ich am folgenden Abend kochen könnte.

Wer für wenig Geld gut essen will, muss planen, das ist ganz wichtig. Im Idealfall kostet das Abendessen bei uns nicht mehr als drei bis zehn Dollar (insgesamt), und die Hauptmahlzeiten machen die Hälfte des Wocheneinkaufs aus. Da ich kein großer Reste-Fan bin, versuche ich nur so viel zu kochen, wie auch gegessen wird, und friere größere Mengen Suppe, Schmorgerichte oder Pastasaucen ein. Das Prinzip »Möglichst wenig Abfall« funktioniert nur, wenn Sie ein Gespür für Mengenverhältnisse entwickeln. Es ist einfach besser, von Anfang an weniger zu kochen, besonders bei der Vorbereitung von Kindermahlzeiten, also halbe Rezeptmengen und gelegentlich einfachere Zutaten.

Am einfachsten sind Abendmahlzeiten für zehn Euro (oder weniger) zuzubereiten, wenn Sie Vegetarierin sind oder zumindest vegetarisch kochen und pro Woche an drei bis vier Abenden gemüselastige Mahlzeiten einnehmen. In meiner Musterwoche mit sieben Zehn-Euro-Mahlzeiten gibt es an ein bis zwei Abenden Eier als kostengünstige, proteinhaltige Grundlage. Wenn ich Brathühnchen mache (gewöhnlich am Sonntagabend für Gäste), bereite ich damit zugleich die Pausensandwiches für den nächsten Vorschultag vor und koche die Knochen mit Lorbeerblättern und schwarzem Pfeffer aus. Fisch muss immer an dem Tag, an dem er gekauft wird, verzehrt oder portionsweise eingefroren werden. Mir wurde beigebracht, Fleisch wie die Asiaten zu essen: kleingeschnitten (wie ein Luxusbissen) in Wokgerichten oder ganz mürbe und zart gekocht in einem Currygericht. So ist es viel einfacher zu verdauen – sowohl körperlich als auch finanziell. Will ich die Konsistenz von Fleisch ohne das ganze Blut haben, nehme ich stattdessen eisenhaltige Zuchtchampignons für ein Rezept. Damit lässt sich ein erstaunlich schmackhafter Shepherd's Pie zubereiten, und sie schmecken richtig saftig, wenn ich sie wie ein Steak mit Balsamico-Essig, Olivenöl und dünnen Knoblauchscheiben grille. Mit drei vegetarischen Mahlzeiten pro Woche sparen Sie Hunderte von Euro monatlich und nehmen mit den richtigen Beilagen obendrein die erforderlichen Ballast- und Nährstoffe zu sich. Für die Extraportion Protein gebe ich regelmäßig Bohnen oder pikant gewürzte Linsen dazu.

In meiner Kindheit gab es zuhause einmal wöchentlich eine dicke Ofenkartoffel, gefüllt mit Mais, Sauerrahm, Schalotten und frisch gehackter roter Paprika. Leider steht die Ofenkartoffel als Abendmahlzeit heutzutage nicht mehr so hoch im Kurs, da sie der gnadenlosen Jagd nach überschüssigen Kohlenhydraten zum Opfer gefallen ist. Jammerschade! Ofenkartoffeln, Rotwein und ein knackiger grüner Salat – das ist so was Leckeres für ein Sommer-Barbecue und so herzhaft mit einer Suppe an einem kalten Winterabend. Und supergünstig.

Ich bin von Kindesbeinen an daran gewöhnt, direkt nach dem Einkaufen ein üppiges Mahl und danach, im Laufe der Woche, immer einfachere Mahlzeiten zu verzehren. Also schlemme ich an Samstagen und Sonntagen marktfrische Zutaten, esse montagabends leichtere Kost als am Wochenende und verarbeite am Ende der Woche, wenn die Zutaten zur Neige gehen, Gemüsereste, Käse, frische Kräuter und Tomatensauce in Pastagerichten und selbst gemachter Pizza.

Nachtisch erwähne ich in diesem Kapitel nicht, weil ein guter Pie zwei Abende vorhalten kann, frisches Obst eh meistens am besten ist und Sie mit dem Kauf von Süßkram über Ihr Budget kommen.

Für weniger Geld zu essen wird natürlich einmal eintönig. Irgendwann hat jeder genug von Hühnchen. Damit alles abwechslungsreich und lebendig bleibt, könnten Sie Ihre Low-Budget-Dinner als Tanz zwischen Lieblingsspeisen aus der Kindheit und raffinierteren Gerichten (der Salat für die Kinder mit Orangenscheiben, Ihr Salat mit raffinierteren Aromen wie Ziegenkäse und grünen Oliven), kerngesunder Vollkorn- und Rohkost und ein bisschen Soulfood betrachten. Probieren Sie das ganze Jahr über saisonale Aromen, und experimentieren Sie mit neuen Zutaten. Um den Gaumen meines Mannes zu kitzeln, gab ich in eines seiner bevorzugten Gerichte immer ein bisschen Gewürzreis mit Rosinen und Pinienkernen, und jedes Mal pilgerte er in die Küche, um sich nachzuholen. Ich brachte es nie übers Herz, ihm zu sagen, dass es ein Fertigpilav aus dem Bioladen für 3,50 Euro war. Essen ist eine tief verwurzelte Gewohnheit, aber die Sinne lassen sich immer gern von einer raffinierten Veränderung wecken. Durch Obst bekommen pikante Speisen das gewisse Etwas: Wenn Trauben günstiger werden, gebe ich sie an den Salat. Wenn Apfelzeit ist, dünste ich sie mit Gemüse. Und wenn Eintöpfe zu eintönig werden, füge ich getrocknete Aprikosen zur Intensivierung des Aromas hinzu. Meine Mutter stellte aus Speiseeis und Götterspeise immer Eispudding her. Für uns war dies der Gipfel der Raffinesse. Vielleicht haben Sie ja ein preiswertes Rezept in petto, das bei Ihren Kindern genauso großen Anklang findet.

Montagabend: Suppe und Salate

Kochen Sie eine einfache vegetarische Suppe, und reichern Sie sie mit einer Dose Cannellini-Bohnen, einem Schuss Olivenöl, einem Päckchen französischer Zwiebelsuppe, etwas Senf, einer Handvoll Steinpilze, ein paar Dosentomaten und einem Klecks Rahm oder etwas mitgekochtem Reis an. Ich esse sommers wie winters am liebsten Rote-Bete-Salat mit Feta und Spinat. Hier ist das Rezept:

Rote-Bete-Salat mit Feta und Spinat

5 frische kleine Rote-Bete-Knollen*
3 Handvoll Babyspinat, geputzt
1 Handvoll Walnüsse, gehackt
   (nach Belieben rösten)
1 Handvoll Ziegen-Feta, zerkrümelt
Klein geschnittene, frische Schalotten und
   Pfefferminze
Für die Vinaigrette:
Grünes Olivenöl extra vergine, Balsamico-Essig,
   einen Klecks Honig
Meersalz und schwarzer Pfeffer, nach Belieben

Rote Bete gewaschen und ungeschält ca. 40 bis 50 Minuten kochen (oder dämpfen), schälen und abkühlen lassen. Vierteln und auf den Spinat legen, Nüsse, Käse, Schalotten und Minze drüberstreuen. Die Vinaigrette erst kurz vor dem Verzehr hinzufügen, damit der Salat nicht zusammenfällt.

* Zur Not tut's auch eingemachte Rote Bete, aber frisch ist sie viel schmack- und nahrhafter.

Dienstagabend: Frittata mit grünen Bohnen, Rosinen und Mandeln

Die Frittata ist eine raffinierte Omelett-Variante, die kalt am nächsten Tag fast noch besser schmeckt und die man gut mit Gemüse wie Lauch, Zucchini oder Champignons anreichern kann. Als Beilage reiche ich in Knoblauch und Olivenöl sautierte grüne Bohnen, über die ich abschließend Zitronensaft spritze und Rosinen sowie geröstete Mandelscheibchen streue.

Toskanische Frittata

(für vier bis sechs Personen)

1 EL Olivenöl
1 EL gesalzene Butter
2 kleine rote Kartoffeln, in dünne Scheiben geschnitten
1 große rote Paprika, entkernt, in dünne Streifen geschnitten
1 Bund frische Frühlingszwiebeln, geputzt und in Scheiben geschnitten
3 TL frisches Basilikum, gehackt
12 große Eier
1/4 l Milch
1 EL Salz und eine Prise frisch gemahlenen Pfeffer
110-170 g Fontina oder Cheddar, gerieben

Leckere italienische Extras

1 CD von Vinicio Capossela (für einen Hauch Süditalien)
1 Flasche Chianti

Backofen auf 175 °C vorheizen.
Butter und Öl in einer feuerfesten, 25-30 Zentimeter großen Bratpfanne bei mittlerer Temperatur erhitzen.

Kartoffeln darin auf beiden Seiten leicht anbraten, bis sie weich sind und etwas Farbe angenommen haben. Paprikastreifen hinzufügen, umrühren und kurz anbraten, bis sie weich sind. Frühlingszwiebeln und Kräuter einrühren und erhitzen, dann das Gemüse gleichmäßig in der Pfanne verteilen.
Eier, Milch, Salz, Pfeffer und die Hälfte des geriebenen Käses mischen. Eier über das Gemüse gießen und bei schwacher Hitze ca. acht Minuten stocken lassen. Den restlichen Käse drüberstreuen und ca. 25 Minuten im Ofen überbacken, bis die Frittata fest ist und eine goldbraune Kruste hat. In Stücke schneiden und heiß servieren.

PS: Dieses Gericht passt sich Ihren Vorräten in Speisekammer und Gemüsefach hervorragend an. Probieren Sie verschiedene Varianten mit Anchovis und Oliven oder Speck, Cheddar, Broccoli und Zwiebeln.

Mittwochabend: Lamm-, Shrimps- oder vegetarisches Curry mit Basmatireis

Bequeme Hausfrauen können fertige Currysauce kaufen und Fleisch, Gemüse oder TK-Shrimps darin garen. Ich habe immer einen Vorrat zur Hand, falls ich zusätzliche Gäste verköstigen muss (dann nehme ich einfach die doppelte Menge Zutaten).

Einfaches Curry

1 EL Sesamöl
1 Knolle frischer Ingwer
400 g klein geschnittenes Fleisch, Huhn,
   Fischfilet oder Krabben, tiefgekühlt* oder frisch)
400 g Süßkartoffeln, klein gewürfelt
1 Zucchini, grob gewürfelt
1 große Kartoffel, grob gewürfelt
1 Glas oder 1 Dose Currysauce (keine Paste!)
1 Dose geschälte Tomaten
1/2 Bund Korianderwurzel und -grün,
   fein gehackt
125 ml Kokosmilch (bei grünem Thaicurry)
400 g Basmati- oder Jasminreis

Sesamöl in einer großen Pfanne erhitzen, Ingwer und je nachdem Fleisch, Huhn, Fisch oder frische Krabben dazugeben (*Tiefkühl-Krabben erst ganz zum Schluss, ca. 15 Minuten vor dem Servieren, unterheben.). Sobald das Fleisch an den Rändern Farbe annimmt, Süßkartoffeln, Zucchini und Kartoffel hinzufügen. Drei Minuten anbraten, Currysauce angießen. Hitze reduzieren und fünf Minuten köcheln lassen. Die Dosentomaten und die gehackten Korianderwurzeln einrühren. Das Curry zugedeckt bei schwacher Hitze 40 Minuten (bei rotem Fleisch länger) kochen. Etwas Wasser angießen, falls das Curry zu schnell eindickt (die Zucchini sollten

> jedoch genügend Flüssigkeit abgeben). Bei grünem Thaicurry zehn Minuten vor Ende des Kochvorgangs die Kokosmilch dazugießen.
> Inzwischen den Reis nach Packungsvorgabe zubereiten.
> Alles mit Mangochutney und viel Koriandergrün servieren. Das schmeckt zu allen Currys.

Donnerstagabend: Scharf-würzige Pasta, Gemüse und eine Flasche Rotwein

Die Woche neigt sich dem Ende zu, und Ihre Vorräte ebenfalls. Für dieses Pastarezept verwenden Sie hauptsächlich Trockenwaren aus Ihrer Vorratskammer sowie etwas frische, glatte Petersilie und Basilikum zum Drüberstreuen. Dazu gönnen Sie sich eine gute Flasche Rotwein. Servieren Sie auch einen Salat aus leicht bitterem Salatgemüse, wie Rucola oder Babyspinat, Mozzarellakugeln, Apfelscheiben, Gurken und Cherrytomaten, etwas gutem Olivenöl sowie einer Prise Meersalz.

Pasta alla Puttanesca

1 EL Olivenöl
1 rote Zwiebel, geschält und gehackt
3 Knoblauchzehen, zerdrückt
1 rote Chili
4 Sardellenfilets, klein gehackt
1 mittelgroße Dose gehackte Tomaten
2 EL Tomatenmark
500 ml Wasser
50 g sonnengetrocknete Tomaten, klein geschnitten
2 EL kleine Oliven
1 Packung Tagliatelle
3 EL Olivenöl extra vergine
1 Prise Meersalz
Geriebener Parmesan, nach Belieben
Je 1 Handvoll frisches Basilikum und frische glatte Petersilie, klein gezupft

Öl erhitzen und die Zwiebeln ein bis zwei Minuten andünsten. Knoblauch, Chili, Anchovis, Tomaten, Tomatenmark, Wasser, getrocknete Tomaten und Oliven dazugeben. Ohne Deckel köcheln lassen, bis die Sauce süß statt metallisch schmeckt.
Pasta in sprudelndem Salzwasser nach Packungsangabe al dente garen und abgießen. Einen Schuss Olivenöl und eine Prise Salz zur Pasta geben. Sauce drübergießen und mit geriebenem Parmesan sowie Basilikum und Petersilie servieren.

Freitagabend: Leichtes asiatisches Essen

Die Grundzutaten für asiatische Wok-Gerichte sind einfach. Sie brauchen frischen Ingwer und Knoblauch, Soja-, Chili- oder Tamarindensauce, viel Grüngemüse und eventuell mariniertes Fleisch. Der Trick bei solchen Gerichten ist, die Zutaten in einen sehr heißen Wok zu geben (das Gemüse immer zuletzt) und das Ganze höchstens fünf Minuten zu garen, damit es knackig auf den Tisch kommt. Zur Intensivierung des Aromas marinieren Sie ein beliebiges Fleisch mit Chili-, Tamarinden- oder Sojasauce sowie zerdrücktem Ingwer und Knoblauch, und stellen Sie es über Nacht in den Kühlschrank. Hier ist ein Rezept, das mich meine Mutter seit meinem elften Lebensjahr immer wieder nachkochen ließ:

Mum's Hühner-Gemüse-Curry

Sesamöl
1 Ingwerknolle, in dünne Scheiben geschnitten
6 Knoblauchzehen, dünn geschnitten
250 g Hühnerfleisch, klein geschnitten und über Nacht in Einfache Marinade (siehe unten) eingelegt
200 g stichfester Tofu, gewürfelt
100 g Zucchini, grob gewürfelt
4 Stangensellerie, in breite Scheiben geschnitten
50 g frische Sojabohnensprossen

90 g Broccoli, klein geschnitten
120 ml Teriyakisauce
1 TL Fischsauce
1 EL frische, rote Chili, in dünne Scheiben geschnitten
1/2 Bund Koriander, gehackt
1 Limette

Einfache Marinade

240 ml Teriyakisauce, Saft von 1 Zitrone, 5 Knoblauchzehen (zerdrückt), 1 EL brauner Zucker

Einen Wok mit Sesamöl ölen und stark erhitzen. Ingwer und Knoblauch hinzufügen und braten, bis es zischt, dann mariniertes Fleisch und Tofu dazugeben. Gemüse nach ca. zehn Minuten hinzufügen und schwenken, aber nur so lange, dass es noch knackig und leuchtend grün ist. Ca. fünf Minuten pfannenrühren, dabei immer wieder Teriyaki- und Fischsauce sowie Chili und Koriander dazugeben. Mit Koriander garnieren und eine Limette darüber auspressen.
Falls Ihnen Reis zu kompliziert ist, servieren Sie das Gericht auf einem Bett aus Reisnudeln, die Sie vorher in etwas Sesamöl, einem Schuss Erdnuss- oder süßer Chilisauce, ein paar gerösteten Sesamkörnern und einem Schuss Mirin (Reiswein) geschwenkt haben.

Samstagabend: Selbstbelegte Pizza

Tiefkühl-Pizzaböden können Sie haushoch stapeln (mit Gemüse- und Käseschichten und noch mehr Gemüse und Sauce und Käse) oder einen dünnen, feinen machen (mit Meersalz, ein paar Tropfen Öl, gedämpftem Kürbis, Ricotta und Rosmarin). Pizza lässt sich auch mit Kindern gut zubereiten!

Sonntagabend: Der festliche Sonntagsbraten

Dieses Gericht kostet mehr als zehn Euro, (und wenn Sie Bio-Hühnchen nehmen, noch mehr). Aber Sie können es strecken und bis zu sechs Personen damit verköstigen; bei einem kleinen Vogel stocke ich normalerweise das Gemüse auf. Ganze Knoblauchknollen und Perlzwiebeln auf dem Backblech verleihen dem Braten noch mehr Aroma, ebenso ein paar frische Rosmarin- und Oreganozweige.

Festlicher Sonntagsbraten

12 kleine Zwiebeln, geschält
12 Knoblauchzehen (mit Schale)
6 große Kartoffeln, geviertelt
4 große Rote-Bete-Knollen, geviertelt
1 mittelgroße Süßkartoffel, grob gewürfelt
1 großes Hühnchen, gewaschen und abgetupft
Salz
120 ml Olivenöl extra vergine
1 kleines Stück gesalzene Butter
1 Handvoll frischer Oregano, Thymian und Rosmarin
Brunnenkresse
Balsamico-Essig nach Belieben

Backofen auf 175 °C vorheizen.
Eine feuerfeste Pfanne mit schwerem Boden mit Olivenöl ausstreichen, einen Großteil der Zwiebeln, Knoblauch und Kartoffeln hineingeben. Rote Beten, 4 Zwiebeln und Süßkartoffeln auf ein separates Ofenblech legen, mit Öl, Kräutern und – nach Belieben – einem Schuss Balsamico-Essig garnieren. Das Hühnchen mit Salz und Olivenöl einreiben und mit Butter, Kräutern und übrigen Zwiebeln füllen. Hitze auf 120 °C reduzieren und Hühnchen und Gemüseplatte ca. eine Stunde im Ofen schmoren, alle 20 Minuten mit Bratensauce begießen. Prüfen Sie, ob der Vogel gar ist, indem Sie einen sauberen Holzspieß unter den Flügel stecken; falls viel

Flüssigkeit austritt, dauert es unter Umständen noch 15 bis 20 Minuten.

Nehmen Sie das Hühnchen heraus, wenn die Schlegel trocken aussehen oder die Haut zu dunkel wird. Die Farbe des Hühnchens hängt vom Begießen ab.

Mit dem Ofengemüse und frischer Brunnenkresse servieren. Zu einem üppigen Bratendinner reiche ich oft nur einen Salat, über dem ich eine Zitrone auspresse.

PS: Zwei Salate, die einem Braten das gewisse Etwas verleihen

Wendys Granatapfelsalat

Wendy Frost ist eine Malerin und kocht so, wie sie Kunst macht – ohne Rezeptbuch, mit sicherer Hand und so, als handle es sich um ein Ritual. Ich habe ihr Rezept auf einem Stückchen braunem Papier so notiert, wie sie es mir am Telefon von ihrer Farm (ihrem Atelier) in Hudson, New York, aus durchgegeben hat.

Auf einem Bett aus grünem Mesclun (z.B. Endivie, Löwenzahn, Friseé, Radicchio, Spinat, Mangold,

Rucola, Brunnenkresse, Kerbel usw.) je eine Handvoll getrocknete Cranberries, Pekannüsse oder Walnüsse (was Sie lieber mögen), Cocktailtomaten und Granatapfelsamen verteilen. Ein paar Spritzer gute Vinaigrette, keinen Knoblauch, dafür ein kleines bisschen Senf hinzufügen.

Ich bereite aus Radicchio, Lollo rosso, gegrillten roten Paprikastreifen, Cocktailtomaten, getrockneten Cranberries, Pekannüssen, hauchdünnen roten Zwiebelringen und natürlich den Granatapfelsamen eine rote Variante dieses Salats zu. Dazu dieselbe Vinaigrette, mit etwas Senf vermischt.

Hilarys Fenchelsalat

2 Fenchelknollen, in dünne Scheiben geschnitten
Großzügige Prisen von Meersalz und frisch gemahlenem schwarzen Pfeffer
1 Handvoll frischer Parmesan, gehobelt
Saft einer halben Zitrone
5 EL Olivenöl extra vergine

Dieser Salat besteht wirklich nur aus dünn geschnittenem Fenchel mit Dressing, ist aber eine fantastische, raffinierte Beilage und wirkt obendrein verdauungsfördernd.

So sparen Sie beim Wocheneinkauf

Die gesündeste Art, Lebensmittel im Supermarkt einzukaufen, ist, sich an die Wandregale zu halten. Bei genauerer Betrachtung werden Sie feststellen, dass in den meisten Supermärkten Frischware, wichtige Gewürze und tierische Proteine in den äußeren Gängen stehen. Die meisten anderen Lebensmittel (in den Mittelgängen) sind zuckerhaltige, salzige und fetthaltige Füllmasse: Kekse, Chips, Saucen, gezuckerte Frühstücksflocken, Popcorn. Eine kulinarische Müllhalde! Holen Sie sich beim Einkauf zuerst Ihre Vollwertkost, und schauen Sie dann, wie viel Geld Sie für Leckereien übrig haben. Ich kaufe viel Tiefkühlobst auf Vorrat für Smoothies und mache aus den Resten Eis am Stiel. Joghurt friere ich ein und mache meinem Sohn weis, es sei Eiscreme. Pizzaböden kaufe ich lieber als fertige Pizzas, damit ich auch Gemüsereste aus dem Kühlschrank und das letzte Stück Cheddar besser verwenden kann.

Statt Snacks kaufe ich lieber unbehandelte Nüsse und Zutaten für selbstgemachte Müsliriegel oder Dips und spare damit Kalorien und Geld. Dasselbe gilt für Limonade und Süßigkeiten. Auch wenn wir bloß durstig sind, futtern wir oft Snacks in uns hinein. Trinken Sie deshalb ein Glas Wasser, bevor Sie drauflos mampfen! Oder beugen Sie Ihrem Hunger vor, und reservieren Sie ein Fach im Kühlschrank für gesunde Snacks wie Joghurt, individuelle Parfaits mit Müslistreuseln oder mundgerecht geschnittene Stangensellerie- und Gurkenscheiben mit Mandelbutter.

Einfache Tipps,
um mehr Vollwertkost zu essen

Selbst wenn Sie allein leben, lohnt es sich, Ihr Wochenmenü vorauszuplanen – erstens der Ernährung wegen und zweitens aus Kostengründen. Machen Sie das Abendessen zu einem erfreulichen Anlass, und überlegen Sie, wen Sie dazu einladen könnten. Die Verlockung, sich von Take-away zu ernähren, kostet viel Geld, ist ungesund und ein bisschen bedauerlich. Los, kommen Sie schon, zaubern Sie aus Rotkohl, Mais, Koriander und Kürbis einen fröhlichen Salat, auch wenn Sie die Einzige sind, die ihn sehen!

Fisch schmeckt am besten frisch, aber wenn er im Angebot ist, kaufe ich ihn auf Vorrat, zerteile ihn und friere ihn ein, um ihn später in Suppen und Pfannengerichten zu verwenden. Tiefkühl-Riesengarnelen schmecken köstlich in einem Curry, und Krabben machen sich gut in einer Pastasauce. Darüber, ob ein Fisch zerfällt oder wässrig schmeckt, müssen Sie sich nur dann Gedanken machen, wenn Sie ihn ohne Sauce zubereiten.

- Lernen Sie, Salate aus weniger verderblichen Zutaten wie Krautsalat, Äpfeln, Nüssen, gekochten Eiern und Orangen zuzubereiten. Eisbergsalat hält sich am besten, aber würziges dunkles Blattgemüse enthält mehr Antioxidantien. Falls Sie pro Woche einen Kopfsalat wegwerfen müssen, nehmen Sie stattdessen Babyspinat als Salatgrundlage – er hält sich länger und schmeckt hervorragend mit einem Sesam- oder Asian-Style-Salatdressing.

- Legen Sie schlaffe Karotten in eine Schüssel mit kaltem Wasser, und stellen Sie sie über Nacht in den Kühlschrank. Am nächsten Morgen sind sie wieder knackig und frisch.

- Reichern Sie Pastasaucen und pikante Quiches mit Tiefkühl-Erbsen und Mais an – zum Beispiel, wenn Ihnen gegen Ende der Woche die Frischprodukte ausgehen.

- Bewahren Sie immer einen ungesüßten Mürbeteig für eine Gemüsequiche oder einen süßen Obstkuchen in der Kühltruhe auf. Das hört sich nach Aufwand an, dabei ist es so einfach, einen Teig aus dem Bioladen oder von einem guten Markt aufzutauen.

- Durchforsten Sie alle vierzehn Tage Ihre Vorratskammer, und verwenden Sie Lebensmittel in Dosen und Gläsern (Bohnen/Suppen/Currys) und Getreide für mindestens zwei Mahlzeiten in Ihrer Woche.

- Achten Sie auf wöchentliche Sonderangebote, und nehmen Sie zum Einkaufen einen verbindlichen Einkaufszettel mit. Wenn Sie hart bleiben, dürfen Sie sich mit teureren Produkten belohnen, die Ihre Vorratskammer füllen oder für geschmackliche Abwechslung sorgen.

- Wenn Sie mit kleinen Kindern einkaufen gehen, geben Sie ihnen gesunde Snacks (damit sie den Mund halten!), damit sie Sie nicht drängen, an der Kasse schnell noch Süßigkeiten zu kaufen.

Drei

Brot und Muffins: Kleine Meditationen über Seelennahrung, Snobismus und Verführung

Trostessen gibt es aus einem Grund: weil Essen so ungemein tröstlich ist. Der Schlechte-Zeiten-Bauch ist in meinen Augen Ausdruck einer wachsenden Sehnsucht nach Kohlenhydraten, auch wenn grausame und blödsinnige Diäten etwas anderes predigen. Mir ist aufgefallen, dass meine Freelancer-Freundinnen, manche von ihnen seit Monaten ununterbrochen arbeitslos und gezwungen, immer häufiger für unterwegs etwas zu essen von zu Hause mitzubringen, ihre Bewerbungsgespräche mit selbstgebackenen Scones im Ränzchen absolvieren. Ganz oft laden wir uns gegenseitig zu Tee und Kuchen ein und schauen uns dann auf Internetbörsen um. Dort bieten wir nicht mehr benötigte Dinge zum Verkauf an oder durchstöbern die Gratisangebote nach Möbeln (Klaviere werden oft gegen Abholung verschenkt). Oder aber wir backen Kekse und polieren unseren Lebenslauf auf, während der Backofen summt. Die Tage des Drei-Dollar-Latte mögen gezählt sein, doch der Trend zurück zu selbstgemachten Backwaren ist stark im Kommen.

Wenn Sie finanziell gerade kleine Brötchen backen müssen, könnten Sie jetzt doch gleich einen ganzen Brotlaib backen. Gemeinsames Kochen und Backen ist eine nette Alternative zu Bars und Restaurants, und niemand geht hungrig oder mit leeren Händen heim. Ich habe noch nie so viele Pies gebacken wie im Moment, und ich tue das, um ein Gefühl von Fülle und ein noch tieferes Gefühl von Zusammengehörigkeit und kreativer Energie entstehen zu lassen. Den Hoffnungsschimmer am Horizont sieht man mit vollem Magen am besten.

In mehrerer Hinsicht besitzt das einfachste Essen die größten magischen Kräfte und zeugt eher von Vertrauen als von Überheblichkeit, wenn wir es Menschen auftischen, die wir gut kennen. Heutzutage fragen nur wenige Menschen die Gastgeberin, was es zum Dinner gibt. Wer würde das wagen? Vielmehr gehört es sich in Zeiten der Rezession, eine Kleinigkeit beizusteuern oder Ihre individuellen Nahrungsmittel (etwa glutenfreie Kohlenhydrate oder Süßigkeiten) selbst mitzubringen. Alles, was wir von Herzen kochen, wirkt einen Zauber. Im Folgenden ein paar Storys über meine liebsten, ganz einfachen Nahrungsmittel:

Magisches Brot

Wenn das Budget Löcher bekommt, heizen Sie den Ofen auf 170 °C, und backen Sie für ein Wunder.

Mit sechsundzwanzig habe ich viele Muffins aus Haferkleie, Birnen und Walnüssen gebacken. Wenn ich es mir leisten konnte, habe ich noch Honig hinzugefügt; wenn nicht, Apfelmus. Ich war Praktikantin, Garderobenfrau, Radiojournalistin und Straßenkind, aber in meinem Railroad-Apartment in NYC Ecke Bowery-/Spring Street duftete es immer wie in einer Bäckerei. Wenn ich mir keinen Wein leisten konnte, nahm ich diese Muffins wie Rotkäppchen in einem Korb zu Partys mit. Wenn ich mir kein Abendessen leisten konnte, kaute ich wild auf einem herum wie der große böse Wolf. Die Muffins waren fade, schmeckten aber wie das irische Sodabrot meiner Mutter, heiß aus der Form mit einem Stück Butter, das in ihr Inneres hineinschmolz. Ich habe von meiner Mutter übernommen, ohne besonderen Anlass zu backen und an einem tristen Abend unter der Woche immer etwas Warmes aus dem Backofen zu essen. Das Rosinenbrot, mit dem wir aufwuchsen, bestand aus Wasser, Salz, Backnatron, Weißmehl, Butter und natürlich Rosinen. Wir aßen es am nächsten Tag kalt zum Frühstück, und wenn es ein bisschen altbacken wurde, tunkten wir es nach der Schule in den Kakao. Das Beste daran waren die verbrannten Rosinen auf der Kruste und der Duft, der an einem kalten Abend durchs Haus zog, und wenn irgendjemand schrie »Hol's raus, bevor es verbrennt!« Mum sagte immer dasselbe, wenn wir das Brot aßen: »Es ist nichts Besonderes, aber damit sind wir alle aufgewachsen« und »Schmeckt es zu fade? Wenn es zu fade schmeckt, im Kühlschrank steht Marmelade.« Wir holten die Marmelade nie heraus. Das Brot war einfach gut, so wie es war. Hier ist Mums Rezept, das sie mir am Telefon durchgegeben hat und das anscheinend in all den Jahrhunderten nie aufgeschrieben wurde:

Rosinenbrot

1/2 Päckchen Mehl mit Backpulverzusatz
345 g Butter
120–180 ml Milch
50 g Rosinen
Eine große Prise Salz

Mehl und weiche Butter zu einem krümeligen Teig verkneten. Immer wieder etwas kalte Milch hinzufügen, bis die Mischung feucht und geschmeidig ist, aber nicht so viel, dass der Teig matschig wird. Wenn die Teigkugel schön rund und glatt ist, Rosinen und Salz hineinkneten. Den Teig ca. eine Stunde ruhen lassen.
Eine Backform ausfetten und die Ränder mit Backpapier auskleiden. Teigmischung in die Form geben und bei 175 °C eine Stunde backen bzw. so lange, bis das Brot eine braune Kruste bekommt und die Rosinen ein bisschen knusprig sind.

Die Macht
eines Pastagerichts

Kochen Sie für Snobs *immer* Pasta, denn alles andere kennen sie schon.

    Ich habe nur ein einziges Dinner ausgerichtet, um in den richtigen Kreisen bewusst Eindruck zu schinden und als »gesellschaftsfähig« zu gelten. Wie eine schlechte Kopie der High-Society-Gastgeberin Elsa Maxwell dachte ich, ich würde in der brutal unzugänglichen Branche meines Mannes (verdammtes Filmbusiness) am besten weiterkommen, wenn ich ein paar große Fische köderte und sie wie Feudalherren mästete. Teller und Tischleinen hatte ich neu gekauft. Der Wein war teuer. Die Blumen ausgefallen und keineswegs saisonal. Die Kerzen waren salbeigrün, und allein der Käse hatte über hundert Dollar gekostet. Es war ein Flop. Die Tischgäste kannten sich nicht besonders gut, es gab nicht genug Männer für die Frauen und für die Männer nicht genug rotes Fleisch und Streitgespräche. Ich servierte Meeresfrüchte und trottete den ganzen Abend lang wie ein römischer Sklave um den Tisch herum, in der Hand eine riesengroße Fingerschale voller Zitronenschnitze. Und zu allem Überfluss fühlten sich die VIP-Gäste ein bisschen in die Ecke gedrängt und langweilten sich wahrscheinlich. Einfach gesagt: Ich war zu verbissen, und meine Absichten waren nicht lauter genug. Um Leute zu beeindrucken, zu verführen oder ihnen einfach seine Liebe zu zeigen, versorgt man sie am besten mit reichlich Wein, romantischer Musik, sehr schummrigem Licht und ganz einfachem Essen.

Verwöhnte Menschen lieben einfaches Essen, weil sie alles andere schon gegessen haben. Oft fällt ihnen bei Tisch nur die Höhe der Kerzen auf – deshalb geht inzwischen mein Geld dafür drauf. Meine Tischbeleuchtung gleicht der einer griechisch-orthodoxen Kirche. Ich gehe immer nach diesem Prinzip vor, ob ich nun marokkanischen Pfefferminztee oder einen ganzen Lammschlegel an Ostern serviere. Kerzen kosten so gut wie nichts, und ein Lichtermeer hat eine sinnliche Würde, die einladend und beruhigend zugleich wirkt. Als ich wieder einmal einen Snob zu bewirten hatte, hielt ich ihm irgendwann eine Schürze und einen großen Holzlöffel hin und brachte ihn mit Komplimenten dazu, sich sein Essen selbst zu kochen. »Sie sind aus Rom«, schmeichelte ich seiner Eitelkeit, »bitte zeigen Sie mir, wie es geht! Sie machen einfach die beste Al-dente-Pasta!« Ich legte Puccini auf und ersetzte die Formalität durch ein Novum, indem ich das Dinner weitgehend in der Küche stattfinden ließ und mir keine Sorgen mehr machte. Zum Schluss servierte ich einen ausgefallenen Kuchen und dekadenten Dessertwein, und die Egos und Bäuche blähten sich in reinster Glückseligkeit auf.

Pie ist Liebe

Ein Wort an die Einsamen: Wenn Sie möchten, dass jemand innerhalb einer Stunde an Ihrer Tür klingelt, lassen Sie ihm ausrichten, dass es bei Ihnen frisch gebackenen Kuchen gibt.

Essen verbindet, nährt und bringt die Menschen sich selbst wieder näher. Wenn ich mich abgebrannt *und* einsam fühle (und ich weiß inzwischen, dass diese beiden das Talent haben, aufeinander zu folgen), backe ich einen Kuchen, woraufhin meine Freunde alles stehen und liegen lassen und mit Vanilleeis und einem Lächeln vorbeikommen. Im Wohnzimmer lege ich einen Patchworkquilt auf den Boden, dazu viele alte geblümte Kissen und ein Teetablett. Beim Duft von gebackenen Äpfeln und Marmelade wird jedem warm ums Herz, besonders im März, wenn der New Yorker Winter einfach nicht enden will. Mein Kuchen ist nichts für Puristen, in einer Viertelstunde ist er angerührt, das Backen dauert eine Stunde. Ich kaufe die Kuchenböden fertig und oft auf Vorrat; Dinkelteig, wenn ich wohlhabender bin, den guten alten Mürbteig aus dem Supermarkt in schlechteren Zeiten. Was Sie für den Kuchen brauchen, erfahren Sie im folgenden zuckerfreien Rezept:

Pie

2 Teigböden
4 EL Brombeer- oder Heidelbeermarmelade
8 große Äpfel (jede Sorte)
1/2 Glas Apfelmus
Abgeriebene Schale einer unbehandelten Zitrone
Saft einer halben Zitrone
1 Handvoll Tiefkühl-Erdbeeren oder -Brombeeren
Liebe!

Teigböden auftauen lassen, bis sie weich sind. Einen Teigboden mit Heidelbeer- oder Brombeermarmelade (am besten ungesüßt) bestreichen; die Marmelade sollte zu den Früchten passen. Äpfel entkernen und in nicht zu dicke Spalten schneiden. Auf der Marmelade eine Schicht Äpfel (1/3 der Gesamtmenge, es gibt insgesamt 3 Schichten) und darauf etwas Apfelmus verteilen. Nun etwas geriebene Zitronenschale sowie ein wenig Zitronensaft hinzufügen. Noch zwei weitere Schichten, bestehend aus Äpfeln-Apfelmus-Zitronenschale-Zitronensaft, darauf verteilen und mit ein paar Tiefkühl-Erdbeeren oder -Brombeeren abschließen.

Ich mache ca. drei Schichten und nehme viel Apfelmus, damit sich alles schön miteinander verbindet. Zum Abschluss den zweiten Teigboden drauflegen und den Rand mit einer Gabel vorsichtig mit dem unteren Boden zusammendrücken. Mit der Gabel hübsche Muster (z.B. einen Anker oder ein Herz) in den Teigdeckel stechen, damit die Luft entweicht. Auf einem Gitterblech ca. eine Stunde bei 175 °C backen, bis sich der Teigdeckel beim Draufklopfen fest anfühlt. Abkühlen lassen und mit Schlagsahne oder Eiscreme servieren.

PS: Kurz vor Ende der Garzeit kann Saft austreten. Stellen Sie besser sicher, dass dieser aufgefangen wird, damit es im Backofen keine Sauerei gibt. Damit der Kuchen nicht zu flüssig wird, verwenden Sie die Tiefkühl-Beeren sparsam.

Vier

Vollwertkost ist kein Luxus: Natürliche Ernährung für weniger Geld

Sie dürfen mich gern ein Kind der Hippiezeit nennen, aber ich wusste als kleines Mädchen nicht, was »Macaroni and Cheese« ist. Brauner Reis, Pittabrot und Curry – das kannte ich; aber wenn ich Schmelzkäse oder industriell hergestellte Eiscreme oder Kekse wollte, musste ich heimlich zu jemand anderem gehen. Unsere Küche war das Land der braunen Dinge: brauner Reis, braunes Brot, braune Zuckerrohrmelasse, Rohzucker und große, dunkelbraune Karottenkuchen. Mum sagt, das sei nicht deshalb so gewesen, weil sie ein Hippie war (natürlich nicht, Mum), sondern nur, weil Vollwertkost aus dem Supermarkt am wenigsten kostete. Ach, wenn das doch nur heute auch noch so wäre! Wenn man wegen ein paar Grundnahrungsmitteln in einen großen Naturkostladen geht, kommt einem das kalte Grausen, denn Bioartikel und naturbelassene Nahrungsmittel sind ganz schön teuer.

Man kann sich unschwer vorstellen, dass nur Madonna und Gwyneth Paltrow im Utopia der naturbelassenen Lebensmittel leben können, während alle anderen an Pestiziden krepieren. Für gewisse Biowaren zahlt man bisweilen verdammt hohe Preise; wenn ich die Wahl habe zwischen einem Korb herkömmlicher Erdbeeren für 2,99 und Bioerdbeeren für 4,99, komme ich mir betrogen vor. Wäge ich jedoch ab, wie stark herkömmlich verarbeitete Ware im Vergleich zu Bioprodukten chemisch behandelt wurde, na ja, dann schlucke ich manchmal halt den höheren Preis und kaufe, um diese Schwäche aufzuwiegen, günstigeres herkömmliches Obst und Gemüse, das ich schälen kann. Ich stehe auf dem Standpunkt, dass *ein paar* Bioprodukte besser für die Ernährung sind (und man damit kleinere Bauernbetriebe unterstützt) und *ein paar* Produkte aus heimischer Produktion für mehr Ausgewogenheit sorgen. Ich kaufe mit der Einstellung ein: Was ist frisch, was ist saisonal, was kann ich mir leisten, worauf kann ich nicht verzichten? Ich esse täglich eine Avocado und achte selten auf den Preis. Das ist okay. Dafür trinke ich keine teuren Cocktails mehr und habe einen Kaffeebereiter für zuhause gekauft, damit ich unterwegs weniger Kaffeepausen mache.

Dorothy Parker witzelte einmal: »Kümmern Sie sich um den Luxus, dann kümmern sich die Notwendigkeiten um sich selbst.« Der Preis von Vollwertprodukten ist nur ein (vermeintliches) Hindernis auf dem Weg zu besserer Ernährung. Oft wissen die Leute einfach nicht, wo sie anfangen und wie sie eine persönliche Leidenschaft für gesünderes Essen entwickeln sollen. Anfangs hört sich das nach Arbeit an, weil man Entscheidungen treffen muss. Da gibt es erstens diese blöde Ernährungspyramide mit den ganzen Lebensmittelgruppen, durch die wir uns im Lauf eines Tages durchessen sollen (eine essenzielle Fettsäure, drei Portionen Protein, vier komplexe Kohlenhydrate und *sechs*

Portionen frisches Obst und Gemüse). Zweitens gibt es den Faktor Slowfood vs. Take-away. Wenn man zwischen einem riesigen grünen Salat und einem gesund aussehenden Müsliriegel wählen soll, entscheidet man sich wahrscheinlich für das, was weniger Arbeit bedeutet. Außerdem ist schlechte Nahrung billig, sodass man davon ausgehen kann, dass letztlich doch Tiefkühlpizza und McNuggets das Rennen machen. Ich behaupte, dass gute Ernährung tatsächlich weniger kosten kann, aber eine größere Herausforderung ist.

Clever essen hat rein gar nichts mit Passivität zu tun: Sie müssen vorausplanen, Entscheidungen treffen (und dafür z.B. Etiketten *lesen*) und bei jedem Bissen proaktiv sein. Manche Gemüsesorten, die zu Ihrem Besten sind – Rote Bete mit viel Beta-Karotin, Blattgemüse, das vor Antioxidantien nur so strotzt –, sind das Preisgünstigste überhaupt, aber man muss sie natürlich schälen, waschen, dämpfen und gut kauen. Mit dieser Tatsache schließt man am besten Frieden, indem man sich ganz klarmacht, wie viel besser ein Leben mit optimaler (oder auch nur ansatzweise verbesserter) Ernährung ist: Sie werden schlanker, geistig wacher, glücklicher und strahlender sein. Dadurch, dass Sie immer häufiger selbst in der Küche stehen, werden Sie Geld sparen, weil Sie Ihre Ausgaben für Arztkosten, XXL-Klamotten, Kosmetik, ja sogar Restaurantbesuche reduzieren.

Entscheidend für tägliches gesundes Essen ist meiner Meinung nach, jede Mahlzeit ansprechend zu gestalten und sie als kleine kreative Herausforderung zu betrachten. Beim Lebensmitteleinkauf gerät man im Lauf der Zeit in einen Trott, und das Kochen wird zur Gewohnheit. Um mit dieser Routine zu brechen und mehr Vielfalt und Experimente zuzulassen, zwinge ich mich, jede Woche etwas anderes zu kochen. Nur ein einziges

Gericht mit einem neuen Twist: ein Rote-Bete-Salat mit gebratener Yamswurzel und Rucola, ein Spargelrisotto oder eine Kürbissuppe, pikante Linsen oder ein in Balsamico-Essig geschmorter Riesenchampignon mit Parmesankruste. Für die tägliche Vitamin-C-Spritze streue ich aus Gewohnheit auf mindestens eine Mahlzeit eine Handvoll frischer Kräuter (Koriander oder glatte Petersilie). Erscheint Ihnen das zu teuer? Kräuter lassen sich kinderleicht in der Küche ziehen.

Gewohnheit erzeugt Verlangen. Deshalb lasse ich mir beim Lebensmitteleinkauf alle Zeit der Welt. Andere Frauen gehen vielleicht zur Maniküre, mir ist eine herrliche Stunde Einkauf pro Woche lieber. Für mich ist der Lebensmitteleinkauf eine kreative Freizeitbeschäftigung. Ich stehe zwischen den Regalen, koste Produkte, lasse sie zu mir sprechen und auf mich wirken. Ich fasse sie an, schnuppere daran und nasche hier und da. Ich stelle mir verschiedene Gerichte vor und mache mir sofort Notizen. Wie eine närrische Künstlerin mit speziellen Gelüsten kaufe ich sowohl nach Farben, Konsistenz und Form als auch nach Kilopreis ein. Wenn mir die Kita-Öffnungszeiten diesen einsamen Nigella-Lawson-Genuss nicht erlauben, gehe ich mit meinem Sohn auf den Bauernmarkt und füttere ihn mit Apfelschnitzen ab, während ich mich am Gemüse vergreife. Es klingt hirnrissig und nicht sehr rational, aber sinnliche Freude am Essen entsteht aus einer emotionalen Verbindung, und ich meine, dass es bei Ernährung sowohl um Gefühle als auch um Tatsachen geht. Niemand sollte irgendetwas aus Pflichtgefühl essen, und es gibt immer eine flotte Methode für die Zubereitung vollwertiger, frischer, natürlicher Lebensmittel. Wenn brauner Reis durch Rosinen, Koriander und Pistazien eher leidenschaftlich als andächtig wirkt, werden Sie mehr braunen Reis essen. Wenn Sie endlich ausgetüftelt haben, wie Sie Bohnen »erwachsen« schmecken lassen können, werden Sie die preisgünstigste Proteinquelle überhaupt zu schätzen wissen. Und wenn Sie sich von Ihrer Vorstellung, Kohl sei ein Arme-Leute-Essen, verabschieden, werden Sie sich wie ein König oder eine Königin an Antioxidantien laben.

Meine Vorschläge, wie sich mehr Vollwertkost in Ihren Wocheneinkauf und den Speiseplan aufnehmen lässt, können Sie Schritt für Schritt und ganz nach Gusto umsetzen. Es dauert eine Weile, bis sich Ihr Gaumen auf unverarbeitete Körner und die einfache, aber raffinierte Konsistenz von gebackenem Gemüse, rohem Grüngemüse, Bitterkräutern und rohem Obst eingestellt hat. Und natürlich kommt alles auf die Mischung an, denn Aroma setzt Aromen frei. Wer mit einer Diät beginnt oder dem Junkfood abschwört, begeht einen großen Fehler, wenn er sich wie ein Asket Gemüse, Körner, Proteine und Bohnen stillos und womöglich ohne jede Beilage auf den Teller klatscht. Welches Kind (und welcher Ehemann) würde nicht auf der Stelle kehrtmachen und Reißaus nehmen, wenn ihm ein Klops Quinoa und lieblose kleine Häufchen grüner Bohnen, Kidneybohnen und Tofu wie auf einem Ernährungsdiagramm vorgesetzt würden? Dabei ist es so einfach, den Speisen einen innovativen Touch zu geben. Ich hatte mal einen Freund, der seine Salate immer mit gebackenen Yamswürfeln, gerösteten Sesamsamen und frittierten Zwiebelringen garnierte. Sobald dieser Duft durch die Küche zog, kam ich mir richtig verführt vor. Durch das bisschen Fettgebrutzel wurde dieser einfache Knabbersalat richtig *grandios*. Zwiebeln und Kartoffeln sind preisgünstig und leicht zu übersehen, aber damit zaubern Sie aus dem Nichts ein köstliches Essen.

Besser essen
für weniger Geld

Ändern Sie Ihre Vorstellung davon, was ein tägliches Grundnahrungsmittel ist. Ersetzen Sie hin und wieder weiße Pasta durch Linsen oder Vollkorn-Basmatireis, und suchen Sie nach Würzprodukten, die Ihre Kohlenhydrate interessanter machen. Freunden Sie sich mit einem Vollkorn-Wrap mit grüner Salsa oder Mangochutney an, denn dann erhält der nussige, leicht fade Geschmack des Weizens mehr Tiefe und eine saftigere Konsistenz.

Trinken Sie nur Wasser. Keinen Saft, keinen Sauvignon blanc, keine Limonade, keinen Eistee. Nur kristallklares, entmineralisiertes Wasser. Damit reduzieren Sie die Kalorienzufuhr und die wöchentlichen Getränkekosten und sensibilisieren auch Ihren Gaumen für Speisen. Ach ja, auch Ihre Haut wird reiner und strahlender aussehen.

Ersetzen Sie ein Fleischgericht durch Eier: Frittata, Quiche, Omelette, gebackene Eier usw. Die billigste und beste Quelle für tierisches Protein ist das gute alte Ei.

Schließen Sie Frieden mit Bohnen. Mischen Sie sie unter Salate, in Suppen, Wok-Gerichte, Wraps, Tortillas und Quesadillas. Kochen Sie eine große Menge weich, und frieren Sie sie portionsweise für Single-Lunches und Single-Dinners ein, wenn Sie keine Konserven verwenden wollen. Mischen Sie Gewürze wie Kumin, Kurkuma, Fenchelsamen und Knoblauch darunter, oder machen Sie einen Eintopf durch Zugabe von Rotwein und Dosentomaten aromatischer. Bohnen, Linsen, Erbsen und Kichererbsen verleihen einem Gericht mehr Tiefe und sind eine wunderbare, preiswerte Quelle für Protein und Ballaststoffe.

Kaufen Sie Obst saisongerecht und kistenweise; teilen Sie es sich mit dem Nachbarn, um Kosten zu sparen. Kaufen Sie preiswerte, frische Äpfel in großen Mengen ein, und verzehren Sie sie auf alle erdenkliche Art und Weise: in Salaten, gebraten mit Fleisch, in Kuchen, geschmort als aromatisches Chutney oder mit Nüssen und Gewürzen gefüllt als Bratäpfel.

Kaufen Sie Beeren tiefgefroren, und verwenden Sie sie für Kuchen, Smoothies, in gekochten Haferflocken oder in Müslimuffins.

Peppen Sie billige Dosensuppen mit Gewürzen auf, und strecken Sie sie durch Zugabe von Gemüse- oder Hühnerbrühe, eigenen Kräutern und frischem Grüngemüse wie Kohl und Spinat.

Sie sollten möglichst immer einen guten Reis- oder Nudelsalat im Kühlschrank haben, um ein Gericht zu erweitern oder um die Lunchbox zu füllen. Reichern Sie ihn mit Mais, Mandeln, Petersilie, Äpfeln, Rosinen, Karottenscheibchen und rohem Kohl an.

Machen Sie es wie die Bäuerinnen, und kochen Sie Obst und Gemüse der Saison für später ein. Lassen Sie ein Küchenbord für solche Konserven, Pickles und Kompott frei. Sie alle schmecken nach Luxus, wenn die Vorräte im Kühlschrank zur Neige gehen. Stellen Sie sich Pflaumenkompott mit Schlagsahne in einer kalten Winternacht vor... Viel Genuss für wenig Geld!

Erledigen Sie einen Teil Ihrer Einkäufe möglichst auf einem Wochen- oder Bauernmarkt. Lebensmittel mit kürzeren Transportwegen sind frischer und unterstützen nachhaltige Landwirtschaft. Außerdem ist es ein Riesenspaß für die ganze Familie, an einem Vormittag auf Märkten zu stöbern.

Kaufen Sie loses, unbehandeltes Gemüse. Jemanden im Supermarkt dafür zu bezahlen, dass er Ihre Produkte klein schneidet und sie in Plastikfolie wickelt, ist Sparen am falschen Ende, denn das bedeutet einen Verlust an Vitaminen, dafür aber höhere Kosten.

Im Zweifelsfall machen Sie einen Eintopf. Das geht schnell, ist einfach und preiswert und eine sehr gute Art zu erfahren, wie unterschiedlich sich Gemüse und Kräuter verbinden.

Kaufen Sie zerlegtes Biohühnchen mit Haut. Teilstücke wie Ober- oder Unterschenkel sind am günstigsten und machen sich hervorragend in Suppen, Currys oder Eintöpfen.

Kochen Sie für eine feine Brühe ein Hühnerskelett aus. Geben Sie es mit Lorbeerblättern, Salz, getrocknetem Oregano und einem Gemüsebrühwürfel in einen großen Topf, und lassen Sie das Ganze ungefähr eine Stunde sprudelnd kochen.

Kaufen Sie Körner, Nüsse und Trockenfrüchte auf Vorrat, und stellen Sie sich Ihre eigenen (zuckerfreien) Müslis zusammen. Verwenden Sie dieselben Zutaten, um Kekse zu backen.

Tun Sie sich für Vorratseinkäufe mit einer anderen Familie zusammen, oder schließen Sie sich einer Lebensmittelkooperative an; und wenn Sie einen Garten haben, pflanzen Sie doch selbst Gemüse an.

Planen Sie Ihren Speisezettel saisonal, und kaufen Sie nur das, was gut aussieht. Falls Sie für ein Rezept eine exotische oder importierte Zutat brauchen, ersetzen Sie sie durch etwas aus Eigenanbau. Wer isst schon an einem Montagabend im Mai Zucchiniblüten?

V.

Reisen

Eins

Hängematte, Schlafsack, Futon, Fußboden: Die Geheimnisse meiner Ein-Sterne-Reisen

Das günstigste Zimmer, in dem ich je geschlafen habe, befand sich im Barri Gòtic, im gotischen Viertel von Barcelona, das war 1989. Die Wände hatten die Farbe von Fliegenfängerpapier, und ein riesiges, sargähnliches Büfett kratzte an der Decke. Das Zimmer kostete dreizehn Dollar pro Nacht, altbackene Brötchen und dünnen Kaffee gab's gratis dazu. Doch irgendwie schaffte dieser Ort den Spagat zwischen angedeuteter Verwahrlosung und Bohème-Romantik. Das Zimmer ging auf eine winzige Gasse in der Nähe des Picasso-Museums hinaus, und im Erdgeschoss befand sich ein wunderschönes Jugendstilgeschäft für Brautmode. Von einem schwarzen, schmiedeeisernen Balkon konnte ich auf heruntergekommene Steinbauten und Telegrafenleitungen schauen. Es war zwar nicht Paris, aber es hatte zweifelsfrei ein gewisses Flair. Das zweitgünstigste Zimmer (für neunzehn Dollar im Jahr 2002) war ein blassrosa Schlafgemach im Hotel Continental in Campeche auf der mexikanischen Halbinsel Yucatán. Dieses kleine Doppelzimmer, das man über von Hand gefliese, gewundene Treppen erreichte, die an Farnen und dekorativen Rundbögen vorbeiführten, besaß eine nostalgische Erotik, wie ein arabisches Gemach aus dem Film *Himmel über der Wüste*. Die schlanken Holzbettgestelle aus den Zwanzigerjahren waren weiß getüncht und reichten fast bis zur Decke; drei Holzlamellenfenster ließen sich zur lauten Straße hin öffnen. Von der Decke hing ein altersschwacher Ventilator. Die Handtücher waren so dünn wie ein Schleier. Das Bettzeug war vermutlich über vierzig Jahre alt, aber der Raum war makellos sauber, magisch und auf seltsame Weise erstklassig. Mittlerweile kenne ich noch andere anspruchsvolle, abenteuerlustige Reisende, die dieses Hotel ausfindig gemacht haben, das recht weitab vom Schuss liegt und jegliche Spuren herkömmlicher Hässlichkeit – den digitalen Radiowecker, den nichtssagenden Vorhang, die Minibar, den lästigen, unförmigen Sitzsack am Bettende – vermissen lässt.

Meistens geht das Wohlgefühl in einem preisgünstigen Hotel einher mit der Entdeckung, was man alles nicht braucht. Wenn Sie einen kleinen Taschenwecker und einen Kissenbezug besitzen, brauchen Sie nicht sehr viel mehr.

Manchmal sind es nur der Schnitt und die sorgfältige Einrichtung eines Raumes, die ihn so ansprechend machen. Ein Zimmer, das mir wegen seines total minimalistischen Bauhaus-Chics nicht aus dem Kopf geht, befand sich im ehemaligen Hotel San Francisco im spanischen Sitges (eine kurvenreiche Zugfahrt von Barcelona entfernt). Die Lobby hatte Terrazzofliesen, schmale Sixties-Linien, einen quietschbunten Kronleuchter und weinrote Ledersofas. Es besaß die raffiniertesten Proportionen aller kleinen Hotels auf der Welt. Das Zimmer ging auf Ziegeldächer hinaus und war mit einem niedrigen Doppelbett, einem Metallgestell für den Koffer, einem niedrigen Beistelltisch aus Marmor, einem gefliesten Bad und einem Balkon ausgestattet. Eigentlich nichts Besonderes. Aber die perfekte Ausgewogenheit der Gegenstände im Zimmer, die unprätentiösen, schlichten Baumwollstoffe für Bettwäsche und Vorhänge (in Gold, Flieder und Safran), schimmernde, blitzsaubere Wände und Fußböden sowie das goldgelbe Licht machten es zur ehrwürdigsten Billigunterkunft, in der ich je gewesen war. Ich stellte meine blassblauen Baumwollespadrilles auf den rotgefliesten Balkon, setzte mich hin, starrte sie in der Abenddämmerung an und fragte mich, warum bestimmte Räume so üppig ausgestattet wirken. Die Antwort lautet natürlich: weil sie Charme besitzen, jene Art von Charme, die den Zweck still einschließt.

Und beten wir nicht alle, dass uns dieser Charme hinter der Tür erwartet, wenn wir den Hotelschlüssel ins Schloss stecken? Es gibt immer diesen Moment auf der Schwelle, und innerhalb von Sekunden weiß man, ob ein Zimmer hübsch oder nur erträglich ist. Bei einem düsteren Raum ohne Aussicht, mit Neonbeleuchtung, superbanalen Bildern an den Wänden, einem massiven Fernseher über dem Bett, so eingerichtet, dass die Möbel über grundlegende menschliche Bedürfnisse dominieren, möchte man am liebsten auf dem Absatz kehrtmachen und davonlaufen. Stattdessen setze ich mich in solchen Fällen erst einmal auf die Bettkante, rufe die Rezeption an und frage nach einer Alternative... oder drei Alternativen. Denn egal wie billig das Hotel ist, es gibt meistens ein anderes Zimmer, das man irgendwie verändern kann, damit der kurze Aufenthalt erträglich wird.

Ich habe oft festgestellt, dass die Suche nach einer angenehmen Billigunterkunft keine so große Herausforderung darstellt wie die nach einem Mittelkasse-Businesshotel – jenen klimatisierten Höllenschiffen, in denen sich kein Fenster öffnen lässt und wo man von allen Zimmern auf ein schmuckloses Atrium mit künstlichen Hängepflanzen starrt, jene Dämmerzonen-Interieurs, die dafür sorgen, dass man wach liegt und die Stunden bis zum Auschecken zählt. Hotelketten lassen wenig Spielraum für Abwechslung und sind so eingerichtet, dass sich nur schwer etwas umstellen lässt. Oft fühlt man sich, als würde einen das TV-Möbel gleich verschlingen, oder man schlägt sich die Knie an der Minibar auf, die man nicht benutzt. Und gibt es irgendetwas Deprimierenderes auf dieser Welt als Plastikflieder und eine schiefergraue Tagesdecke aus Polyester? Vielleicht einen Kunstdruck von einer sich brechenden Welle.

Doch manchmal ist ein Zimmer wirklich nur ein Zimmer, in dem man auf den Anschlussflug wartet oder buchstäblich mitten in der Pampa hockt. Dann haben Motels und Autobahnhotels zwar den Charme von Absteigen à la David Lynch, doch für Einzelreisende und besonders für Frauen müssen Reiseunterkünfte sicher sein. Und ich fühle mich nie sicher, wenn meine Zimmertür auf einen Parkplatz hinausgeht, stündlich Gäste einchecken oder ein flackerndes Neonlicht jede meiner Bewegungen sichtbar macht. Meiner Meinung nach sollte man Orte, wo sich Menschen verstecken wollen, anstatt sich aufzuhalten, am besten meiden.

Die Bemühungen, im Sommer ein günstiges Zimmer mit Aussicht aufzutreiben, sind oft ziemlich zwecklos. In Montauk habe ich mich schon mit den miesesten Zimmern abgefunden, nur damit ich das Meer hören konnte. Schnäppchen am Meer gibt es nur im Winter, wenn sogar die versnobtesten Bed-and-Breakfast-Unterkünfte gnädigerweise mit sich handeln lassen und 08/15-Motels jene poetische Stimmung annehmen, die nur leere angrenzende Zimmer und Korridore vermitteln.

Eines der größten Geheimnisse eines Aufenthalts in einem x-beliebigen Hotel ist, sich niemals sklavisch der Zimmereinrichtung zu unterwerfen. Wenn Sie nicht auf Ihr Gepäck starren möchten, räumen Sie es weg. Wenn Touristenmagazine Sie langweilen, legen Sie sie in eine Schublade. Wenn es Geräte gibt, deren böses rotes Auge Ihnen mitten in der Nacht ins Gesicht blinkt, ziehen Sie einfach den Stecker. Aus ebendiesem Grund wickle ich Nachttischtelefone manchmal in ein Handtuch. Hin und wieder habe ich auch schon die Zimmerservice-Teekanne einbehalten und frische Blumen hineingestellt, um das Zimmer wohnlicher zu machen.

Auf allen Reisen während meiner Kindheit hatten meine Eltern einen Notfallplan für billige oder düstere Hotelzimmer. Als Erstes hängten sie immer alle langweiligen, schlechten Kunstdrucke ab und stellten sie, mit der Bildseite zur Wand, in den Schrank. Zweitens warfen sie Sarongs oder bunte afrikanische Baumwollklamotten über Couch, Tische und Stühle. Drittens schalteten sie alle Deckenbeleuchtungen aus und benutzten nur die Nachttischlampen. Und viertens schnitten sie eine Handvoll Orangen auf, um die Luft aufzufrischen, und öffneten eine Flasche Wein, um die Seele zu beleben. Die Zimmermädchen hassten uns, aber wir fühlten uns immer wie zuhause. Sogar in einem Holiday Inn. Heute würde ich diesen Notfallplan um eine kleine Duftkerze für ein Raucherzimmer, einen Bund frischen Lavendel oder Kräuter direkt neben dem Bett (Minze ist preiswert und herrlich), meine eigenen gestärkten Kissenbezüge und eine elegante Abendgarderobe (Tuxedo-Blazer?) erweitern oder zur Dekoration ein Schultertuch an die Wand hängen. Die Spiegelpaneele in schlecht konzipierten Zimmern sehen besser aus, wenn sie Dinge spiegeln, die Sie lieben.

Manchmal werden Sie auf ein Zimmer mit einer so geschmacklosen Einrichtung, so schlechter Aussicht oder so schlechten Vibes stoßen, dass nichts mehr zu retten ist: Backpacker-Hostels, deren Aura sich durch jahrzehntelange Zweckentfremdung für Partys verflüchtigt hat, oder lieblose Economy-Zimmer, in denen alles vorschriftsmäßig und irgendwie institutionell ist. Mit stickigen, dunklen oder bedrückenden Zimmern ohne Ventilation oder unheimlichen Zimmern mit der falschen Energie sparen Sie am falschen Ende. Oft liegt ein besseres Zimmer dreißig Dollar über Ihrem Budget und gleich um die Ecke. Wenn ich in einer Stadt ankomme, wo es ein Hotel neben dem anderen gibt, setze ich meine Familie für gewöhnlich in einem Café ab und begebe mich eine Stunde lang zu Fuß auf Erkundungstour. Auf diese Weise sehe ich nicht nur, wo es die besten Zimmer gibt, sondern auch, wie weit sie von einem netten, ungefährlichen Park, einer Apotheke oder einem Museum entfernt liegen.

Bei der Suche nach einem Ort oder Zimmer ist das Internet niemals ein Ersatz für Vor-Ort-Besichtigungen oder Bauchentscheidungen. Auch hängen Erfolg oder Scheitern der meisten Urlaubsreisen davon ab, wie sich Erwartungen und Realität miteinander vereinbaren lassen. Eine Reise muss Sie immer irgendwohin führen. Und es bringt nichts, auch nur einen einzigen Dollar für ein Zimmer hinzulegen, in dem Sie weder lachen noch Liebe machen noch gut schlafen können.

Checkliste für anspruchslose, aber niemals bedrückende Unterkünfte

Robinson-Crusoe-Hütte

Okay. Wenn Sie (wie ich in Tulum, Mexiko) direkt am Strand in einer *palapa*-Hütte aus schiefergrauem Schilfrohr mit Hängebett schlafen möchten, brauchen Sie grundsätzlich eigene Laken. Alles in unmittelbarer Nähe zum Meer ist nicht nur klebrig und feucht, sondern sandverkrustet. Haben Sie schon mal versucht, in einem Bett, das wie eine Wiege schaukelt und voller Sand ist, Liebe zu machen? Das ist nicht sehr amüsant. Wenn Sie in Cabanas, Hütten, Jurten und irgendwelchen Zimmern nächtigen, die man nur als Behausung bezeichnen kann, besorgen Sie sich ein paar extra Handtücher, Kissen und Laken, damit es sich nicht ganz so gruselig anfühlt. Denken Sie an Insektenspray und Taschenlampe, die sind total wichtig! Und wenn Sie schon in Robinson-Crusoe-Stimmung sind, quartieren Sie sich da ein, wo Bäume Schutz und Schatten spenden. Das Allerletzte, was Sie in der Wildnis brauchen, ist der Lärm sich von allem befreit fühlender Urlauber, die sich als Einheimische aufführen oder durch die Schlitze Ihrer Lehmhütte spähen.

Ein-Sterne-Reisen

Bed-and-Breakfast

Ich könnte ein ganzes Buch mit Anekdoten über die merkwürdige Exzentrizität von B&B-Besitzern schreiben, deren Häuser oft so intim sind, dass für ein gutes Miteinander die »Chemie« stimmen muss – und das ist ein bisschen viel verlangt, wenn man schon die Zeche bezahlt und auch mal ungestört Sex haben möchte.

Für gewöhnlich verrät das Bettzeug etwas über die Ästhetik und die Energie des Hauses: Gibt es zu viele amerikanische Flaggen, Teddybären, Himmelbetten mit Baldachin aus *broderie anglaise* oder geflochtene Weidenkörbchen mit Potpourri, suche ich mir eine einfachere Alternative oder gar ein Zimmer zur Untermiete, wo die Eigentümer nicht auf demselben Grundstück wohnen. Wichtig ist auch, die Dicke der Wände zu überprüfen. Viele B&Bs sind in viktorianischen Häusern oder neueren Anbauten untergebracht, in denen Mitreisende richtige Konzerte veranstalten, indem sie gurgeln, niesen oder ihre Kinder schelten. Aufgrund dieser Erfahrungen rate ich Ihnen: Nehmen Sie ein Zimmer, das auf einen Garten oder einen privaten Innenhof hinausgeht statt auf einen Gemeinschaftsbereich.

Rümpfen Sie nicht die Nase über das Gemeinschaftsbad. Wenn die Toilette sich nahe bei Ihrem Zimmer befindet oder das B&B nur wenige Gäste hat, lässt sich auf diese Weise viel Geld sparen.

Nehmen Sie das Zimmer mit den wenigsten Kissen, Sofas und Rüschenkram. Ein kleines Zimmer wirkt kleiner, wenn es wie eine Puppenstube dekoriert wurde und aus allen Nähten quillt.

Überprüfen Sie B&B-Angebote im Internet auch auf überbordende Hausregeln. Je komplexer die Regeln, desto allgegenwärtiger sind die Eigentümer, die im tiefsten Winter von Maine mitunter sehr gelangweilt (und neugierig) sind.

Motel

Damit Motels komfortabel sind, brauchen sie einen Nachtportier, sichere Türen und eine gewisse Entfernung zu parkenden Autos, Straßen und Bürgersteigen. Verlassen Sie sich in Bezug auf Qualität oder Sicherheit nicht auf den Namen einer Kette, und nehmen Sie kein Zimmer, nur weil es 10 bis 20 Prozent billiger ist als eines in besserer Lage. Da es mittlerweile selbst in den kleinsten Ortschaften haufenweise Boutique-Hotels und Privatunterkünfte gibt, ist die Motel-Ära sowieso im Schwinden begriffen. Diese eher für Autos als für Menschen designte Unterkunftsform ist eine Billigreise-Erfahrung, die nur selten über das Banale hinausgeht.

Raststätte oder Gasthof

In Europa und Australien kann ein Landgasthof eine nette Low-Budget-Unterkunft sein, wo man einheimische Originale trifft, Bier trinkt und regionale Gerichte ausprobiert. Manchmal ist es aber auch ein Ort, wo es Schlägereien gibt und gesoffen wird und das Klingeln der Spielautomaten und Jukeboxen bis spät in die Nacht hinein anhält. Nehmen Sie ein Zimmer, das möglichst weit weg von der öffentlichen Bar liegt. Oder kippen Sie selbst ein paar mehr hinter die Binde, und lassen Sie sich von der feuchtfröhlichen Stimmung anstecken. Am nächsten Morgen erwartet Sie garantiert ein hervorragendes deftiges Katerfrühstück.

Privat geführtes Hotel

Sonnenlicht hat Vorrang vor Größe, und Gestaltung geht über alles. Wenn das Zimmer hell und gut gestaltet ist, ist es meistens nicht so schäbig und bedrückend wie eines, das luxuriös sein soll und deshalb mit Möbeln vollgestellt wurde.

Kettenhotel

Oft erscheint es aussichtslos, in einem dieser Supermarkt-Hotels ein Zimmer mit ein bisschen Charakter zu finden. Nehmen Sie am besten das ruhigste und gleichzeitig preisgünstigste. Es sollte immer weit weg von Straße, Lift und Eismaschine sein. Erkundigen Sie sich, ob im Hotel gerade Konferenzen stattfinden. Eine Science-Fiction-Tagung kann beim Aufzugfahren ja ganz amüsant sein, aber die jährliche Hundeschau im New Yorker Pennsylvania Hotel mit einer Lobby voller Hunde und hechelnder Hundenarren in selbstbedruckten Sweatshirts ist kein Spaß.

Lokalkolorit

Es ist wirklich lustig (und viel günstiger), in einem nicht-westlichen Land Unterkünfte im lokalen Stil auszuprobieren: in Südamerika eine Hängematte, in Japan ein Futon auf dem Fußboden oder in den Vorgebirgen der Mongolei eine Jurte. Verzichten Sie auf einen DVD-Player, und entscheiden Sie sich bewusst für das Andere – weniger um der Genügsamkeit willen als vielmehr dem eindringlicheren kulturellen Erlebnis zuliebe.

Das billigste Zimmer in einem Nobelhotel

So, wie man das schlechteste Haus in der besten Straße kauft, macht man mitunter auch in Grandhotels in der Nebensaison Schnäppchen (vor allem in europäischen Spas im Winter oder auf Skihütten im Sommer), oder auch in Städten, in denen der Tourismus aufgrund schlechter Presse eingebrochen ist oder die von den Touristen mehr aus Angst als aus rationalen Gründen gemieden werden. Drei Jahre nach der Bürgerrevolution verbrachte ich eine selige Zeit in Oaxaca und stellte fest, dass es nichts Besseres gab, als in dieser Region Touristin zu sein. Manchmal offerieren größere Fluggesellschaften den Fünf-Sterne-Hotels im Zuge von Werbeaktionen Preispakete oder Pakete weit unter Nennwert. Im Internet ist der Markt für Resorts und Luxusunterkünfte im mittleren Preissegment hart umkämpft. Wer hier unterkommen möchte, sollte allerdings auf den Zimmerservice verzichten (in einem Drei-Sterne-Hotel, in dem die Dienstleistungssteuern und Trinkgelder den Großteil der Rechnung ausmachen, kann sogar kochendes Wasser bis zu zehn Dollar kosten), seine Wäsche selber waschen und möglichst viel Essen und Getränke ins Zimmer schmuggeln (was schwierig werden dürfte, wenn das Resort in einer abgelegenen Gegend liegt). Finden Sie also genau heraus, was im Preis inbegriffen ist und was nicht. Schließlich soll es Ihnen ja nicht wie Albert Finney und Audrey Hepburn in *Zwei auf gleichem Weg* ergehen. Die beiden schmuggeln Äpfel in ihre Suite und verpassen darüber das kostenlose feudale Frühstück im protzigen Speisesaal. Angesichts alberner Kosten für Dinge wie heißes Wasser habe ich mir einfach für zehn Dollar einen Wasserkocher gekauft – ein wirklich unentbehrliches Teil, wenn man mit Kindern oder Briten unterwegs ist.

Privatvermietung

Bei der derzeitigen Wirtschaftslage vermieten viele Leute ihre Cottages, Lofts und Gästezimmer an Reisende. Wenn Sie genügend Anschauungsmaterial haben, können Sie sich ein nettes Zimmer aussuchen und zudem vom lokalen Wissen Ihrer Gastgeber profitieren. Auf Craigslist habe ich einen Strandbungalow im Stadtviertel Pacific Palisades in Los Angeles gesehen, der eine halbe Meile vom Strand entfernt lag, außerdem ein wunderschönes privates Gästehaus auf Diamond Head, Hawaii, und viele stylische Zimmer in Sandsteinhäusern und Lofts in New York City – alle um die hundert Dollar pro Nacht. Diese Option eignet sich für alle, denen die Location wichtig ist und die voller Vertrauen und Abenteuerlust an die Sache herangehen. Ähnlich verhält es sich mit dem Haustausch – der Gipfel des Billigreisens, weil man nur die eigene Miete zuhause sowie Reinigung und Nebenkosten des Hauses bezahlt, das man vorübergehend bezieht.

Kloster, Ashram und Zendo

Wenn Sie kinderlos sind oder allein reisen, können Sie sich Europa ganz ungefährlich, sauber und in aller Ruhe von Frankreichs und Italiens Frauen- und Männerklöstern aus anschauen. Rund um Florenz gibt es mehrere Orte, die Übernachtungsmöglichkeiten in Schlafsälen und Privatzimmern viel günstiger als ein Hotel anbieten. Einschränkend hierbei ist häufig der Zapfenstreich und dass kein Besuch vom anderen Geschlecht empfangen werden darf. Es ist eine nette Art zu reisen, wenn Sie Renaissancekunst studieren, sich auf das Erlernen einer Sprache konzentrieren oder sich ungestört philosophischen Betrachtungen hingeben möchten. Ashrams in Indien und anderswo bieten Yoga, spirituelle Unterweisung und meistens fades, aber supergesundes Essen an. Der Ananda Ashram in Monroe, im Hinterland von New York, bietet Ähnliches sowie eine vergünstigte Unterbringung gegen Ashram-Dienste an. Sie können nur eine Nacht oder einen ganzen Monat bleiben. Wie Hotels im Frühling und Sommer sind ländliche Rückzugsorte in der Nähe von Großstädten schnell ausgebucht. Spirituelle Rückzugsorte werden bei Stadtmenschen, die fern der Stadt zu sich selbst finden möchten, zwar immer beliebter, aber es wäre falsch, sie als alternative Hotels zu bezeichnen. Jeder Ort hat einen spirituellen Code, lebendige Rituale (einige sehr früh am Morgen), ein Meditationsprogramm und ein gemeinsames Ziel – wenn die Gäste bleiben wollen, müssen sie an diesem Gemeinschaftsleben teilnehmen. Das mag auf den ersten Blick wie eine Einschränkung, wie »Hausregeln« anmuten, aber meiner Erfahrung nach können ein kleines Ritual und die Programmteilnahme Ihren Aufenthalt sehr bereichern.

Zwei

Andere Reisen, andere Wege:
Reisealternativen für knauserige Vagabunden

Jede Seele steuert ein anderes Ziel an. Manche Menschen wollen nur einen weißen Sandstrand, ein paar Palmen und ein endloses Band türkisfarbenen Ozean, um endlich einmal abzuschalten. Wieder andere reisen, damit sie sagen können, sie hätten Las Vegas oder Prag oder Dallas wirklich *gesehen*: Sie hasten von einer wichtigen Sehenswürdigkeit zur anderen und haken sie der Reihe nach ab. Und dann gibt es die geborenen Freaks, die einfach nur die ganze Welt in sich aufnehmen wollen – jedes Museum besichtigen, jeden Gletscher erklimmen, jeden Flohmarkt abgrasen und von den ausgefallensten Speisen der einheimischen Küche kosten. Zwei so rastlose Forschungsreisende haben mich aufgezogen: junge Eltern, die dachten, die wichtigsten Besitztümer im Leben seien ein Reisepass, ein Taschenmesser und eine Landkarte. »Lass uns alles verkaufen und gehen!«, lautete der Schlachtruf meiner Mutter nach sieben harten Jahren in New York, als sie tatsächlich die Teppiche zusammenrollte, die Möbel verscheuerte und uns für sechs

Monate nach Thailand mitschleppte. »Lass deine Hausaufgaben sein und ab ins Auto mit dir«, lautete einige Jahre später der ziemlich ominöse Befehl meines Dads, während er den Armeejeep mit der Segeltuchabdeckung belud, um mit uns über Nebenstraßen ganz in den Norden von Queensland zu fahren. Was als Sonntagsfahrt begann, entwickelte sich zu einer abenteuerlichen, dreiwöchigen Odyssee, bei der wir oft auf einem Haufen Decken auf dem Rücksitz schliefen, während der Jeep über ungeteerte Straßen durch die rotstaubigen Geisterstädte von Ravenswood und die Zuckerrohrzentren von Ipswich und Charters Towers brauste.

In den Siebzigerjahren hatte das australische Outback einen verwegenen Liebreiz. Als ich einmal in Tully, Queensland, am Wagen lehnte und eine Limonade trank, sah ich, wie ein Mann mit einer abgesägten Schrotflinte in einen Pub rannte. Wir fuhren sofort weiter. Ein andermal, im goldenen Dreieck in Nordthailand, wanderte unsere Familie gerade in Begleitung eines buddhistischen Mönchs einen Bergpfad hinauf, als uns ein Bandit aus Laos mit verfaulten schwarzen Zähnen und einer großen Machete anhielt. Er war ein Flüchtling, der in den Wäldern lebte und womöglich gerade auf dem Weg zu den Opiumfeldern unterhalb des Berges war. Der Mönch intervenierte, und wir machten uns unbehelligt auf den Rückweg den Berg hinunter. Auf derselben Reise, ich war damals elf, forderte mein Vater mich in Bangkok auf, gebratene Schlange in roter Sauce zu essen. »Das bringt dich nicht um, schließlich ist sie gekocht.« Ich weiß noch, dass ich meine Lehrer anbettelte, Aufsätze mit dem Titel »Meine Ferien« schreiben zu dürfen, aber wir gingen so häufig *nicht* zur Schule, dass dieses andere Leben kein Thema von Schulaufsätzen wurde.

Abenteuer ist eng verbunden mit Verzicht, während die Sicherheit das Erste auf der Liste ist, was abhanden gerät. Und damit meine ich nicht Sicherheit im heutigen Sinne, vor Terroristenbedrohungen und Gefahrenzonen, sondern die materielle Sicherheit von Heim und Herd. Die Freunde meiner Eltern kauften Häuser, ihre Kinder gediehen prächtig und waren in einer einzigen Schule beliebt – und viele dieser Familien wurden reich. Wir hingegen waren nur unterwegs. Von Stadt zu Stadt, von Schule zu Schule, vom Strand in die Berge. Zu Beginn der Siebzigerjahre, nachdem wir zwei Jahre lang durch Asien und Queensland gezogen waren, ließen wir uns in Sydney nieder, aber die rastlose Sehnsucht nach der Welt suchte unser Schindelhaus unablässig heim. Eines Abends kam ich nach Hause und sah meine Eltern mit zwei Aborigines-Ältesten aus dem zentralen Arnhemland auf dem Fußboden vor einem prasselnden Feuer zu Abend essen, als wäre das Haus nur ein weiteres Lager in der unermesslich großen Zentralaustralischen Wüste. Manchmal sprang mein Vater in den abgewrackten, klapprigen Jeep und verschwand viele Tage lang im Busch. Wir hassten das. Aber wir verstanden es auch. Mal ehrlich, wer konnte schon ewig in den geordneten Verhältnissen der Vorstadt leben?

Wir stellten den Orientierungssinn unserer Eltern nie in Frage und erkundigten uns auch nicht, wann wir ankommen würden. Die Tage des Reisens vor der Internet-Ära schärften den menschlichen Instinkt. Einmal – wir wollten gerade auf ein neonbeleuchtetes Parkgelände fahren, wo uns ein Kettenhund und ein blinkendes Schild ZIMMER FREI erwarteten – sagte meine Mutter: »Bei diesem Motel habe ich kein gutes Gefühl.« Also fuhren wir wieder in die Nacht hinaus, bis zum Morgengrauen, und entkamen damit irgendeiner namenlosen Gefahr, die vielleicht nur eine Lappalie gewesen wäre. Unnötig zu erwähnen, dass wir selten in Restaurants aßen oder uns in Vergnügungsparks, Familienresorts oder überhaupt Hotels aufhielten.

Mir war nie klar, dass wir viele ausgeklügelte Dinge taten, um ein paar Dollar zu sparen. Ich dachte, auch alle anderen würden sich am Frühstücksbüfett die Taschen mit Gebäck vollstopfen und es dann zu Mittag verspeisen. In einem Hotel in Bangkok musste ich einmal in der Unterwäsche im Pool schwimmen, weil ich keinen Badeanzug hatte. Die anderen Kinder amüsierten sich mit meinem Bruder im Wasser, zeigten mit dem Finger auf mich und lachten mich aus. Ich stieg aus dem Pool und ging zu einer Baumreihe und einem hohen Zaun, der den Hotelpool von einer Gasse trennte. Auch dort spielten Kinder. Als ich durch die Ritzen im Zaun linste, sah ich, dass diese Kinder barfuß und in Lumpen gekleidet waren. Meine Scham, »arm« zu sein, löste sich auf, und zwar für immer. Und wenn ich jetzt ein kühles, sauberes Gewässer sehe, gehe ich immer noch in Unterhosen hinein. Schamlos.

Mag sein, dass ich auf jeder Reise seit meiner Kindheit versucht habe, dieses Gefühl von Risiko, Simplizität, Improvisation und Authentizität wieder zu spüren – indem ich an einem Truck Stop in der Nähe von Edzná auf der Yucatán-Halbinsel Brathähnchen esse, auf einem Markt in Ubud auf Bali Lilien kaufe oder meinem Sohn in Taos, New Mexico, zeige, wie man ein Wurzelgemüse aus der Erde zieht. Aber mir ist völlig bewusst, dass sich die Romantik von Abenteuerreisen mit kleinem Budget und die Realität einer durchorganisierten, weitgehend standardisierten Reiseindustrie diametral gegenüberstehen.

So ziellos und intuitiv in der Welt herumzubummeln wie meine Eltern ist in der heutigen Zeit, wo gewaltige Menschenströme unterwegs sind, kaum noch möglich. Moderne Vagabunden müssen stattdessen das Allerbeste aus ihren Internet-Reisen machen: billige Tickets ausfindig machen, in der Nebensaison reisen und dabei vor Hurrikanen auf der Hut sein, etwas aus der Mode gekommene Reiseziele ansteuern und immer aufmerksam etwaige Unruhen in der Weltpolitik mitverfolgen. Doch egal, wie gut Sie Ihre Reiseroute geplant haben: Bei tollen Reisen spielt immer der Instinkt eine wichtige Rolle. Ich weiß noch, wie meine Mutter einmal ernst sagte: »Vergesst die gestärkten Tischdecken: Wie riecht ein Restaurant? Vergesst den Strand und die Palmen: Wie fühlt sich eine Stadt an? Wenn es für euch nicht stimmt, zieht weiter, sucht weiter.« Und wie recht sie hatte, denn mit offenem Herzen zu reisen heißt, wahrzunehmen und auszuwählen und, wenn Ihnen nichts anderes übrigbleibt, die Stärke zu finden, sich zu ergeben und genau da zu bleiben, wo Sie gerade sind, mitten im dichtesten Gewühl.

Drei

Schlechte Reisen gibt es nicht: So profitieren Sie am meisten von der großen weiten Welt

Da Urlaub etwas so Kostbares ist, müssen Sie das Privileg, dass Sie überhaupt abhauen können, dadurch würdigen, dass Sie weder Zeit noch Geld noch CO_2-Emissionen verschleudern, wenn es nicht unbedingt sein muss. Jetzt, wo ich ein Kind habe, reise ich weniger; und wenn doch, soll die Reise fantastisch werden, nicht nur gut. Zwar empfinde ich Ehrfurcht vor dem spontanen Nomadendasein meiner eigenen Kindheit, aber ich merke, dass die Planungsmöglichkeiten, die einem heute zur Verfügung stehen, ein sorgloses Gemüt eigentlich eher unterstützen, als das Vergnügen zu dämpfen. Heutzutage kann man bei Flugtickets enorm sparen, aber ich finde, dass man trotzdem guten Gewissens verreisen kann. Wenn das Bedürfnis loszuziehen meine Seele ergreift, veranschlage ich ein Budget und setze die Segel. Für sechzehn Dollar hin und zurück kann ich mit dem Zug an einen ruhigen Strand in East Hampton fahren und Brooklyn hinter mir lassen – erzählen Sie den Strandvillenbesitzern in der Windmill Lane bloß nicht, dass ich heimlich den Pfad zwischen den Hecken hinunterschleiche!

Glamping

Glamping ist Glamour-Camping und nicht viel anders als normales Camping, mit dem Unterschied, dass Sie das Geld, das Sie fürs Hotel sparen, in eine Flasche guten Wein und Essen oder gar in eine große luxuriöse Decke stecken können, die Sie ständig benutzen. Ein zuverlässiges, wasserdichtes Zelt und zwei Schlafsäcke sind eine tolle Sache, wenn Sie ein Musikfestival außerhalb der Stadt besuchen oder bei Freunden auf dem Land übernachten möchten, die kein freies Bett mehr haben. Setzen Sie dem Ganzen die Krone auf, indem Sie ein Siebzigerjahre-Abendkleid aus Polyester mitnehmen, und kommen Sie zum Marshmallow-Grillen, als ob Sie einen Trip nach Las Vegas planten. Gönnen Sie sich bequemen Luxus, wie Ugg-Boots oder einen hübschen handgestrickten Pulli, oder packen Sie ein paar gute Aquarellmalblöcke und dünne Pinsel ein. Je größer die Gruppe der Glamper, desto mehr Geld für Benzin oder Essen ist in der Gemeinschaftskasse. Bündeln Sie Ihre Ressourcen, und seien Sie für ein Wochenende Glamourhippies.

Nutzen Sie alternative Unterkünfte

Wenn Sie eine Wohnung mieten, können Sie Geld sparen und bekommen mitunter ein viel realeres Gespür für die Seele eines Ortes. Die Website Vacation Rental by Owner (http://vrbo.com/) sieht nicht besonders verheißungsvoll aus, bietet aber eine Riesenauswahl an Eigentumswohnungen, und oft können Sie direkt mit dem Eigentümer sprechen (d. h., Sie müssen nicht über die Website buchen). Das Angebot ist vor allem für die USA sehr umfangreich. In Deutschland gibt es zum Beispiel die Websites www.fewo-direkt.de, www.fewo-boerse.com, www.ferienhausmiete.de.

Bei Freunden wohnen ist akzeptabel, sofern Sie nur kurz bleiben (z.B. übers Wochenende) und Ihre Zeit so planen, dass Sie möglichst oft außer Haus sind. Machen Sie ein großzügiges Geschenk (im Wert vom halben Preis einer Hotelübernachtung), dann haben Sie immer noch viel Bares gespart, und Ihre Gastgeber möchten Sie (hoffentlich) wiedersehen.

Ein Haustausch ist etwas für längere Reisen, wo Sie einen Stützpunkt brauchen, und für alle Menschen, die in ziemlich sauberen, ordentlichen Häusern leben. Um auf diese Weise eine kostenlose Unterkunft zu finden, sind faire Abmachungen und Vertrauen absolut wichtig: Aber bitte vergessen Sie nicht, dass Sie keinen Palast in Mexiko erwarten dürfen, wenn Sie eine Einzimmerwohnung in Castrop-Rauxel anbieten.

Suchen Sie immer nach Schnäppchen

Auf Hotelbuchungsseiten im Internet lassen sich zwar tolle Deals machen, aber es lohnt sich immer, wenn Sie sich per E-Mail oder Telefon beim Hotel nach eventuellen Rabatten erkundigen – für gewöhnlich bewegen sich die Preise auf dem Niveau anderer Hotelrabatte, und Sie vermeiden damit Gebühren und die restriktivere Stornopolitik.

Bleiben Sie bei Reisen in der Nebensaison ein, zwei Nächte in einem Hotel, und sehen Sie sich dann bei einem Spaziergang nach anderen Unterkünften um, die Ihnen mehr zusagen. Warum sollten Sie sich an ein mittelprächtiges Hotel binden, wenn Sie eine Ecke weiter ein Juwel finden?

Wählen Sie den richtigen Flugzeitpunkt

In der Nebensaison kann man am günstigsten irgendwohin fliegen. In manchen Teilen der Welt ist dann Hurrikansaison (Karibik und Mexiko) oder eiskalter Winter (Europa). In Australien ist der Winter eine recht angenehme Jahreszeit, die dem Frühlingsanfang auf der nördlichen Halbkugel ähnelt. Auch die Zwischensaison eignet sich sehr gut für Reisen an beliebige Orte, desgleichen jeder Zeitpunkt, der nicht in längere Schulferien Ihres Bundeslandes fällt. Sobald Sie den Dreh raushaben, wo Sie günstigere Preise und weniger Touristen finden (beispielsweise in Mexiko oder der Toskana im Mai), bestehen Sie mit Nachdruck darauf, Ihren Urlaub so zu nehmen, dass er zu Ihren mutigen Plänen passt. Zwei Wochen Urlaub zu Ostern, über Weihnachten oder Pfingsten bescheren Ihnen fast überall überfüllte Flughäfen und überhöhte Preise.

Warum in die Ferne schweifen?

Statt einer großen Fernreise könnten Sie viele Kurzreisen in die nähere Umgebung machen. Die Möglichkeit, mit Auto oder Zug irgendwohin zu fahren, wo Sie sich schon auskennen, könnte durchaus die Hänschen-Apfelkern-Methode für günstige Abenteuerreisen sein. Wenn ich in New York vierzig Dollar und einen freien Tag habe, fahre ich nach Little Portugal in Brighton Beach, Little India in Queens, Little Senegal in Brooklyn und ins gute alte Chinatown in Manhattan, um Dumplings und Satinslipper einzukaufen. Genauso viel Freude macht vermutlich Äpfel pflücken oder Vintage-Shopping oder in einer charmanten Stadt mit Charakter ganz in Ihrer Nähe auf Entdeckungstour zu gehen.

Europa einmal anders

Das Erlebnis von Kultstädten wie Wien, London, Rom, Paris usw. lässt sich zwar nicht ersetzen, aber Schwesterstädte mit einem ungeschönteren Ruf – Genua vs. Florenz, Marseille vs. Paris, Belfast vs. Dublin – haben etwas Einzigartiges und meistens Preisgünstigeres zu bieten, erst recht, wenn Sie von dort aus andere wichtige Orte ansteuern können. Marseille in Südfrankreich hat zwar nicht nur pittoreske Ecken, aber man kann dort Fisch-Couscous essen, zu französischem Rap tanzen und beim Schwimmen in die Calanques starren. Marseille stellt Ihre Erwartungen an Frankreich eher in Frage, als Ihre Klischees zu bestätigen. (Und obendrein finden Sie hier die ganzen französischen Labels wie Petit Bateau, Comptoir des Cotonniers oder A.P.C. in einer hübschen, sonnigen Fußgängerzone am Hafen.) Von Marseille aus sind Sie mit dem TGV in drei Stunden in Paris, es liegt nicht weit von der Provence und Cannes entfernt und wird von den europäischen Billigfluglinien angeflogen.

In einem völlig neuen Land kann man auch erst einmal einen herrlichen Kurzurlaub machen, denn dann sind die Ausgaben für Ticket und Hotel niedriger, und Sie gehen mit offener Einstellung und weniger Erwartungen heran.

Osteuropa kostet natürlich weniger als Westeuropa, ist ihm aber, was den geschichtlichen, atmosphärischen und kulturellen Reichtum angeht, ebenbürtig.

Führen Sie bei Ihrer Reise Regie

Überlegen Sie sich für Ihre Reise ein Thema – folgen Sie Ihren Leidenschaften (Kunst, Design, Literatur, Sport, Architektur, Musik usw.). Dann haben Sie einen Fokus, der verhindert, dass Sie Ihr Geld für zielloses Amüsement rauswerfen. Stattdessen werden Sie dafür sorgen, sich mit etwas zu verbinden, das Sie anspricht und eine Leidenschaft befeuert. Dabei ist es dann egal, ob Sie in einem heruntergekommenen B&B wohnen, vielmehr kommt es darauf an, ob Sie Orte besichtigen, wo Freud, Kafka, Le Corbusier, Jean Rhys, Lucienne Day oder Joe Strummer lebten, abhingen oder wirkten.

Finden Sie heraus, ob irgendwo ein schräges, verrücktes Fest stattfindet, am besten in der Neben- oder Zwischensaison. Beispielsweise gibt es in Laos, Kambodscha und Thailand beim ersten Vollmond Ende Oktober oder Anfang November ein Fest, bei dem aufwändig von Hand hergestellte Opfergaben, Blumen und Kerzen zu Ehren der buddhistischen Fastenzeit auf einem Boot dem Wasser übergeben werden. Stellen Sie sich vor, Sie würden einem europäischen Winter entfliehen, um etwas so Wunderschönes zu erleben, und noch dazu in der Zwischensaison nach Asien reisen!

Verlassen Sie Ihre Komfortzone

Wenn Sie nur nach Hotels mit Wi-fi, Klimaanlage und Haartrocknern suchen – haben Sie Ihr Zuhause dann wirklich verlassen? Wenn Sie westliches Frühstück bestellen statt einheimische Früchte oder *huevos rancheros* mit grüner Chilisauce, leben Sie dann wirklich? Selbst wenn Sie die konservativste Seele auf dem Planeten sind: Tun Sie jeden Tag etwas, das doppelt so ungewohnt und halb so teuer ist wie zuhause.

Reisen Sie wie ein Spion mit leichtem Gepäck

Die recht militante, aber hervorragende Website www.onebag.com plädiert dafür, auf jede Reise nur ein Handgepäckstück mitzunehmen. Das ist möglich, wenn Sie Ihre Kleidung zusammenrollen, Ihre Outfits auf ein, zwei Farben abstimmen und knitterfreie, leicht waschbare Stoffe wählen. Hm, klingt das ein bisschen abstoßend? Muss es nicht, wenn Sie Jeans und Tuxedo-Hosen, Leinenshorts und Baumwoll-Cargohosen und eine Baumwolltunika einpacken, die Sie als Longshirt oder kurzes Kleid tragen können. Entscheidend bei einer streng limitierten Garderobe sind Accessoires, die die Eintönigkeit von täglich denselben Klamotten auflockern. Diese Idee lässt sich im Sommer viel besser als im Winter umsetzen. Im Winter bedeutet »weniger Kleidung« Stoffe von besserer Qualität wie Thermohosen oder Kaschmir- und Seidenstrickteile. Und geschickten Lagenlook. Kleidungsstücke übereinanderzutragen und gut auszusehen ist eine Kunst, die Sie aber im Handumdrehen erlernen, indem Sie vor dem Spiegel so lange Kombinationen ausprobieren, bis Sie zufrieden sind. Wenn Sie das vor der Abreise ein paar Stunden lang machen, sparen Sie sich ganz viel Reisegepäck.

Versuchen Sie, Ihre Last bei jeder Reise zu verringern. Nehmen Sie auf jeden Flug immer nur die Hälfte von dem mit, was Sie normalerweise einpacken würden, und schreiben Sie auf, welche Teile Sie nie getragen haben. Üben Sie sich auf Inlandflügen in der Ein-Gepäckstück-Disziplin, bevor Sie sich wie ein Asket ins Ausland wagen. Die finanziellen Vorteile von leichtem Reisen sind unter anderem weniger Versicherungsbeiträge, weniger verlorenes Gepäck, schnellerer Transit, weniger Gepäckgebühren und weniger Versuchung, Ihre Taschen mit neuen Teilen vollzustopfen. Tipp für Shopper: Gehen Sie mit einer Tasche auf die Reise, und füllen Sie vor Ort eine zweite, weiche Reißverschlusstasche für die Heimreise, gehen Sie jedoch bewusst erst an den letzten Tagen Ihrer Reise shoppen. Wenn Sie wissen, was Sie wollen, können Sie sich auch leicht an ein Budget halten.

Clever Souvenirs einkaufen

Eine ausgefallene, aber geniale Methode für Urlaubseinkäufe ist, ausgefallene Dinge an ganz normalen Orten zu kaufen. Donna Wheeler, Reise- und Lonely-Planet-Autorin, sagt: »Den Peelinghandschuh aus Helsinki werden Sie immer schätzen, weil das Saunaritual so stark mit der Identität der Finnen verknüpft ist, dass sie das Zubehör zur Kunst erhoben haben (herrliches genopptes Leinen in wunderschönen Farben, aus der Saunaabteilung eines Warenhauses). In Italien gehe ich bei Rinascente ins Untergeschoss und kaufe mir eine Parmesanreibe oder Crêpepfanne. Oder ich kaufe in französischen Supermärkten größere Mengen ausgefallene Zahnpasta und ein paar Lindenblüten- und Verveine-Teebeutel. Oder sehe mich in italienischen Kräuterläden um (da gibt es beispielsweise angenehme Handcremes und Mückenstichsalben). In London besorge ich mir bei Liberty Taschentücher. Vielleicht geht es nur mir so, aber diese Dinge machen mich noch Monate und Jahre nach einer Reise glücklich.

PS: Seien Sie immer vorbereitet

Sie wissen nie, wen Sie auf der Reise kennen lernen, deshalb finde ich es wichtig, eine Visitenkarte dabeizuhaben. Wenn ich unterwegs bin, bestelle ich unter www.vistaprint.com billige

Visitenkarten, die ich mit den einfachen Download-Vorlagen selbst gestalten kann. Das Procedere auf dieser Website ist leicht verständlich und die Designauswahl richtig cool. Das deutsche Pendant dazu ist übrigens www.vistaprint.de.

Reisen Sie immer mit einem formellen Outfit, das sich leicht zusammenlegen lässt. Nennen Sie es ruhig Aberglaube, aber ich verreise nie ohne ein kleines Schwarzes und ein Paar Satin-High-Heels. Die Kleidung sorgt dafür, dass sich eine Gelegenheit ergibt.

Knüpfen Sie viele Kontakte. Wenn Sie am Zielort jemanden kennen, profitieren Sie von Insiderwissen, und es kann alles Mögliche passieren. Heutzutage nehmen sich nur wenige Menschen frei, um Sie herumzuführen (außer im süditalienischen Apulien), aber der Hinweis auf das richtige Café oder die richtige Bar kann selbst die kürzeste Reise völlig verändern.

Um sich eventuelle teure Arztrechnungen vor Ort zu ersparen, sollten Sie persönliche Medikamente auf Vorrat mitnehmen. Was uns so selbstverständlich erscheint wie Vitamine oder Tabletten gegen Menstruationsbeschwerden, kann verdammt schwer zu besorgen sein, wenn Sie kein Urdu sprechen!

Reiseführer sollten Sie nicht verschmähen. Auf Bali in Indonesien plante ich meine Ausflüge jeden Tag mithilfe eines reichbebilderten Reiseführers bereits am Vorabend; als ich dann durch die Tempel und Museen schlenderte, las ich ungeniert darin. Ich sah wie eine typische Touristin aus, und die Reise war so viel ergiebiger, weil ich die Bedeutung der Schnitzereien, Rituale und Zeremonien kannte.

Vier

Für Schnäppchenjägerinnen: Führer in den siebten Himmel der Economy Class

Australierinnen wissen, wie man fliegt. Wir sind bis zu achtundzwanzig Stunden von Sydney nach New York unterwegs, ohne eine einzige Zwischenlandung, und das tun wir praktisch jedes Weihnachten wie ein Schwarm verrückter Zugvögel. Für die folgenden Tipps arbeitete ich mit Jessica Adams zusammen, der Chefredakteurin der Reisewebsite für unerschrockene Frauen, www.holidaygoddess.com, die zwischen ihren Wohnsitzen in Australien und Brighton, Großbritannien, hin und her fliegt, manchmal bis zu dreimal im Jahr. Jessica ist eine Business-Class-Frau mit Economy-Budget und verbringt deshalb einen Großteil ihrer Freizeit damit, clevere Wege auszutüfteln, um wie ein Backpacker zu bezahlen, aber wie ein Superstar anzukommen. Wir alle haben unsere Tricks und Tipps. Sie reist nie ohne eine riesige schwarze Fuck-off-Sonnenbrille, und ich gehe nie ohne Gourmet-Teebeutel aus dem Haus –

denn nichts macht beengte Economy-Plätze erträglicher, als Tee von Mariage Frères aus Paris zu trinken.

Das Reisevergnügen hängt so sehr von den Vorbereitungen ab, und es sind wirklich die kleinen Annehmlichkeiten, die uns über Unannehmlichkeiten hinweghelfen.

Auf einem Höllenflug den Himmel in der Tasche

Verbannen Sie weißes Rauschen. Verwenden Sie Muji Ohrstöpsel (http://www.muji.eu) unter Ihren iPod-Kopfhörern. Das sind keine gewöhnlichen Ohrstöpsel. Sie bestehen aus speziellem Schaumstoff, den Sie zwischen Daumen und Zeigefingern zu einem ganz schmalen Zylinder rollen können. Stecken Sie ihn vorsichtig ins Ohr, neigen Sie den Kopf zur Seite, und warten Sie, bis sich der Schaumstoff im ganzen Gehörgang ausgedehnt hat. Sie werden überrascht sein, wie viel einfacher Economy-Fliegen wird, wenn das Dröhnen der Turbinen weg ist.

Ein Gesichtsspray mit pflanzlichen Essenzen wie Rosenwasser, Geranium oder Lavendel, in einem durchsichtigen Pumpfläschchen ist die preiswerteste, schönste Art, um Haut und Sinne während des ganzen Fluges zu erfrischen. Ich versprühe es großzügig auf der Toilette, um meine Mitreisenden nicht mit meinem Hippie-Spray einzunebeln. Griesgrämige Männer mögen nämlich keine Rosen.

Machen Sie sich auf Kopfschmerzen oder schlimme Blähungen gefasst. Packen Sie Nasenspray, Tabletten gegen Blähungen, Aspirin und ein Fläschchen Eukalyptusöl für die Handgelenkpunkte ein.

Erfrischen Sie Ihr Gesicht mit Clarins Beauty Flash, das Sie als Maske während des Flugs tragen und vor der Landung abspülen. Nehmen Sie eine reichhaltige Augencreme und Handcreme mit, denn die Luft da oben trocknet stark aus. Tragen Sie farbigen Lip Balm statt Lippenstift und wasserfeste Mascara, da Sie Ihr Gesicht vermutlich mehrmals mit Wasser benetzen werden. Tragen Sie Bronzing Puder statt Rouge auf, das hilft gegen diesen schrecklichen Vampir-Look. Und der Tipp für richtig genügsame Glamour Girls: Nebeln Sie sich in der Parfümabteilung im Duty Free kurz vor dem Abflug ein. Ich hebe gern in einer extra Wolke Chanel N° 5 ab.

Gönnen Sie Ihren Haaren vor dem Abflug noch einmal eine Runde mit dem Föhn, und wenn's am Flughafen ist. Ein schlaffer, nichtssagender Pferdeschwanz sieht bei der Ankunft echt schlimm aus! Außerdem flößt es anderen automatisch Respekt ein, wenn Sie an einem neuen Ort mit wohlfrisierten, glänzenden Haaren und einer dicken, schwarzen Sonnenbrille landen.

Flugzeugsitze und Raumnot

Persönlicher Raum ist bei Economy-Flügen eine ganz wichtige Sache. Schaffen Sie sich mit Ohrstöpseln und einer luxuriösen Augenmaske aus Seide oder Baumwolle mehr Privatsphäre. Legen Sie ein Fläschchen Lavendelöl ins Handgepäck. Verreiben Sie ein paar Tropfen zwischen den Händen, atmen Sie ein, und schaffen Sie sich Ihren eigenen Duft-Raum.

Bauen Sie mit einem Paschminaschal oder einem hauchdünnen Baumwollsarong ein kleines Zelt, unter dem Sie schlafen. Ich schlinge mir wie ein Beduine einen über den Kopf und schaffe damit eine Lichtbarriere und einen warmen Kokon. Wenn mein Sohn mitreist, decke ich uns mit einem extragroßen Stück Baumwollstoff zu.

Buchen Sie im Zweifelsfall (und speziell mit Kindern) einen Gangplatz. Auf sehr langen Flügen ist es viel wert, wenn man zur Toilette gehen kann, ohne über andere Passagiere klettern zu müssen.

Eine kastenförmige kleine Handtasche eignet sich gut als Fußschemel. Sie sollte einen Reißverschluss haben, damit Sie Ihre Zehen nicht in Flaschen und Kinderlesebücher bohren.

Alternativ essen auf Flügen

Sie dürfen mich ruhig für verrückt erklären, aber auf einen mehr als vierstündigen Flug nehme ich sehr gern eine volle japanische Bento-Box mit. Gönnen Sie sich Wasabi, um Ihre Nebenhöhlen frei zu bekommen. Auf Langstreckenflügen besteht die Gefahr, dass man zu viel isst; eine Handvoll brauner Reis versorgt Sie peu à peu mit Kohlenhydraten, sodass Sie nicht auf die Idee kommen, kostenlose süße Kekse und Chips zu knabbern.

Bestellen Sie eine glutenfreie Mahlzeit oder ein vegetarisches Gericht (im Voraus bei der Fluggesellschaft). Oft bekommen Sie dann mehr Salat und frisches Obst und werden immer vor allen anderen bedient. Welch ein Luxus!

Für trübe Stunden nehmen Sie ein paar gute Deluxe-Teebeutel mit. Kräutertee und koffeinarmer grüner Tee während eines Flugs schlagen nicht so auf den Magen wie Wasser und animieren Sie dazu, aufzustehen und die Tasse zurückzubringen.

Nehmen Sie auch eine einzelne frische Orange oder Mandarine mit, und öffnen Sie sie eine Stunde vor der Landung; der aromatische Duft, der Ihnen in die Nase steigt, durchdringt die abgestandene Kabinenluft, und die frische Zitrusfrucht ist so saftig und belebend.

Packen Sie immer eine kleine Packung unbehandelte Nüsse und Trockenfrüchte ein. Egal, wie schlecht das Essen ist: Sie gehen daran nicht zugrunde... und geben keinen ungesunden Versuchungen nach.

Ein Hauch von Luxus

Ich liebe auffällige Gepäck-Adressschildchen in leuchtenden Farben, gestreifte, um 08/15-Koffer gebundene Ripsbänder und Navy Blue statt Schwarz.

Heben Sie sich die schicken Koffer fürs Handgepäck auf. Ich habe schon zu viele tolle Markenkoffer gesehen, die auf dem Förderband beschädigt wurden.

Packen Sie in Ihr Handgepäck frische Slips, einen gebügelten Seidenschal und saubere Ballerinas, in die Sie kurz vor der Landung hineinschlüpfen. DAS ist Luxus!

Tragen Sie möglichst legere Kleidung: Jeans, einen Oversize-Kaschmirpulli und einen Schal. Ein cooles Strickkleid und Leggings. Im Sommer ein A-Linie-Shiftkleid und Flip-Flops. Und vergessen Sie nicht, einen leichten Blazer mitzunehmen (ich mag am liebsten Safariblazer), mit dem Sie bei der Landung gepflegt aussehen. Ein älterer Businessman hat mir mal ein Ticket für die Admiral's Lounge zugesteckt, weil ihm mein Wickelkleid gefiel, und ich bedankte mich stumm bei ihm, als ich zwischen zwei Flügen unter der heißen Dusche stand – natürlich allein!

Fünf

Wenn alle anderen in den Hamptons sind: Sommer in der Stadt, aus der es kein Entrinnen gibt

Vor der globalen Erwärmung dauerte ein Sommer in New York schrecklich lang. Die Superreichen bauten sich Zweithäuser in Newport oder segelten für ein Vierteljahr auf den Kontinent, und nur Poeten und Plebejer blieben in der Stadt zurück. Auch heutzutage ist das noch so. Jeder will an der Sonne sein, egal wo, aber sicher nicht in Manhattan, wo die Hitze die Bürgersteige schmelzen lässt. Es ist schon unglaublich, dass ein laues Lüftchen zwar einen Rasen voller Kamilleblüten in Sag Harbor streicheln kann, den Vorhang in meinem Schlafzimmer in Brooklyn aber nicht zum Flattern bringt. Und es ist erschreckend, wenn das Thermometer auf 33 Grad klettert und man sich nur fluchend in eine kalte Badewanne legen oder wie Marilyn Monroe in *Das verflixte siebte Jahr* die Unterwäsche in den Kühlschrank stecken kann. Aber die Arbeitsdrohnen, die kaum ihre Stromrechnung bezahlen, geschweige denn sich die Miete für ein Sommerhäuschen leisten können, das sie mit anderen teilen, sind unerschrockene Seelen. Als Erstes suchen sie sich morgens frostige, kalte, leere Museen. Bevor die Touristen eintreffen. Sie lassen kein kostenloses Konzert, kein Open-Air-Kino und keinen Bauernmarkt aus, der morgens einen Hauch Feuchtigkeit in die Gluthitze der Stadt bringt.

Bevor ich nach Australien kam und mir einen alten Jeep zulegte, fuhr meine Familie selten am Wochenende weg. Wir hatten kein Auto, zelteten nicht, kannten niemanden, der außerhalb wohnte, und hatten gelernt, Disneyland zu hassen, sodass wir nie dorthin fuhren, auch wenn wir das Geld dafür hatten. In den Sommern zwischen 1971 und 1978 konnten wir die Hitze in einem großen alten Loft in Chelsea nur mit einer Handvoll Standlüfter, einem Schwarzweißfernseher und ganz viel Fantasie ertragen. Eigentlich lebten wir tagsüber im Museum of Modern Art und streiften nachts durch die (etwas kühleren) Straßen. Ich erinnere mich noch an Henri Rousseaus *Schlafende Zigeunerin*, weil ich meine, dass wir uns ganze Nachmittage lang vor diesem Gemälde niederließen, heimlich Sandwiches aßen und auf dem Schoß meiner Mutter unser Nickerchen hielten. Im Metropolitan Museum of Art stellten wir uns vor, die langen Marmorhallen wären die eines russischen Sommerpalastes, und aßen Sun-Maid-Rosinen.

Bei Einbruch der Nacht teilten wir uns immer einen großen Teller gebratenen Reis in der Cafeteria des »Asia de Cuba« auf der Eighth Avenue, spazierten durchs West Village, lauschten den Gitarristen im Washington Square Park und stöberten auf indischen Basaren, wo Teelichter und Weihrauch verkauft wurden. In der heißesten Nacht meiner ganzen Kindheit gingen wir ins

Quad Cinema, ein Nachtkino, um uns bis zum Sonnenaufgang eine Magnetbandaufnahme eines Woody-Allen-Festivals anzusehen. Nach jener Nacht konnte meine Mutter ihn nicht mehr ausstehen, doch für uns war sie zur Befreiungsheldin geworden – weil wir der Stadt für 1,95 Dollar pro Nase ein Schnippchen geschlagen und wie klimatisierte Könige auf Samtsitzen geschlafen hatten. Ich kann mich nicht an den nächsten Morgen erinnern, der ganz fahl, still und schmutzig dämmerte, aber ich weiß, dass sich Großstädte im Sommer nie verändern. Man fühlt sich dort fast immer wie kurz vor dem Weltuntergang; und wenn der Weltuntergang dann kommt, kann man nur auf ein Pistazieneis in der Waffel und ein kaltes Kino hoffen, das nie schließt.

Für die Zurückgebliebenen

Ein glühend heißer Stadtsommer muss nicht der Untergang sein. Wenn Sie eine Stadt, die in Flammen steht, so richtig unsicher machen wollen... stellen Sie sich ein Monatsprogramm zusammen. Falls es Gratiskonzerte, Theater im Park, Events bei Sonnenuntergang, Musikfestivals oder Ähnliches gibt, dann planen Sie Ihre Aktivitäten so, wie es ein Tourist machen würde. Das Schlimmste, was Ihnen an einem heißen Tag passieren kann, ist, dass Sie fernab von kühlem Nass sitzen und keinen Plan haben.

Halten Sie sich zur Mittagszeit oder ein ganzes Wochenende lang in einer grünen Oase auf. Die Frische von Gras und Bäumen hilft Ihnen, in einer schadstoffbelasteten Stadt besser zu atmen, und dort können Sie mit Freunden bis in die Abendstunden hinein so richtig elegant picknicken.

Halten Sie die Fenster tagsüber geschlossen, und benutzen Sie dunkle Baumwollvorhänge, oder verbringen Sie die Tage in öffentlichen Räumen mit Klimaanlage. Bei einer Hitzewelle verbrachten mein Mann und ich für gewöhnlich einen ganzen Tag in einem Museum oder Kino. Das gab uns das Gefühl, Ressourcen sparsam zu verwenden und nicht so eingesperrt zu sein.

Richten Sie sich im Bad ein Spa ein. Im Sommer verwende ich leichte Kimonos, Baumwollslipper sowie dünne, türkisch inspirierte Badehaustücher und habe viele luxuriöse Zitrus-Badeartikel und natürliche Meeresschwämme auf dem Badewannenrand. Ich stelle einen Krug mit frischem Eiswasser, Gurkenscheiben und Minze sowie einen Teller mit Mangoschnitzen bereit und versenke mich hüfttief im kühlen Wasser, um zu lesen. Den ganzen Tag über halte ich mein Haar nass, ich dusche zehn Sekunden lang kalt und sprühe mir Rosenwasser auf den Nacken. Ja, und wenn ich so richtig verzweifelt bin, spiele ich die monotone, verträumte Spa-Musik von Enya oder Deep Forest, die den Straßenlärm draußen übertönt.

Richten Sie sich im Bad ein Spielzimmer ein. Wenn mein Sohn badet, geht schon mal ein ganzer Nachmittag drauf, und wir benutzen dabei alle seine Strandspielzeuge, Wassertrommeln, ja sogar Taucherbrille und Schnorchel.

Waschen Sie Sommerkleider, Slips und Shirts kurz vor dem Zubettgehen mit der Hand. Aus irgendeinem Grund wird selbst der heißeste Morgen erträglich, wenn man beim Aufwachen ein blütenfrisches Teil aus Baumwolle vorfindet.

Erledigen Sie die Hausarbeit abends, wenn es besonders kühl

ist, und stellen Sie in den Zimmern duftende Blumensträuße auf, damit es nicht muffig riecht.

Dekorieren Sie in kühlen, blassen Farben. Im Sommer dulde ich in der Wohnung nur Blau, Weiß und Blassgelb: auf dem Bett, auf der Couch, an den Fenstern. Mit roter Deko wirkt ein Interieur einfach viel zu feurig für diese Jahreszeit.

Nehmen Sie in überfüllte Freibäder oder Parks nur das beste Essen mit. Solche Orte sind oft trübsinnig, aber das Kreischen aus dem Kinderbecken ist besser als das dumpfe Dröhnen eines Automotors. Also packen Sie eine versnobte Lunchbox, und ab geht's.

Tauschen Sie Wohnungen. Vielleicht gibt es ja eine verrückte Seele, die sich genau in der Großstadt dampfgaren lassen möchte, in der Sie leben. Nutzen Sie die Chance, und inserieren Sie Ihre vier Wände schon lange vor der Saison, damit Sie seriöse, potenzielle Tauschwillige aussieben können und genug Zeit haben, zusammenzupacken und Ihr Zuhause zu putzen. Vergessen Sie dabei nicht, dass auch noch andere Menschen mit hübschen Wohnungen auf die Bahamas wollen! Noch besser ist es, Sie wickeln den Wohnungstausch mit Leuten ab, die Sie kennen (und denen Sie vertrauen), indem Sie Ihr Angebot auf Ihre Facebook-Seite oder die eines Freundes stellen.

Lassen Sie sich in einem Beautysalon verwöhnen. Mit Bräunungsspray, neuer Frisur und einer Pediküre sehen Sie nämlich so aus, als wären Sie in einem Resort gewesen, dabei haben Sie sich in Wahrheit in einem neonbeleuchteten winzigen Raum versteckt und von Kuba nur geträumt. Ich finde, dass korallenrot lackierte Fußnägel und perfekt geföhntes Haar die Stimmung enorm heben. Das Leben in einer künstlichen Umgebung verlangt nach einer gewissen Menge Schein in Sachen Schönheit.

Suchen Sie sich ein schönes Tagesziel aus, auch wenn Sie sich keine Übernachtung leisten können. Stellen Sie sich ein Lunchpaket zusammen, fahren Sie mit dem frühesten Zug an einen beliebten Erholungsort, und gönnen Sie sich dort einen Schaufensterbummel, fläzen Sie im Grünen, und trinken Sie einen Nachmittagscocktail am Wasser, bevor Sie mit dem letzten Zug zurückfahren.

Gehen Sie in den frühen Morgenstunden ins Schwimmbad. Eine Runde schwimmen vor der Arbeit scheint den Körper den ganzen Tag lang herunterzukühlen und beruhigt Kleinkinder, weil sie an heißen Nachmittagen dann besser schlafen. In öffentlichen Schwimmbädern ist es über Mittag und an den Wochenenden am vollsten, suchen Sie sich also ein Badenixen-Zeitfenster.

Tragen Sie nur Weiß. Ja, es wird schmutzig, bekommt Schweißflecken und wird labberig, aber nichts ist im Sommer frischer als Weiß, vor allem weiße Unterwäsche. Es ist vielleicht nicht »Jenseits von Afrika«, aber ein kleines Leinenkleid und einen Panamahut können auch Sie auftreiben. Träumen kostet ja nichts.

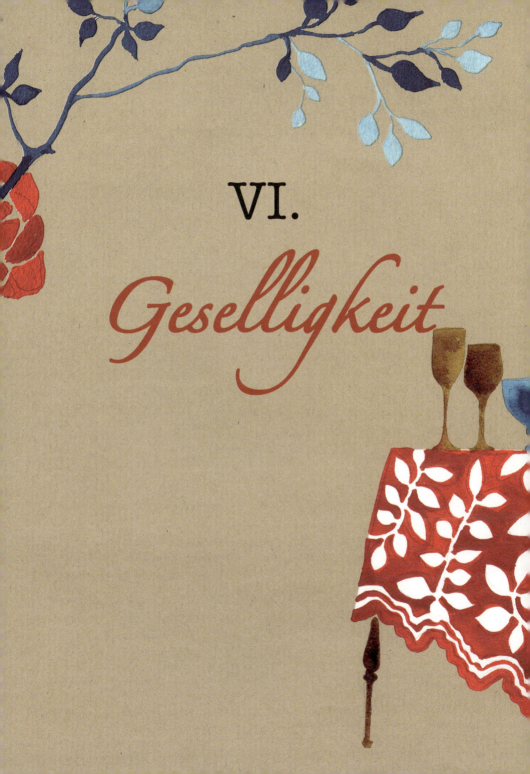

VI.
Geselligkeit

Eins

Frühstückstreff: eine geniale Idee

Jahrelang machte ich den schweren Fehler, eine große Weihnachtsparty zu veranstalten. Am nächsten Morgen nach dem Aufstehen stieg mir der abgestandene, mit Weihrauch vermischte Geruch von Zigaretten in die Nase, aus dem Spülbecken starrten mich haufenweise leere Flaschen und schmutziges Geschirr an, der Weihnachtsbaum war völlig zerfleddert, und überall lagen aufgerissene Geschenke herum. Als unser Sohn alt genug war, um *Christkind* zu sagen, musste es bei uns am Weihnachtsmorgen etwas magischer und unverdorbener zugehen. Deshalb verlagerte ich die Party-Tradition aufs Frühstück. Wie eine Wolke lösten sich all meine Probleme in nichts auf, und zum Vorschein kam die Freude darüber, um neun Uhr morgens in der Küche Champagner zu trinken, die Chieftains voll aufzudrehen, ein paar Rührei und Räucherlachs statt gebratener Vögel und Kartoffeln aufzutischen und unsere Geschenke im glitzernden, fahlen Winterlicht zu öffnen. Die meisten meiner Gäste sind für gewöhnlich Heiden, Auswanderer oder sozial Verwaiste, bei denen Traditionsbrüche gut ankommen. Wegen des umwerfenden Erfolgs meines Weihnachtsfrühstücks bewirte ich Gäste jetzt auch sonst meist am Vormittag. Ob Baby-Shower, Junggesellinnenabschied, Mädelsbrunch, ein Bastelmorgen mit Tee, ein Vor-Flohmarkt-Fest oder eine Eltern-Kind-Pfannkuchenparty – solche Zusammenkünfte machen weniger Stress und Aufwand bei der Verköstigung. Um diese Zeit brauchen Sie nicht Unmengen von Alkohol aufzufahren (ein paar Flaschen italienischer Prosecco und frische Saftmischungen reichen völlig aus). Und was gäbe es Artigeres oder Unartigeres, als einen Bellini aus einer alten Teetasse zu trinken?

Vom Gefühl her ist Frühstücken wie ein Neubeginn, die Leute sind um diese Zeit eher locker, dankbar und noch etwas benebelt; die Jüngeren waren die ganze Nacht unterwegs, und die Älteren kommen nicht abgehetzt von der Arbeit oder bringen den Ärger des zurückliegenden Tages mit. Die Morgenstunden können auch romantisch sein. Ich finde es ziemlich keck, flüchtige männliche Bekannte zum Frühstück einzuladen: Sie können sie im weißen Seidenpyjama und mit rotem Lippenstift ganz unschuldig verführen.

Das Dekorieren ist einfach und geht schnell. Im Frühling stelle ich ein paar rosafarbene Kirschblütenzweige auf den Tisch, im Herbst bringe ich aus dem Park Blätter und Tannenzapfen mit und lege sie auf ein großes Holzbrett, das ich auf eine hübsche bunte Tischdecke in Violett oder Terrakotta stelle. Wenn ich keine Tischdecke finde, die mir gefällt, nehme ich billige Bettwäsche oder einen tollen leuchtenden Kleiderstoff (extrabreit) mit einem abgefahrenen Blumendruck aus dem senegalesischen Stoffladen bei mir um die Ecke. Kariert, gepunktet, gestreift – alles passt. Ich habe immer zwei Dutzend Eier parat, tonnenweise frische Erdbeeren, viel Milch für Tee und Kaffee und extra Ahornsirup. An die Eier gebe ich frische Kräuter und kleine Stücke Räucherlachs, damit es nicht knausrig aussieht. Wenn Sie Ihre Gäste ganz nett bitten, frischen Orangensaft und Obst mitzubringen, müssen Sie nicht so tief in die Tasche greifen. Außerdem ist es viel einfacher, nach einem Frühstück zu putzen als nach einem feuchtfröhlichen, mehrgängigen Dinner.

Ich gebe zu, dass ich ein Morgenmuffel bin. Deshalb bereite ich alles schon am Vorabend zu: Ich werfe ein frisches Baumwolltuch über den Tisch und decke ihn mit neuen Teetassen und alten Spitzenservietten. Einen Pfannkuchenteig anzurühren oder einen großen Obstsalat vorzubereiten und in den Kühlschrank zu stellen ist ebenfalls kein großer Aufwand. Um die Stimmung etwas aufzulockern, spiele ich richtig altmodische Musicals wie *My Fair Lady* und *South Pacific* oder drehe den Bluegrass-Radiosender richtig auf. Zum Glück sind meine Nachbarn oft meine Gäste. Die Freude darüber, dass das Frühstück als gesellschaftlicher Anlass zelebriert wird, lässt sich mit Händen greifen. Es ist festlich, intim und die preiswerteste Art, Gäste zu bewirten. Und jeder, der keine Rühreier und getoastete Muffins mag, gehört zu jener Sorte hoffnungsloser Snobs, mit denen Sie ohnehin nichts zu tun haben wollen.

Teekränzchen am Morgen

Zu diesem süßen Frühstück laden Sie am besten Leute ein, von denen Sie wissen, dass sie gerne nicht so deftig essen. Ich mag den Kontrast zwischen würzigem, vollmundigem (Fairtrade-)Kaffee und Frühstücksbrot, reiche aber immer auch Tee. Damit die Gäste sich als etwas Besonderes fühlen, backe ich für jeden ein Bananenbrot in einer eigenen Form und dekoriere jeden Laib mit der Länge nach aufgeschnittenen Bananen. Das hat Stil und ist etwas für die Sinne, denn wenn die Bananen backen, karamellisieren sie leicht und werden noch dazu knusprig. Dieses Frühstück lässt sich praktisch komplett am Vorabend vorbereiten. Schieben Sie einfach das Brot vor dem Servieren in den warmen Ofen, streuen Sie über jede Scheibe eine Handvoll gehackte Pistazien oder Walnüsse, und geben Sie einen Schuss Ahornsirup sowie eine Handvoll saisonale Früchte (falls erschwinglich) darüber.

Teekränzchen-Menü

Bananenbrot mit frischen Beeren, gehackten Walnüssen und Ahornsirup
Gebackene Birnen mit einem Klecks Crème double
Alkoholfreie Cocktails mit Grapefruitsaft und Mineralwasser
Eine große Kanne Lady-Grey-Tee

Bananenbrot

Für dieses Rezept brauchen Sie drei Minibackformen, einen elektrischen Handmixer, einen bewährten Holzlöffel und zwei Rührschüsseln.

240 g Mehl
1 1/2 TL Backpulver
1 TL Natronpulver
100 g Zucker
120 g Butter
2 Eier
3 große, vollreife Bananen, in Stücke geschnitten
1 große reife Banane, der Länge nach in 3 Teile aufgeschnitten
2 EL Sauerrahm
100 g Walnüsse, gehackt
1 EL Rohzucker

Ofen auf 175 °C vorheizen.
Mehl, Backpulver und Natron in einer Schüssel mischen. In einer zweiten Schüssel Zucker und Butter schaumig schlagen. Eier, Bananenstücke und Sauerrahm hinzufügen und alles zu einer homogenen Masse verrühren. Natron, Mehl, Backpulver und Walnüsse unterrühren. Die Backformen einfetten (ich nehme dazu gerne die Butterverpackung). Teig hineingeben, jeweils eine Bananenscheibe längs drauflegen und mit Rohzucker bestreuen.
35 Minuten backen, auskühlen lassen und servieren.

Noch mehr Ideen für ein verträumtes Frühstück

Legen Sie ein Ringbuch mit Frühstücksrezepten an, das sorgt für Abwechslung, fungiert als Gedächtnisstütze bei der Bewirtung von Gästen und macht auch die Wochenenden zuhause vergnüglicher. Mit einem Stapel dampfender Pancakes fängt ein Sonntag doch gleich viel süßer an. Hier sind weitere Variationen zum Thema:

Indian Summer

Mango-Lassi, serviert in hohen Gläsern, Tomaten-Eier-Omelett mit viel gehacktem Chili und einer Prise Kurkuma, Chai-Tee und Dosa-Brot.

Extras: Legen Sie eine Bollywood-DVD ein, nehmen Sie als Tischdecke einen Sari, und streuen Sie frische Ringelblumen darüber, die traditionellen Hochzeitsblumen bei den Hindus.

Üppiges Cowboy-Frühstück

Gebackene Tomaten mit frischem Oregano, Corn Fritters (oder Kartoffelpuffer), Würstchen, dick geschnittenes Bauernbrot und körniger Senf.

Extras: Legen Sie eine Karotischdecke auf, stellen Sie ein paar Gänseblümchen in Cola-Flaschen, und holen Sie Ihre Country-Sammlung raus.

Gourmet-Porridge

Man nehme gewöhnliche Haferflocken und füge hinzu: Pistazien, gehackte getrocknete Aprikosen, Mandelblättchen, Korinthen, Muskat, Zimt, Zitronenschale, einen Schuss Schlagsahne, Tiefkühl-Beeren… Unverschämt einfach, preiswert und köstlich.

Extras: Veranstalten Sie zuhause ein Yoga-Frühstück mit Räucherstäbchen, Chanting und einer beschwingten, einfachen Yoga-DVD.

Müsli-Parfaits

Schichten Sie in Parfait-Gläser der Reihe nach etwas dunkles Obstkompott (Zwetschgen, Kirschen, Brombeeren), Joghurt mit Beerenaroma, frische Bananen, wieder Kompott und eine Schicht Nüsse und Müsli; noch einmal wiederholen und mit einem Minzezweig und einem langen Löffel servieren.

Brioche-Burger mit Speck und Eiern

Dies ist ein Luxus-Katerfrühstück, ideal für den Neujahrstag. Mit Brioche-Brötchen lassen sich gewöhnliche Frühstückszutaten veredeln: Schichten Sie Ofentomaten, Speckscheiben, pochierte Eier und gehackte glatte Petersilie (oder Babyspinatblätter) aufeinander – und obendrauf eine Scheibe geschmolzenen Cheddarkäse.

Zwei

Jetzt verschenken:
Nette Geschenke für wenig Geld

Ich erinnere mich an eine heiße Nacht, als ich sieben war und in der Küche für meine Eltern kleine Stückchen KRAFT-Käse zu Bauernhoftieren formte und sie auf einer Servierschale arrangierte. »HAPPY BIRTHDAY und FROHE WEIHNACHTEN!«, grölte ich, als ich mit meinem seltsamen Käse-Kunstwerk auf ihr Bett zustürmte. Die Ärmsten, wahrscheinlich wollten sie gerade Sex haben oder sich mal in Ruhe einen alten Film anschauen. Nun ja, ich war eben schon immer von dem Drang besessen, etwas zu teilen. Ich liebe Geschenke. Ich habe gelesen, dass Candy Spelling, die Ehefrau des TV-Produzenten Aaron Spelling, in ihrer Villa in Hollywood einen Raum komplett fürs Geschenkeverpacken eingerichtet hat – eine kleine Bänder- und Schleifen-Firma. Die Marie Antoinette von Beverly Hills! Diese recht rokokohaft anmutende Idee habe ich übernommen – in meiner Wohnung gibt es eine große Schublade, in der jedes Geschenk, jedes Stück Band und jedes unfertige Bastelobjekt, das darauf wartet, verschenkt zu werden, seinen Platz findet. Je häufiger ich an die Geschenkschublade muss, desto mehr Liebe fließt durch mein Leben, das weiß ich.

Weiterschenken

Besitzen wir nicht alle unsäglich viel Zeug? Bei den meisten Menschen ist die Wohnung voller Sachen, die sie nicht benutzen, von denen sie sich aber nicht trennen können. Selbst die aufgeklärtesten Konsumenten haben vielleicht ein paar Dinge, die noch in ihrer Schachtel liegen oder ein Preisschild haben. Besonders nach einer Hochzeit, nach dem Urlaub oder nach einem wichtigen Geburtstag. Feng-Shui-Jünger sagen, Besitz, den wir nicht benutzen, erzeuge Energieblockaden – weniger kosmisch ausgedrückt, nimmt er einfach nur Platz weg. Manchmal überlege ich mir, Wertgegenstände zu verkaufen, aber häufiger würde ich lieber beim Geschenkekauf sparen und diese Dinge weitergeben. Ich habe zwei Methoden fürs Weiterschenken: Entweder lade ich Freundinnen ein und lasse sie einen sauberen Stapel auszurangierender Klamotten sichten oder – die raffiniertere Methode – ich bereite Besitztümer auf, style sie um oder verpacke sie neu, damit sie als Geschenke mehr hermachen. Dazu verschönere ich einen alten Lampenfuß mit einem Seidenschirm, bügle einen Seidenschal und lege ihn ordentlich zusammengefaltet in eine hübsche Schachtel, lege nagelneue (ungetragene) Schuhe in einen seidenen Schuhbeutel oder verpasse einem Puppenhaus einen frischen Anstrich. In der heutigen Zeit werden keine Dinge mehr weitergereicht. Warum sollten wir uns da nicht einfach Geschenke ausdenken, die wie originelle Erbstücke aussehen? Falls mir jemand seinen einst heißgeliebten Kaschmirpulli schenken würde, mit neuen Goldknöpfen, in ein Stück Stoff eingeschlagen und mit ein paar frischen Lavendelstängeln verziert, würde ich glatt ohnmächtig vor Freude werden!

Handarbeit für zwei linke Hände

Handarbeit törnt mich an, und ich bin nicht die Einzige. Seit die Autorin, Mutter und Schneiderin Amy Karol (www.amykarol.com) ihr originelles, einfach nachzuvollziehendes Video-Tutorial zum Thema »Nähte mit Schrägband verstärken« auf www.youtube.com hochgeladen hat, wurde es 37196-mal (als ich das letzte Mal nachschaute) angeklickt. Jetzt haben Sie die Chance, selbst aktiv zu werden oder zumindest so zu tun, denn all die Handarbeitsfreaks verkaufen ihre Sachen mittlerweile online. Bei Handarbeitsbörsen wie www.etsy.com kann man ganz einfach (und preiswert) tolle, selbstgemachte Sachen kaufen, aber richtig Spaß macht es erst, wenn Sie sie selbst anfertigen – nicht nur, um Geld zu sparen, sondern weil es ein origineller Spleen ist. Ich liebe Jenny Ryans Projekte auf www.sewdarncute.com, weil sie einfach nachzuarbeiten, aber richtig raffiniert sind. Mit Kartoffeldrucktechnik kreierte sie einen Küchenvorhang in fluoreszierender Farbe und mit aufgebügelten Cut-out-Blumenmustern, die stark an die Brady Bunch aus den Siebzigerjahren erinnern, ein paar individuelle Ringbücher. Für beide Projekte benötigte sie nicht mehr als eine Stunde. Das Besondere an selbstgemachten Geschenken ist weniger die Ausführung als vielmehr die Wahl der Materialien. Eine einfache Schürze bekommt durch eine Stoffbordüre in einer Kontrastfarbe oder ein paar witzige Zickzacknähte das gewisse Etwas. Eine schlichte Denim-Schultasche sieht mit gestreiftem Futterstoff nach japanischem Hipster-Chic aus; und Kissenbezüge (neu oder secondhand) wirken frischer, wenn Sie sie mit einer farblich kontrastierenden aufgestickten Borte oder einer einfachen aufgenähten Applikation versehen. Meine absolute Lieblingsmuse in puncto Handarbeit ist die japanische Designerin Suzuko Koseki, deren Buch *Patchwork Style* eine minimalistische Grazie wie kein anderes hat. Aber ich gebe zu, dass man für ihre Projekte etwas mehr Zeit und Sorgfalt aufwenden muss.

Verzierte Geschenke

Wer nicht nähen will, kann verzieren. Hier ein paar einfache Ideen, die nicht aufwändig, dafür lustig sind:

Bemalen Sie eine Männerkrawatte mit einem Cartoon-Gesicht, Blumen oder einem Wildtier, und nehmen Sie dazu absichtlich Farben, die sich beißen. Krawatten werden nicht so oft (wenn überhaupt) gewaschen, sodass Sie keine Stofffarben dafür brauchen.

Beziehen Sie ein Notizbuch in handlicher Größe mit leuchtendem Stoff, und schreiben Sie in Schönschrift *Rezepte* vorne drauf.

Nähen Sie rund um den Ausschnitt eines schlichten Cardigans übergroße, ausgefallene, unterschiedliche klobige Knöpfe an – das sieht dann wie eine Halskette aus.

Nähen Sie Herzchen und Blumen (aus Filz zugeschnitten) auf Kinderhandschuhe, und verbinden Sie diese mit einem langen Band, damit sie im Chaos des Schulalltags nicht verlorengehen. Selbstgemachte Geschenke für Kinder sind besonders nett, weil es sie zu eigenen Handarbeiten anregt.

Nehmen Sie einen gewöhnlichen elfenbeinfarbenen Lampenschirm, und schreiben Sie mit Wasserfarben Ihr Lieblingsgedicht drauf – je wilder die Handschrift, desto besser. Tinte in Sepiatönen sieht gut aus, wenn das Licht durchscheint. Sehen Sie? Handarbeiten ist nicht nur Kinderkram!

Potpourri-Säckchen

Für dieses Geschenk sind nur drei Nähte auf einem rechteckigen Stückchen Stoff erforderlich (ideal für Stoffreste), und es ist im Nu fertig. Für gewöhnlich schneide ich gleich für mehrere Säckchen Rechtecke von jeweils 10 Zentimeter Breite und 12,5 Zentimeter Länge zu. Lavendel ist günstiger, wenn Sie ihn lose kaufen, und sein Duft hält lange vor. Verschließen Sie die Säckchen ganz fest. Für Potpourri-Säckchen nehme ich Stoff mit winzigen Blümchenmustern, aber Sie könnten sie mit braunem

Kordsamt und einer beigefarbenen Ripsband-Bordüre maskuliner gestalten. Männer lieben duftende Socken, aber wenn sie keine echten Blütenblätter im Kleiderschrank haben wollen, schneiden Sie die Säckchen größer zurecht, damit ein Stück Seife mit Sandelholzduft hineinpasst.

Schürzen

Eine schlichte Schürze ist so was von langweilig! Machen Sie daraus eine Vintage-Schürze, indem Sie ein extragroßes traditionelles Leinengeschirrtuch kaufen (mir gefallen die mit eingewebten Buchstaben am unteren Rand, das sieht richtig edel aus). Nähen Sie dann aus einem breiten Stück extradickem Baumwollschrägband (in einer Kontrastfarbe) oben an die Schmalseite des Geschirrtuchs einen Bund. Besonders Geschickte können am Saum eine Borte in einer Kontrastfarbe aufnähen. Dies ist eines der Geschenke, das alljährlich ein Hit ist und sich vielleicht für ein Heimgewerbe lohnen würde. Viele tolle Schürzenideen habe ich auf folgenden Websites gefunden: www.tipnut.com (auf dieser Seite gibt es ein tolles Teil, genannt 56 Schürzen), www.craftster.org und die gute, alte, geniale www.marthastewart.com. Martha Stewart nimmt zwei Geschirrtücher, aber das Resultat ist immer noch recht puristisch und hübsch. Eine deutschsprachige Anleitung mit vielen Ideen zum Thema Schürzen findet man zum Beispiel auf www.dawanda.com.

Fetzige Tischdecken

Schlichte, schwere Baumwolltischdecken findet man in Indien-Läden, Küchengeschäften oder auch bei IKEA. Nehmen Sie als Bordüre eine dekorative Borte, oder schummeln Sie mit Applikationen, und schneiden Sie aus einem leichten Vintage-Baumwollstoff dekorative Formen aus, die Sie anschließend mit Bügelband direkt auf den Stoff bügeln. Zur Verstärkung mit leuchtend buntem, andersfarbigem Garn mehrmals übernähen.

Zehn kleine Geschenke unter zehn Euro

Bei kleinen Geschenken muss man sich mehr Gedanken machen als bei großen. Die Freundinnen, die ich am liebsten mag, schenken mir das ganze Jahr über immer mal wieder Kleinigkeiten, und es kostet nicht die Welt, wenn Sie im Supermarkt (oder auf dem Flohmarkt!) ab und zu ein, zwei extra Dinge kaufen und sie für spontane Anlässe und Geschenke beiseitelegen.

1. Ein hübsches Glas mit Gourmetmarmelade, verziert mit Stoffhäubchen und Geschenkbändern.
2. Ein kleiner leerer Terrakottatopf mit drei Tütchen Samen für Frühlingsblumen. Bemalen Sie ihn doch mit blassgel-

ben Punkten, und verschönern Sie ihn mit einem blassblauen Ripsband. Punkte kriegt jeder hin!
3. Eine Teetasse mit Untertasse aus dem Secondhandladen mit einem kleinen Päckchen Twinings-Teebeutel.
4. Eine Cupcake-Backform mit einem selbstgemachten Rezeptbüchlein.
5. Ein großes Stück französische Olivenseife, in Jute gewickelt und mit Faden verschnürt.
6. Eine kleine Packung Fairtrade-Kaffee und ein paar Zimtstangen, mit ein paar Geschenkbändern umwickelt.
7. Eine Topfhyazinthe. Falls Sie einen Terrakottatopf haben, können Sie die Pflanze aus dem Plastikgefäß umtopfen.
8. Ein hübsches Teesieb. Ein so einfacher Gegenstand, und doch fehlt er in so manchen Küchen. Falls Sie dazu noch ein paar Euro im Beutel haben, geben Sie den Rest für eine kleine Tüte losen Tee aus, zum Beispiel Schwarzen Rosenblütentee.
9. Ihr Lieblingsklassiker in einer sauberen Secondhand-Ausgabe, eingewickelt in einen großen Bogen braunes Knisterpapier, das gleichzeitig ein handgeschriebener oder von Hand getippter Brief ist, in dem Sie beschreiben, wie Sie dieses Buch zum ersten Mal gelesen haben, oder der andere persönliche Notizen enthält.
10. Ein Fläschchen Walnuss-, Haselnuss-, Sesam- oder Olivenöl. In der Küche kann man nie genug Öle haben, und kostbare Ingredienzen in kleinen Mengen sind schick.

Auf die Verpackung kommt es an

Die Präsentation eines Geschenks vermittelt den ersten Eindruck und gehört in vielen Kulturen (wie Japan, Tibet und Indien) einfach dazu. Wenn Sie das Geschenk in Stoff verpacken, egal, ob ein billiges Halstuch oder ein verziertes Geschirrtuch, reduzieren Sie Papierverschwendung und betonen Ihre Geste. Ich verwende gern alltägliche karierte Baumwollstoffe für Mitbringsel genauso wie für Geschenke für Kinder, da sie sich für Handarbeiten, Collagen, Quilts und Kunstprojekte wiederverwerten lassen. Dasselbe gilt für Zickzack-, gute Baumwoll- und Ripsbänder – sie alle erleben an der Krempe eines Sommerhutes eine Renaissance.

Falls Sie Ihr Geschenkpapier selbst machen möchten, wählen Sie eine hübsche neutrale Grundfarbe wie glänzendes braunes Papier, und verzieren Sie es mit Acryl-/Gouachefarben in blassen Tönen wie Himmelblau oder Elfenbein. Wer nicht zeichnen kann, macht Wellen-, Karo- oder Zickzackmuster, die hübsch und originell aussehen.

Lassen Sie das Papier vor der Weiterverwendung gut trocknen, und verzieren Sie es mit dicker, weißer Wolle oder braunem Zwirnfaden. Wer gern malt (und etwas mutiger ist), malt ein modernes Wasserfarbenporträt der Freundin auf dünnes Bastelpapier und überschreibt es mit Buntstift mit ein paar lockeren Sprüchen; seien Sie verschwenderisch und großzügig mit Ihren Zeilen, und lassen Sie sich dabei von Künstlern wie Henri Matisse und (modern) Maira Kalman inspirieren. Vielleicht gelingt Ihr Werk so gut, dass Sie es sogar einrahmen möchten!

Drei

Luxus trotz einfacher Bedingungen: Romantik für Sparfüchse

Das erste Date mit meiner ersten großen Liebe war karg, aber voller Untertöne. Timothy Joseph Patrick Burke. Wir trafen uns zum Schlittschuhlaufen, wozu ich meinen neuen schwarzen wollenen Bleistiftrock trug, und immer wenn ich wie ein beduselter Bowlingkegel aufs Eis stürzte, wischte er mir mit der flachen Hand gekonnt den Schnee von Brust und Hüften. Wir spazierten zu den Hopetoun Tea Rooms, einem Melbourner Café, das so alt war, dass Staub auf den Samttapeten lag, und kippten dort drei Silberkrüge starkes dunkles Prince-of-Wales-Bier. Der Nachmittag ging in einen Abend über, an dem wir uns unentwegt anstarrten. Wir wollten nicht essen und nichts anderes sehen als nur uns beide. Die ganze Begegnung kostete vielleicht zwanzig Dollar – unsere gesamte Barschaft. Das war vor über zwanzig Jahren. Heute, nach Ehen, Scheidung, Kind, ist mein Geschmack immer noch derselbe. Romantik blüht am ehesten unter einfachen Bedingungen, allein schon deshalb, weil Luxus der Neugier, der Zuneigung und der köstlichen Vorahnung im Weg steht.

Um das Bild in die richtige Perspektive zu rücken, denke ich an all die extravaganten Rendezvous heutzutage und stelle mir vor, ich hätte ein Date mit einem stinkreichen Mann: Ich könnte mir nichts Schlimmeres vorstellen, als in Howard Hughes' Wasserflugzeug zu steigen, in dem er sich dann über den Wolken auf mich stürzt. Grässlich! Kein Notausstieg. Oder ein Abendessen in irgendeinem erdrückend protzigen italienischen Restaurant mit Leuten wie Eric Clapton, Brian Ferry, Mick Jagger am Nebentisch. Neugierige Kellner und keine Selbstbestimmung. Berühmte Verführer wenden berühmte Techniken an, aber wahre Liebe hat niemals den Beigeschmack von Routine. Das Abenteuerelement darf auf keinen Fall fehlen.

»Komm zum Bahnhof Leura, und bring einen Sonnenhut mit«, sagte Alex James am Telefon. Er kam dann in einem blassblauen Sechzigerjahre-Valiant mit rostigen Felgen, um mich von dort abzuholen. Auf dem Beifahrersitz fiel mir auf, dass er durch das herunterhängende Nylondach des Autos ungefähr fünfzig Plastikrosen gesteckt hatte, die wie ein hängender Garten über unseren Köpfen wippten. Wir fuhren zu einer Wiese, wo wir auf einer alten Baumwolltischdecke gegrilltes Hühnchen und Baguette aßen und dazu billigen Rotwein tranken. Was dann geschah, war ein Schock für die Kühe. Ich hatte meinen Sonnenhut auf. Ziemlich unvergesslich.

Natürlich kann man auch in ein schickes Restaurant gehen, aber meistens erst dann, wenn die Liebe sich abgenutzt hat und wieder aufgefrischt werden muss. Das neutrale Territorium einer weißen Tischdecke, der versöhnliche Schimmer von weichem Licht und das Wirken unaufdringlicher Kellner erleichtern es, dass die höfliche Gewohnheit sich wieder zu Nähe erwärmt. Aber in den ersten, richtig hitzigen Tagen ist der wahre Anziehungstest und das, was die beiden Beteiligten zusammenschweißt, eine gewisse Sparsamkeit – nicht billig (Pizza im Pappkarton), sondern kühn die Mitwirkenden und nicht die Kulisse in den Mittelpunkt zu stellen.

Und während das Leben so dahingleitet, ändern sich die Rahmenbedingungen für ein Date radikal. Als siebenundzwanzigjährige Singlefrau fühlt man sich anders als als geschiedene Siebenundvierzigjährige. Ich werde immer selbst ein bisschen rot, wenn ich Paare beobachte, die sich das erste Mal in einer Bar oder einem Café treffen und die sich nun erstmals von oben bis unten anschauen können, anstatt auf einer Dating-Website einen flüchtigen Blick auf abgeschnittene Köpfe zu werfen. Ich bemerke, wie verkrampft zwei Menschen sind, die zum ersten Mal gemeinsam eine Kunstausstellung besuchen. Oder die Unruhe, die sich auf dem Gesicht einer Frau abzeichnet, wenn das Dessert in schmerzhaft weiter Ferne scheint. Wenn das Date ganz unkompliziert abläuft, ist die Verlegenheit darüber, dass es nicht gefunkt hat, erträglicher. Und wenn die Begegnung dann noch einen Hauch des Ungewöhnlichen hat, wird daraus so ein Moment werden wie jener lodernde Nachmittag auf einer freien Wiese, der sich als rundum gelungen erwies.

Preiswerte Dates mit Charme

Wer bezahlt und warum

Eine Einladung zum Abendessen ist etwas Wunderschönes, sofern man nicht das Gefühl hat, dadurch vereinnahmt zu werden. Findet das erste Date in einem nicht allzu teuren Restaurant statt, fühlt man sich weniger in die Ecke gedrängt und nicht so stark verpflichtet. Sofern Sie nicht zu den Frauen gehören, die sich rundweg weigern, selbst zu bezahlen (na dann viel Glück und Gottes Segen, Tussi!), ist es für eine Lady das Eleganteste, vor dem Essen Champagner für zwei zu bestellen und diesen nachher diskret zu bezahlen. Dadurch gewinnen Sie in gewisser Weise die Oberhand und geben ganz subtil den Ton an. Beim Date mit einem völlig Unbekannten sind getrennte Kassen sinnvoll, da beide dann genauso viel Zeit, Geld und Angst investiert haben, ohne dass ein Ungleichgewicht entstanden ist. Und bei jemandem, den Sie kennen und einigermaßen lieben – ja, der darf die Rechnung bezahlen, aber selbst Milliardäre finden es sportlich, wenn eine Frau hin und wieder etwas zum Trinkgeld beisteuert.

Coffee oder Tea Time?

Das Blöde an einer Verabredung »auf eine Tasse Kaffee« ist, dass »eine Tasse« etwas zeitlich sehr Begrenztes ist: Vielleicht haben Sie sie in nur drei Minuten vom Schaum bis zum Kaffeesatz restlos ausgetrunken. Ein Treffen zum Nachmittagstee hat hingegen eher Ritualcharakter, und Sie können schon miteinander flirten, während Sie sich gegenseitig den dampfenden Tee eingießen. Bei einem Date zum Brunch kann ein Bellini oder ein Mimosa die Stimmung auflockern. Kaffee – den trinkt man mit dem Ex-Lover oder mit Arbeitskolleginnen. Legen Sie ruhig noch ein paar Euro für »Tea for Two« drauf – so viel verträgt Ihr Budget noch.

Schräge Exotik

Als mich mein Liebster Daniel Zevin, ein Zoologe, in ein äthiopisches Restaurant mitnahm, wusste ich nicht, was beeindruckender war: die handgeschnitzten Holzteller oder dass wir mit den Fingern aßen. Die Anspannung bei einem ersten Date lässt sich gut in das intensive Vergnügen verwandeln, ganz fremdländische Gerichte zu genießen, auf marokkanischen Kissen zu sitzen oder über Sitars zu sprechen. Ethnische Restaurants sind auf eigentümliche Weise romantisch und sehr oft preisgünstiger.

Im Dunkeln ist gut munkeln

Allgemein sagt man, Kinos seien als Ziel für ein Date ungeeignet, aber es gibt nichts Erotischeres als Dunkelheit, Popcorn, Nähe und einen umwerfenden Soundtrack. Oft gibt es einen Kinotag mit verbilligten Tickets, aber das ist von Land zu Land und von Stadt zu Stadt verschieden. Gehen Sie nach der Vorstellung mit dem gesparten Geld in eine sanft beleuchtete Sushibar oder ein Café.

Sterne gucken

Planetarien haben etwas Majestätisches und Mysteriöses an sich, vor allem in einer Welt, in der anscheinend kaum einer den Blick nach oben richtet. Damit Sie nicht allzu verwirrt sind, nehmen Sie eine Himmelskarte mit, und versuchen Sie, gemeinsam Konstellationen ausfindig zu machen. Männer, die die Namen von Sternen kennen, sind gleißende Kometen wert.

Impressionisten-Cocktails

Manche Museen und viele Kunstgalerien bieten Abendevents mit Getränken und (kostenloser) Musik an. Für mich gibt es nichts Lustigeres, als mit geröteten Wangen und halb betrunken Meisterwerke zu betrachten. Wahrscheinlich ist sowieso die Hälfte davon auf diese Weise entstanden.

Lassen Sie das Abendessen aus

Gehen Sie in ein Theater oder Kino und anschließend in ein hübsches, intimes Restaurant, um einfach nur ein Dessert zu essen. Auf diese Art kommen Sie ohne horrende Rechnung in den Genuss von Eleganz. Und können gleich zur Sache kommen.

Picknick im Pickup

Gott segne den Bildhauer Dexter Buell. Er öffnete die Pritsche seines Pick-ups und servierte mir Pastrami-Sandwiches, Pickles und flaschenweise Bier, während wir in einer heißen Sommernacht auf den Hudson River hinausblickten. Später fuhr er mit einer schwarzhaarigen Krankenschwester den Amazonas hinauf, aber unser Date war etwas Besonderes. Man kann praktisch überall picknicken, wenn man zwei Gläser, einen Korb und eine Aussicht hat.

Schiff ahoi

Beginnen Sie den Abend mit einer Fährüberfahrt. Verabreden Sie sich am Anleger, und öffnen Sie ein Fläschchen Champagner, den Sie aus Pappbechern schlürfen, während das Wasser an Ihnen vorbeizieht. Etwas Bewegung am Anfang lockert die Steifheit eines Dates im Restaurant auf, wo

Sie sich ansonsten wie bei einem Vorstellungsgespräch gegenübersitzen würden.

ℐ Mieten Sie ein Zimmer

Ehepaare haben ihren kinderfreien Abend – diese wöchentliche Sitte wurde erfunden, damit wir menschlich bleiben. Eltern, die sich einen kinderfreien Abend leisten, haben ein noch knapperes Budget, weil sie einen Babysitter bezahlen müssen, und das schränkt die Spontaneität erheblich ein. Ich schlage daher vor, dass Sie sich drei Abende pro Monat preiswert amüsieren und am vierten so richtig einen draufmachen. Veranstalten Sie die ersten drei Abende einen Heimkinoabend in der abgedunkelten Küche oder eine Dessous-Show, oder hüpfen Sie kurz in ein Gewässer in der Nähe. Aber beim vierten Date sollten Sie sich ein Hotelzimmer leisten an einem Ort, der Sie auch nicht im Entferntesten an öde Hausarbeit oder gesittetes Benehmen erinnert.

Vier

Sich allein amüsieren:
Vom Penthouse auf die Straße

Meine Tante B. hatte eine seltsame Art, sich an Sonntagnachmittagen zu amüsieren. Sie legte ihre Kette mit dem goldenen Kruzifix und ein kleines schwarzes Kleid an und begab sich zur größten Kathedrale in Sydney, um Hochzeiten beizuwohnen. Denen fremder Leute. Einmal schleppte sie mich mit, und da saß ich nun puterrot hinten auf der Bank, während die Reihen sich langsam mit parfümierten, viel zu fein gekleideten Angehörigen füllten. Wie eine Schulschwänzerin im Kino rutschte ich auf meinem Sitz immer tiefer und vergrub meine Nase in einer kleinen purpurfarbenen Bibel. »Mein Gott!«, zischte ich leise, »können wir nicht stattdessen in den Zoo gehen?« »Psst«, sagte Tantchen B. mit ihrem schrillen irischen Akzent, »da kommt sie ja endlich, die Braut!« Nach dem Gelübde verdrückten wir uns, fast so, wie man ein Theater vor dem Ende des Schlussakts verlässt. Sobald meine Tante zur Kirchentür hinaus ins helle Sonnenlicht getreten war, rief sie: »Das war doch die allerbeste Unterhaltung, und wir saßen gleich am Gang!« Das kann ich nur unterschreiben, aber ich muss eins dagegenhalten: Das war Jahrzehnte vor dem Reality-TV, und es war nicht gesetzlich verboten. Es sei denn, dass die Regeln des Anstands für Sie unter Gesetze fallen.

Aus solchen peinlichen Zwischenfällen lernte ich, dass alles, was nicht aus dem Stoff des eigenen Alltags gewebt ist, als Unterhaltung durchgeht. Das Leben birgt viele Reichtümer, aber man muss danach suchen. Deshalb gehe ich in jeder Stadt, in der ich lande, immer die Liste der Gratiskonzerte, Literaturfestivals, Gospelgottesdienste, Freiluftmärkte, New-Age-Events, der Stände mit frischem, einheimischem Essen, der alten, gemütlichen Cafés und alternativen Musik-Gigs durch. Vor langer Zeit, als ich noch kein Kleinkind hatte, machte ich zwei lange Buchtourneen quer durch Amerika. Meist stellte ich mein Gepäck in einem nichtssagenden Businesshotel ab, in dem ich mich eingesperrt fühlte. Also ging ich raus und zum nächsten Platten-, Buch- oder Vintage-Laden, den ich finden konnte, und fragte, wo etwas los sei. Bei Anbruch der Dunkelheit saß ich dann meistens in einem Jazzkonzert oder verspeiste ein wunderbares Curry oder lauschte in einem Café einer Dichterlesung. Hatte ich erst einmal das seltsame Gefühl überwunden, allein etwas zu unternehmen, lernte ich immer Leute kennen und fühlte mich stärker verbunden. Ich darf stolz behaupten, dass ich das beste Thai-Essen in Amerika in einem düsteren Café in Louisville, Kentucky, aß, bei Crazy Horse in Denver ein Kordsamthemd anprobierte, im Schuhmuseum von Toronto war und in Nashville, Tennessee, in ein paar richtig guten Kneipen Scotch on the Rocks getrunken habe. Und damit nicht genug: In einer kubanischen Cafeteria in Miami verdrückte ich frittierten Wegerich, tanzte einen Two-Step im Broken Spoke in Austin, Texas, und ging in Dallas in einem purpurfarbenen Tüllballkleid in ein Philip-Glass-Konzert. Ich brauchte dazu nur ein Taxi, zwanzig Dollar extra und ein bisschen Zeit. DAS nenne ich Leben!

Ich bin fest davon überzeugt, dass selbst in der winzigsten Stadt auf der Erdkugel etwas los ist, und meistens kostet es nicht viel, danach zu suchen. Unterhaltung sollte wirklich bereichernd sein. Das ist Fernsehen nicht. Wer Liebe finden, sich kulturell weiterbilden, fit werden, Geld sparen oder seine Leidenschaft neu ausrichten will, sollte nur einmal pro Woche abends fernsehen. Oder gar nicht. Das ist wohl das Beste, um aus der Isolation auszubrechen. Bezeichnen Sie mich ruhig als knallhart, aber genau dann beginnt das richtige Leben. Stellen Sie sich vor: An einem Abend gehen Sie in ein Gratiskonzert, am nächsten hören Sie sich eine Lesung in einer Buchhandlung an, am nächsten gehen Sie zu einer Kunstvernissage und treffen sich ein paar Abende später vielleicht mit Freunden zum gemeinsamen Kochen und Musizieren. All das kostet kein oder wenig Geld, aber Ihr Leben bekommt dadurch Tiefgang, und es macht, um es mal ganz deutlich zu sagen, aus Ihnen ein faszinierendes Lebewesen.

Wichtig bei der Alleinunterhaltung ist die Mischung (und dass man es sich leisten kann). Meine gute Freundin Robin Bowden (eine New Yorker Immobilienmaklerin und sparsame Lebefrau) lebte als Studentin in London und gründete eine Gang namens »Frugallys« (deutsch etwa: »Die Genügsamen«). Das Motto der Gruppe war: größter gesellschaftlicher Glamour für ganz wenig Geld. Die Mädels fuhren also mit dem Doppeldeckerbus und ihren Last-Minute-Tickets in die Oper. Oder sie verdrückten eine Tüte Fish'n'Chips auf einer Bank im Hyde Park, um anschließend in eine versnobte Weinbar zu gehen. Oder sie warfen sich in Schale und mogelten sich auf Vernissagen in bedeutenden

Galerien. Einige Jahrzehnte später ist Robin immer noch auf diesem Trip: »Hast du schon mal die Front Row im Lincoln Center Theater gesehen?«, fragte sie mich irgendwann mit gebieterischer Stimme. »Diese Sitze gehören den reichsten Familien von New York und sind immer leer, weil die Karten Leuten gehören, die in den Pausen entweder schon zum Schlafen nach Hause gegangen oder schon tot sind!« Es erübrigt sich zu sagen, dass Robin, die unverschämte Frugally, jedes Mal nach der Pause von ihrem schlechteren Platz nach unten zu einem dieser Sitzplätze trippelt und von dort aus einen viel besseren Blick auf die Bühne hat. »Der Verstand ist ein Muskel«, pflegt sie mit unbewegter Miene à la Katharine Hepburn zu sagen, »und ich benutze meine Muskeln!« Mir gefällt die Art, wie sie es sich zum Prinzip macht, sich neue Theaterstücke anzuschauen – auch wenn einige davon grässlich sind –, sich in einem neuen Restaurant ein Häppchen zu schnappen und ein ganz aktuelles Buch zu lesen, auch wenn es aus der Bücherei stammt. Und dabei langweilt sie sich nie, wirklich nie – und ist auch nie langweilig.

Als ich mit meinem kleinen Sohn allein lebte, war ich oft ans Haus gebunden. Doch auch in solchen Situationen bleibe ich unverdrossen und genieße es immer noch, in der Badewanne *The New Yorker* zu lesen, nur um mich wegen all der Möglichkeiten ein bisschen zu foltern. Gehe ich doch einmal aus, mache ich daraus einen Event! Ob ich in einer Spelunke Poolbillard spiele oder mir irgendein verrücktes isländisches Theaterstück anschaue – ich genieße jede kitschige Sekunde. Ich habe für Sie ein Dutzend Ideen, wie Sie sich für relativ wenig Geld und mit Chuzpe allein unterhalten können:

1. Lassen Sie sich bei mindestens drei Kunstgalerien auf deren Infoliste setzen. Selbst in den kleinsten Kunstgalerien vor Ort gibt es Vernissagen mit Wein und Käse. Ein toller Ort, um Leute kennen zu lernen, Künstler zu unterstützen und sich (mit Anstand) kostenlos zu bedudeln.

2. Schauen Sie sich den Veranstaltungskalender eines Museums in Ihrem Wohnort an. Oft gibt es ein Programm für alle Altersstufen, von jungen Singles bis Eltern mit Kindern. Die Kuratoren und Gastredner geben Einblicke in die Sammlungen, auf die Sie selbst nicht kämen, und nichts ist romantischer als ein Live-Konzert im Museum.

3. Machen Sie sich darauf gefasst, dass Sie für größere kostenlose Open-Air-Konzerte ein paar Unannehmlichkeiten auf sich nehmen müssen: Anstehen. Einen Platz finden. Kühltaschen mit frischem Essen und Roséwein anschleppen. Ihre Picknickdecke bewachen. Aber die Mühe lohnt sich, sobald irgendeine Diva eine hohe Note singt und Sie unter dem Sternenzelt sitzen und diesen unvergleichlichen Augenblick teilen.

4. Buchhandlungen laden unglaubliche Autoren von nah und fern ein, die Lesungen halten und ihre Bücher signieren. Diese Veranstaltungen sind meistens sehr gut besucht, und oft können Sie dabei erstaunliche Autorinnen, Künstler oder Denker kennen lernen und sich mit ihnen unterhalten, was unter anderen Umständen nicht so oft passiert. Spielen Sie den Streber, und gehen Sie hin!

5. Theater ist teuer, aber Last-Minute-Karten, kostenlose (oder verbilligte) Preview-Matinees und Studententickets gibt es immer. Lassen Sie sich nicht von einer schlechten, befremdlichen oder nichtssagenden Aufführung abschrecken. Schauspiel ist für jedermann.

6. Verlassen Sie Ihre Komfortzone, was Filme angeht. Schauen Sie sich statt der üblichen Blockbuster doch mal einen ausländischen Film, einen Kunstfilm oder eine politische Doku an. Nichts elektrisiert mehr als ein sanfter Schock.

7. Vergessen Sie auch nicht die Design-Hochschulen mit ihren Studenten-Fashionshows, die Kunsthochschulen, die einmal im Jahr Studiobesuche organisieren, und Konservatorien mit kostenlosen Konzerten. Malen Sie sich aus, wie Sie demnächst Ihr eigenes großes Ding auf die Beine stellen.

8. Brezeln Sie sich mit Ihren Freundinnen mal so richtig auf, und gehen Sie auf einen Cocktail ins beste Hotel am Platz. Leute schauen, rumlungern und sich in Szene setzen. Glamour ist eine Darbietung, und eine zweite Chance bekommen Sie vielleicht nicht!

9. Gründen Sie mit ein paar Freunden und Freundinnen einen World-Food-Verein, und erkunden Sie die ethnischen Restaurants in Ihrer Umgebung. Gehen Sie am besten an einen Ort mit Live-Musik. Als ich das letzte Mal in einem griechischen Lokal war, lernte ich, auf einem Stuhl

zu tanzen und dabei Tamburin zu spielen. Die reinste Ekstase!

10. Verkosten Sie Weine (bestimmen Sie vorher, wer fährt!), und sorgen Sie schon vorher für eine ordentliche Grundlage. Die Weine, in die Sie investieren, sind allemal etwas Besonderes, denn Sie erfahren bei der Verkostung viel über Region und Winzer.

11. Besuchen Sie lieber Proben für klassische Konzerte als die Konzerte selbst. Diese Veranstaltungen finden häufig tagsüber statt, sind aber herrlich leger und meistens ziemlich günstig. Und Sie werden dort immer das jüngste Küken sein.

12. Hören Sie sich Musik an, die Sie normalerweise für zu jung, zu hip, zu schräg, zu sexy, zu irgendwas halten. Und wenn Ihnen die Wahl zu schwerfällt, gehen Sie auf ein World-Music-Festival. Dort können Sie am besten unglaubliche Musik aus Teilen der Welt hören, die Sie nie bereisen würden. Wer hätte gedacht, dass die Tuareg aus den Wüstenregionen Malis Bluesgitarre wie Jimi Hendrix spielen? Also ich nicht, bis ich bei einem Global Festival mitrockte und mir einen Schwung CDs der Tuareg-Wüstenblues-Band Tinariwen kaufte.

Fünf

Preiswert heiraten:
Genügsame Bräute schießen den Vogel ab

Ich wollte nie billig heiraten. Vor Urzeiten verlobte ich mich, ein paar Jahre später befiel mich Unruhe, und in einem Anfall von Sehnsucht und Ungeduld bestellte ich ein Dutzend Flaschen Champagner und marschierte mit meinem Mann schnurstracks zum Rathaus, um das Aufgebot zu bestellen. »Das ist keine richtige Hochzeit«, erklärte ich meiner aufgelösten Mutter am Telefon, »nur eine Formalität, damit die Heirat hier in Übersee nicht so kompliziert wird.« In vielerlei Hinsicht stimmte das auch. Meine Familie lebt in Australien. Die Angehörigen meines damaligen zukünftigen Ehemanns leben in Italien. Zwischen zwei Hemisphären gefangen, stritten mein Verlobter und ich endlos darüber, wie wir Legionen von Blutsverwandten quer über den Globus schippern sollten, und fanden einfach keine kostengünstige Lösung. Die Hochzeit, anfangs eine romantische Idee, mutierte zu einer Dreißigtausend-Dollar-Frage, die uns vor allem Spannungen statt Tagträume bescherte. Wir zankten uns über das Wo, das Wann und das Wie-um-alles-in-der-Welt.

Eines Tages las ich dann ein Horoskop, das für eine besonders glückliche Verbindung in den folgenden zehn Jahren ein konkretes Datum angab: den 22. September 2004. Da mir das Geld und das Organisationstalent für eine Heirat an einem ausgefallenen Ort fehlten, gab ich mich damit zufrieden, die Heiratsbewilligung für einen Tag zu bekommen, der Gutes verhieß. »Warum tust du mir das an?«, fragte mein Gatte mit einer Rose am Revers, als wir um halb neun Uhr morgens in der U-Bahn saßen. »Weil es in den Sternen steht«, gab ich mit fester Stimme zurück. Sieben Tage später war ich schwanger. Die treibende Kraft hinter meiner Eile war wohl die biologische Uhr.

Unser Hochzeitsfest kam zustande, weil wir einen tollen kleinen Veranstaltungsort kostenlos anmieten konnten. Wie es der Zufall so wollte, wohnte eine Freundin als Artist-in-Residence in einem Loft in SoHo, das der australischen Regierung gehört und in dem es sechzehn Klappstühle gab. Am Vorabend schuftete ich also bis Mitternacht und dekorierte ein großes, weißes Zimmer. Innerhalb weniger Stunden hatte ich zwei Tapeziertische mit vier chinesischen Cut-out-Spitzendecken für fünfundzwanzig Dollar versehen, sechzehn selbstgemachte Bonbonnieren auf Crate-&-Barrel-Tellern (je 4,99 Dollar) arrangiert, haufenweise Wildblumen vom Großhandel in kleinen Keramikkrügen (je sechs Dollar) aufgestellt, die Wände mit farbkopierten Collagen aus unserem Leben dekoriert und einen Pflanzenübertopf aus Edelstahl mit einem Dutzend Flaschen Perrier-Jouët (33 Dollar pro Flasche) gefüllt. Der Kuchen war über und über mit lila Rosen und Grünzeug dekoriert, das viel zu grün war, aber da er nur 65 Dollar kostete, dachte ich nicht allzu lange darüber nach. Edwige Geminel, meine Brautjungfer, blieb die ganze Nacht auf und buk Quiches, und das gab es dann zu essen: Quiche, Oliven,

Salat und Brot. Es schmeckte genauso lecker wie irgendein gutes Picknick. Das Essen war eigentlich allen egal, weil der Champagner so mundete. Ohne diesen Luxus hätte das Essen nur halb so viel gekostet, aber die funkelnden goldenen Perrier-Jouët-Flaschen auf Eis verliehen dem Ganzen einen Hauch von Dekadenz. Davon abgesehen, war die Ästhetik bewusst selbstgestrickt. Melinda Brown, meine liebe Bildhauerfreundin, verewigte unsere Initialen in Ton, was wie ein römisches Siegel aussah, das auf dem Tisch neben dem Kuchen lag. Ich trug ein pinkfarbenes Satin-Cocktailkleid, das genau hundert Dollar gekostet hatte, und silberne Brokatschuhe aus den Sechzigern.

Wir tanzten zur Musik aus dem Film *Alexis Sorbas*, Geschenke gab es keine. Für meinen Mann und mich war dieser Tag lediglich der Gang zum Rathaus und anschließend eine verschwenderische Feier mit unseren Freunden in einem sonnendurchfluteten Raum. Die Lektion aus unserem Nicht-Hochzeitstag war, dass das Wesentliche einer guten Verbindung die Einfachheit ist und damit einen wichtigen Meilenstein darstellt. Mehrere Gäste sagten, es sei der beste und zwangloseste Hochzeitsempfang gewesen, auf dem sie je gewesen seien. Rückblickend war der Tag in puncto Schnelligkeit und Sparsamkeit ein Wunder. Jeder Gast wurde für circa vierzig Dollar bewirtet, der Rest war für Blumen, Spitzentischdecken und Kuchen. Insgesamt habe ich sechshundertachtzig Dollar ausgegeben. Die Teller und die kleinen quadratischen, handbedruckten indischen Baumwollservietten, die ich am Vortag für 1,99 Dollar pro Stück bei Century 21 mitgenommen hatte, habe ich immer noch. Aus den Tischdecken machte ich später Vorhänge! Jedes Mal, wenn ich sie anschaue, lächle ich, wenngleich ein bisschen betrübt: Die Vorhänge sind noch da, der Ehemann ist weg. Aber ich kann wirklich sagen, dass wir es von A bis Z auf unsere eigene Art gemacht haben.

Nachdem ich jahrelang von meinem eigenen »richtigen« Hochzeitstag geträumt und diese Rock-and-Roll-Alternative gründlich genossen habe, kommen mir Tausende von Varianten für eine preisgünstige Hochzeit in den Sinn... oder preisgünstiger, als man uns einreden will. Mit Hochzeiten wollen wir aus der Banalität des Alltags ausbrechen, dem wahren Kampf des Ehelebens, das uns erwartet, etwas Glamour verleihen und Star für einen Tag sein. Der Gedanke, die Hochzeit einfach zu gestalten, wird oft als zweite Wahl verworfen. Aber wieso betrachten wir das nicht als Herausforderung? Ein selbst gedeckter Tisch mit Wildblumendeko, echten Kräutern oder blühenden Zwiebeln, die aus einem Terrakottatopf sprießen, hat ungleich mehr Charme als ein steifes Gesteck vom Floristen. Wenn Sie Ihren Hochzeitstag als einen persönlichen Moment von vielen und nicht als Hauptereignis Ihres Lebens betrachten, werden Sie Freude am Improvisieren haben, und das viele gesparte Geld wird Ihnen ein Trost sein. Der Einfachheit halber habe ich meine besten Brautideen auf die nackten Basics eingedampft. Ich finde, dass sich diese Prinzipien auf jeden größeren Anlass übertragen lassen. Und bitte verstehen Sie mich nicht falsch: Ich habe Hochzeitsfeste liebend gern, aber nur die von anderen Leuten, Darling.

Vorschläge für alternative Hochzeitsfeiern

Ihr ganz persönlicher Hochzeitsstil

1. Warum muss es eine weiße Hochzeit sein? Mein bester Rat für die moderne Braut ist, nicht nur in farblosen Kategorien zu denken: Erinnern Sie sich an Brigitte Bardot, als sie 1959 Jacques Charrier in einem perfekt sitzenden, pink-weiß karierten Kleid heiratete. Oder an Chiara Mastroianni, die an einem Regentag in Paris einen perlgrauen Seidentrenchcoat anhatte und ihr Haar offen und ohne Hut trug. Es gehört Mut dazu, auf die Tradition zu pfeifen, und diese Einstellung sollte für jeden Aspekt Ihres großen Tages gelten.

2. Stellen Sie sich Ihre Hochzeit als hochelegante Dinnerparty oder Lunch vor – würden Sie zuhause etwa lebende Vögel freilassen, eine Truppe Geiger engagieren oder eine vierstöckige Torte servieren? Wenn nicht, dann lassen Sie Ihren ganz persönlichen Geschmack und Stil bei allem walten, was Sie sich für diesen besonderen Tag ausgedacht haben. Sobald Sie das Gefühl haben, irgendetwas sei für die Hochzeit zu »ausgefallen«, streichen Sie es von der Liste.

3. Ein spleeniges Element dürfen Sie einbauen, aber das dann richtig. Wenn Sie Dudelsack und lebendige Schmet-

terlinge haben wollen, nur zu! Aber ansonsten sollte alles gediegen sein. Eine einzige verrückte Einlage (ein Gospelchor) ist ergreifend, sechs verrückte Einlagen (mehrere Pagen, mannshohe Votivkerzen, Laserlichtshow, Bollywood-Heimkino, Feuerwerk, Pferdekutsche) sind einfach geschmacklos.

4. Fragen Sie Ihre Mutter und Großmutter, wie sie geheiratet haben. In den Sechzigern wollten viele Frauen eine Gartenparty veranstalten oder auf einer offenen Wiese feiern; sie suchten sich ein Standesamt in einem hübschen Ort am Meer aus oder luden zu einem schlichten Empfang in einen kleinen Jachthafen oder einen Privatclub. In den Vierzigern und in der Nachkriegszeit veranstalteten noch genügsamere Bräute eine Party in ihrem Elternhaus und trugen dazu ein schickes Kostüm statt eines Hochzeitskleids. Lassen Sie sich von den Ideen früherer Generationen inspirieren, besonders von jenen, denen ihr Hochzeitstag wirklich gefiel. Die meisten alten Damen wissen noch, mit wem sie tanzten und was alles im Punsch drin war. Damals drehte sich noch nicht alles um Orchideen und Manolos.

5. Sparen Sie bei den kleinen Details, aber leisten Sie sich einen Top-Fotografen. Sie brauchen jemanden, der die Braut als Ikone ablichtet und trotzdem die wahre Emotionalität des Tages einfängt. Seien Sie in diesem Punkt besonders pingelig, denn aus den Fotos, die betrunkene Gäste mit Wegwerfkameras oder ihren Handys geschossen haben, können Sie kein Album zusammenstellen.

6. Brautjungfern können ziemlich teuer werden und sind letztlich nur ein weiteres lästiges Relikt aus der Vergangenheit. Brauchen Sie wirklich Begleitsängerinnen in einheitlichen Gewändern? Sich den Kopf darüber zu zerbrechen, wie alle in Weinrot aussähen oder wo man fünf Paar Satinpumps färben lassen kann, lenkt von der Bedeutung Ihres besonderen Tages ab. Kamerasüchtige Ballköniginnen sind oft eher hinderlich als hilfreich. Und einige Ihrer eher schüchternen Freundinnen sind vielleicht nicht bereit, sich vor der Kamera zu exponieren.

7. Nehmen Sie sich die Planungslisten in Brautmagazinen vor, und streichen Sie mit einem dicken roten Stift alles durch, was Sie *nicht* brauchen. Um unerwünschte Ausgaben zu vermeiden, betrachten Sie den Hochzeitstag am besten mit den Augen des Fotografen. Die besten Fotos im Album werden die des Brautstraußes sein, nicht der Blumendekoration an den Stuhllehnen, und vom ersten Tanz und nicht von der Zeremonie des Kuchenanschneidens. Konzentrieren Sie sich auf das, was Ihrer Ansicht nach wesentlich ist, und geben Sie ihm einen skurrilen Touch. Eine Braut sieht auch dann prächtig aus, wenn sie aus einem gelben Taxi steigt oder einfach die Stufen vor ihrem Elternhaus hinunterschreitet. Wenn Sie sich bei den Details beschränken, entfällt der ganze Firlefanz.

8. Falls Ihnen ein bisschen Vorbereitungszeit bleibt, können Sie viele der kleinen Feinheiten für Ihren großen Tag selber machen, beispielsweise Tischkarten, Willkommensschilder und kleine Gastgeschenke (ich mag guten

Tee und portugiesische Seife in selbstgemachten Schleifensäckchen). Der Trick, trotz geschmackvoller Arrangements Kosten zu senken, ist: Beschränken Sie sich bei allem, was Sie anfertigen, auf ein visuelles Thema, eine Farbe oder ein Material. Ich denke dabei an weiße, mit Pailletten und Kristallen verzierte Filz-Schneeflocken für eine Winterhochzeit oder selbstgemachte, mit Muscheln beklebte Bilderrähmchen für eine Strandhochzeit. Objekte aus der Natur – zum Beispiel große Nautilusschnecken oder riesige Körbe mit frischen Zitronen – sehen nie hässlich oder billig aus.

9. Wählen Sie einen Ort, wo Einrichtung und Dekoration schon weitgehend vorhanden sind. In einer geschmückten Kirche braucht man nicht noch mehr Blumen; in einer geräumigen, urigen Scheune mit viel natürlichem Licht sind Bänder, Kerzen oder gemietete Nobelstühle überflüssig. Eine Empfangshalle mit einer schönen Treppe oder prachtvollen Buntglasfenstern kommt ohne weiteren Schmuck aus. Am preiswertesten und elegantesten für eine romantische Zeremonie ist eine Blumenwiese; aber ehrlich gesagt kann es schon genug Aufwand sein, alle Gäste dorthin zu bekommen.

10. Überlegen Sie sich Alternativen zu teurem Blumendesign. Selbstgebundene Sträuße aus frischem Salbei und Lavendel machen sich gut für eine Hochzeit im Countrystil, und eine einzige Blumensorte, die Sie en gros im Großmarkt bekommen und großzügig verteilen, ist ein größerer Hingucker als zarte, teure, ätherisch anmutende

Rosenknospen. Dunkle Blüten in einem blassen Raum können dramatisch wirken. Ich persönlich stehe auf altmodische Blumen wie Veilchen und Gänseblümchen oder auf dramatische, sexy Tropenblüten wie Ingwer- und Wasserlilie. Stark duftende Blumen intensivieren hingegen den berauschenden Duft der Romantik.

Das Kleid

1. Warum heiraten Sie nicht in einem Wickelkleid aus Seidenjersey, mit Perlen-Choker und High-Heel-Stiefeln? Pfeifen Sie auf die modischen Konventionen. Bustier-Brautkleider mit langem Schleier und Schleppe entsprechen zwar den üblichen Vorstellungen, sind aber nicht sehr schmeichelhaft und modern. Wählen Sie lieber ein Kleid, das zu Ihnen passt, oder verteilen Sie den Wohlstand um, und tragen Sie ein schlichtes Kleid zu protzigen Schuhen sowie aufwendigem Mantel und Handtasche.

2. Einige mutige Bräute tragen Vintage-Abendkleider und sehen darin herrlich aus. Ist das Kleid mehr als fünfzig Jahre alt, sollten Sie die Haltbarkeit der Spitze und der Nähte prüfen. Suchen Sie nach unauffälligen Flecken, Rissen oder durchgescheuerten Stellen. Noch besser wäre es, ein sehr altes Teil mit einem nagelneuen Kleidungsstück zu kombinieren. Ein zartes Art-déco-Paillettencape oder ein selbstgenähter altmodischer Spitzenschleier sehen toll zu einem modernen schräggeschnittenen Abend-

kleid aus. Ein schlichtes Etuikleid aus den Sechzigern wirkt schick mit einem neuen Hut und Handschuhen. Mir gefallen besonders wadenlange Spitzenkleider aus den Vierzigern mit einem ganz minimalistischen Opera Coat in einem leuchtenden Juwelenton, dazu ein farblich passender Strauß oder Schuhe. Schneeweiß kombiniert mit Scharlachrot oder Cream mit Smaragdgrün ist eine tolle Variante für eine Winterhochzeit.

3. Noch etwas zum Thema: Zeigen Sie Mut zur Farbe! Nicht-weiße Abendkleider kosten viel weniger und sagen vielleicht mehr über Sie aus. Auch ein bedrucktes Seidenkleid sieht reizend aus, aber informieren Sie Ihre weiblichen Gäste darüber – vielleicht möchten Sie ja nicht in einem Meer von mit Rosenknospen bedruckten Taftkleidern untergehen.

4. Wählen Sie Ihre Schuhe nach demselben Prinzip aus. Weiße Pumps aus Leder, Stoff oder Spitze werden Sie nur einmal tragen. Wenn es nicht Tanzsandalen aus Goldleder sein müssen, sollten Sie dafür nicht mehr als hundert Dollar ausgeben. Ihre Gäste werden eher Ihren Brautstrauß, Ihre Frisur und Ihr Make-up begutachten als Ihre Füße.

5. Legen Sie noch etwas für Lingerie und Spitzendessous für die Hochzeitsnacht drauf. Es ist schrecklich traurig, einerseits ein sehr gutes Kleid, andererseits nur einen Nylonmorgenmantel zu tragen. Planen Sie höhere Ausgaben für ein bisschen erotische Eleganz ein – für die private Seite eines hochoffiziellen Tages.

Der Empfang

1. Veranstalten Sie einen Hochzeitsbrunch anstelle eines Mittagessens. Laden Sie Ihre Gäste zu einem von der Gatsby-Ära inspirierten Teeplausch mit Kuchen, Gurkensandwiches, Earl-Grey-Tee und Pimm's ein. Legen Sie Ihre Hochzeit auf einen Wochentag oder einen Freitagabend. Wählen Sie dazu vorzugsweise einen Termin im Winter oder Herbst statt im Frühling.

2. Das Schöne an einem Hochzeitsempfang in einem Restaurant ist, dass Sie nur den Tisch dekorieren müssen und sogar für Kuchen gesorgt ist; dann brauchen Sie sich nur noch ans Tischende zu setzen und zu strahlen. Schämen Sie sich nicht, um einen besseren Preis zu feilschen, fragen Sie nach einem Rabatt bei Barzahlung, und studieren Sie sorgfältig alle versteckten Kosten, bevor Sie im Restaurant buchen. Elegante Etablissements lassen oft durchblicken, dass sie nur wenig freie Termine haben, und schüchtern Interessenten damit ein, obwohl sie dazu verpflichtet sind, sie zu informieren.

Die Gäste

1. Weniger Gäste bedeutet mehr von allem anderen: mehr Raum, mehr Auswahl an ungewöhnlichen Lokalitäten, mehr Geld, das Ihnen pro Gast zur Verfügung steht, und mehr Zeit am Tag selbst, um sich wirklich mit jeder ein-

zelnen Person zu befassen. Das Geniale an nur einer Handvoll auserlesener Gäste ist, dass diese in den Genuss Ihrer Großzügigkeit kommen und Sie selbst sich intensiver an dieses Ereignis zurückerinnern werden. Nichts macht mehr Angst als eine Schlange Leute vor der Kirche, die Sie küssen wollen und an Ihrem Kleid herumzupfen, oder der unbekannte Onkel, der auf den ersten Tanz mit Ihnen besteht.

2. Eine clevere Art, die Gästezahl zu beschränken, ist, Ihren Event an unterschiedlichen Orten stattfinden zu lassen, nur im engsten Familienkreis zu heiraten oder zwei getrennte Events zu machen: einen für Freunde und einen für die Familie. Diese Aufteilung sehe ich oft bei jüngeren Brautpaaren: Der offizielle Brunch für die Angehörigen findet an einem schicken Ort statt, und danach gibt es eine zwanglosere Party in einer Bar.

3. Eine selten beherzigte Faustregel ist, nur Menschen einzuladen, die Sie wirklich kennen und regelmäßig sehen. Fernbeziehungen aus der Mottenkiste zu kramen und Geschäftspartner einfliegen zu lassen ist diplomatisch, aber nicht romantisch.

4. Luxusmenüs haben oft zu viele Gänge, und bei ausgefallenen Likören wird allen schlecht. Überlegen Sie, wer Ihre Gäste sind; vielleicht mögen sie wirklich lieber Spareribs als Filet Mignon oder sind größtenteils Vegetarier. Mit einem Büfett stellen Sie auch heikle Gäste zufrieden. Es ist auch keine Schande, eine bunte Mischung aus warmen

und kalten Speisen anzubieten, wenn sie schön präsentiert und von Personen serviert werden, die *keine* Chefkochmützen tragen.

5. Am Ort der Feier sollte es genügend bezahlbare Unterkünfte und einfache Transportmöglichkeiten geben. Es wird immer ein paar Gäste geben, denen das Geld für die Anreise zur Hochzeit eigentlich fehlt, ohne die der Tag aber ein Flop würde. Flugtickets und Hotelzimmer gehen schnell mal ins Geld.

6. Die meisten Gäste halten nichts von Hochzeitsbrimborium. Verzichten Sie daher auf Firlefanz, und investieren Sie lieber in gutes Essen. Sie glauben ja gar nicht, wie viel die Leute bei einer Hochzeit essen können. Vor allem Kinder!

Nachwort

Praktisches, Kostbares und völlig Überflüssiges

Am Ende meiner Ehe packte ich den Inhalt unseres Hauses in vierzig Kisten. Aber das Einzige, was ich wirklich behalten wollte, war ein kleiner Krug, den ich auf einem riesigen Markt in Arezzo, Italien, gekauft hatte. Dieser Krug hatte einen zweieiigen Zwilling gehabt: ein etwas klobigeres Gefäß mit gröberer Bemalung und breiterem Henkel. Ich weiß noch, wie die toskanische Sonne auf das entspannte Gesicht des alten Mannes und die beiden Krüge fiel, die er auf seinem Tapeziertisch stehen hatte. »Sorella«, sagte er freundlich, »Schwester«. Vermutlich wollte er damit sagen, dass der zweite Krug so etwas wie eine Versicherung sei, falls mir der erste Krug auf der Heimreise kaputtginge. Ich betrachtete die beiden Krüge, griff dann nach dem ersten, dem schöneren, und stopfte ihn in meine weiche Schultertasche. Wenn man etwas wirklich liebt, braucht man nur eines davon.

Dieser Krug stand sieben Jahre lang auf unserem Tisch. »Bei einem Brand würde ich nur ihn mitnehmen«, sagte ich immer.

Der magische kleine Krug mit den aufgemalten Granatäpfeln und dem formschönen grünen Rand war für mich der Inbegriff von Kunst, Design und Leben. Bescheiden, sinnlich, praktisch, klein, poetisch und von liebevollen Händen gemacht. Im Lauf der Jahre gingen die meisten unserer feinstieligen Gläser, antiken Teetassen und Essteller zu Bruch. Die Tischtücher bekamen Weinflecken. Bei der violetten Teekanne brach der Henkel ab. Das war nicht schlimm, weil wir alles, was wir besaßen, bis zum Gehtnichtmehr benutzten. Mit Haarrissen konnten wir leben, doch der kleine Krug blieb heil. Ein Schimmer von Glück schien diesen Gegenstand zu umgeben. An unserem Hochzeitstag stellte ich Wildblumen in kleine, weiße Wasserkrüge, die meinem Lieblingskrug nachempfunden waren. Und als Brautgeschenk brachte ich immer Krüge mit. Ein Gefäß, das Wasser oder Wein oder Blumen enthält, scheint irgendetwas an sich zu haben, was sein Dasein rechtfertigt. Ich durchstöberte weiterhin Flohmärkte und Importläden nach bauchigen kleinen Krügen wie meinem, aber nur wenige reichten an seine vollkommene Schönheit heran. Jetzt liegt dieser Krug in einer Kiste, die noch ausgepackt werden muss – zusammen mit Büchern, Kissen und alten Vorhängen, in die ich zerbrechliche Lampen und Rahmen einwickelte. Von meinem ganzen Besitz ist dies der einzige Gegenstand, der weiterleben muss und nicht auf einem Flohmarkttisch landen darf. Ich glaube, das ist die wahre Bedeutung eines Erbstücks: Es hat keinen großen materiellen Wert, dafür aber etwas, das die Seele bewegt und über die Zeit und Veränderungen hinweg benutzt werden möchte. Neulich mailte mir meine gute Freundin Harriet ein Foto von einem Stück Stoff des Brautjungfernkleids, das sie vor dreißig Jahren an einem Sommertag getragen hatte. »Warum«, fragte sie klagend, »hänge ich an einem

Fetzen Chiffon mit Blumenmuster?« Vielleicht – so dachte ich –, um dich daran zu erinnern, wie die Sonne auf deinen Körper schien, als du jung warst.

Was uns im Leben lieb und teuer ist, verändert sich sehr. Mit zwanzig wollte ich nur Schuhe, schwarze Kleider und Flugtickets. Heute mag ich vor allem ein solides Bett, meine Bücher, meinen großen marokkanischen Teppich, den Geruch von Sonne im Haar unseres Sohnes und meinen kleinen Krug voller Mohnblumen auf dem glatten Holztisch. Aber ehrlich gesagt, enthalten diese vierzig schrecklichen Kisten, die auf ein neues Zuhause warten, noch viel mehr Plunder. Wer sich Einfachheit wünscht, muss stark genug sein, immer wieder Dinge auszusortieren, damit sich der Friede genügsamer Eleganz einstellt: der Test, mit einer Handvoll ganz aussagekräftiger Dinge zu leben statt mit einem Zimmer voll nutzloser Impulse. Wohin mit den ganzen Zierkissen, Zeitschriften und Wintermänteln? Häufen wir in der ersten Lebenshälfte wirklich nur Dinge an, um uns im letzten Kapitel unseres Lebens mit einem Ausmist- und Verschenkritual von ihnen zu trennen? Warum nicht früher damit anfangen? Ich erinnere mich noch, wie meine älteste Freundin Thelma Clune im Krankenhaus ihre Armbänder ablegte, als wären sie das Letzte, was noch auf ihren dreiundneunzig Jahren lastete. Und ich machte mir Sorgen um sie ohne ihre Sachen. Ihre Gemälde und ihr balinesisches Bett. Ihre wunderschönen Seidenkaftane, die sie gegen ein Hospizhemd hatte tauschen müssen. Es besteht kein Zweifel: Was wir besitzen, wird uns irgendwann besitzen, und es ist schwer, unbeschwert zu leben – dem Bedürfnis nach Schutzamuletten für jede kleinste Veränderung zu widerstehen und stattdessen einfach so zurechtzukommen wie mit siebzehn: mit einem hübschen Kleid an der

Rückseite der Schlafzimmertür, einer Gitarre, einem Lieblingsbuch und nicht viel mehr.

Obwohl dieses Buch davon handelt, wie Sie trotz Sparsamkeit mit cleveren Tricks in den Genuss preisgünstiger Fülle kommen, hat sich meine Einstellung beim Schreiben gewandelt: Ich möchte mehr für weniger, aber nicht *viel* mehr. Bei Eleganz kommt es immer auf das richtige Maß an, aber das macht auch viel Freude. Ein schönes Essen servieren, bei dem nichts, aber auch gar nichts im Müll landet. Die Rosen, ein Geschenk Ihres Liebsten, trocknen und kompostieren, wenn die Affäre zu Ende ist. Ein Kleid so lange lieben, bis es in Fetzen herunterhängt, und diese in einem Quilt oder einer Kurzgeschichte wiederaufleben lassen. Einfach gesagt: das Gefäß des Lebens bis auf den letzten Tropfen leeren. Und alles, was man besitzt, so gut es geht verwenden und dann wirklich alles, was man nicht mehr braucht, mit anderen teilen oder verschenken.

Wenn es mit mir mal zu Ende geht, möchte ich, dass mein Hausrat mit Ausnahme der allernotwendigsten, bewegendsten und grundlegenden Dinge aufgelöst wird. Und, ja, die Quintessenz von allem ist dieser Krug, der meinen Enkelkindern einmal eine Geschichte erzählen kann. Ein Krug, den ich auf einem schönen Markt gefunden habe und der eine Zwillingsschwester hatte, aber dazu bestimmt war, allein zu reisen. Solide, schlicht und selbstgenügsam.

Danksagung

Der Arbeitstitel für dieses Buch lautete ursprünglich *My Life on a Shoestring*, und wenn ich einen Faden hätte, der mich mit allen verbindet, die an der Umsetzung dieser Vision beteiligt waren, ergäbe das ein riesiges, globales, superkreatives Makramee-Knäuel. Als Erstes danke ich meiner Mutter dafür, dass sie sechzig wurde. Zu ihrem Geburtstag schrieb ich ihr nämlich eigenhändig eine ganz schlichte Biografie, die ich mit zahlreichen Aquarellzeichnungen zu unserem Familienleben illustrierte. Das kreative Rückgrat für *Style Queen* waren dieses Geburtstagsbuch und auf weiten Strecken auch die Aus-Alt-mach-Neu-Vision meiner Mutter, die auf jeder Seite durchscheint. Danke, Mum.

Bei Oscar-Verleihungen dankt man den Eltern erst *nach* dem Agenten. Aber Sally Wofford Girand weiß, was sie mir bedeutet. Sie ist witzig, klug und echt clever – ein Wort, das ich nur bei wenigen Menschen gebrauche. Und auch ihr gebührt ein Applaus, denn dies ist unser viertes Buch, und wir arbeiten schon zwanzig Jahre zusammen. Außerdem hat sie unendlich viel Geduld. Wie Melissa Sarver. Ich drücke euch ganz fest, ihr Schätzchen von der Literaturagentur Brickhouse!

Beim Thema Geduld kommt man auf Lektorinnen zu sprechen. Dieses Buch begann mit einer Lektorin und endete mit einer anderen. Beide waren wirklich enthusiastisch, verständnisvoll, und die Arbeit mit ihnen machte Spaß. Anne Cole ist die romantische

Seele, die die Kernaussage dieses Buches – Vintage – liebte, richtig verstand und ihr den letzten Schliff verlieh. Emily Krump lieferte frische, flotte und geistreiche Beiträge zum Inhalt und gab mir häufig das Gefühl, mit Anfang vierzig Anfang zwanzig zu sein. Ich danke euch, ihr wart mir ein leuchtendes Vorbild!

Auch das Buchdesign entstand in Gemeinschaftsarbeit. Meine langjährige Muse und Grafik-Mentorin Maree Oaten entwarf das visuelle Konzept für das Buch, wurde kurz darauf mit Zwillingen schwanger und musste sich Zeit nehmen, um drei Babys unter drei Jahren zu hüten. Maree hatte die Idee mit den hübschen Kaffeeflecken, den ausgefransten Kanten und der Patina, die all meine Zeichnungen so inspirierten. Emily Taff bewies mit Collagen, Design und Farbgespür ein außergewöhnliches Händchen, indem sie oft meine Gedanken erriet, wo das Bildmaterial am besten hinpasste und wo viele Blumendrucke einfach zu viel des Guten waren. Dank ihrem Talent, ihrer guten Laune und ihres Frohsinns war das Illustrieren dieses Buchs fast das Schönste an der Sache, und um noch eins draufzusetzen, erledigte sie das alles, während sie auf einem Bauernhof in Mississippi lebte. Applaus für das Country Girl!

Bei HarperCollins war ich mit einem glänzenden Team gesegnet. Besondere Würdigung haben Robin Bilardello, Jen Hart, Carrie Feron, Carrie Kania, Joseph Papa, Stephanie Selah, Patrice Silverstein (ein blitzgescheiter Lektor), Diahann Sturge, Paul Thomason (ein blitzgescheiter Korrektor) und Erica Weinberg verdient.

Bei all meinen Büchern kann ich mich auf ein engmaschiges Netz von Freunden der Familie verlassen, die als Mentoren, Musen und mitternächtliche Notfallmediziner fungieren. Meine beste und älteste Freundin, Karen Markham, hat ein Mantra:

»Du kannst das, Schätzchen!«, und genau dieses Mantra sagte ich mir um vier Uhr morgens vor. Die wunderbare Karin Catt sagt gern: »Bring's heute Abend zu Ende!«, und ich gehorchte. Matteo De Cosmo, mit dem ich sieben Jahre verheiratet war, sagt nur: »Komm schon, Nog!«, und auch das wirkt Wunder. Unser Leben ist auf jeder Buchseite lebendig, und ich bin dankbar für all die langen, von Jasmintee, Liebe und Musik begleiteten Nächte. In ganz schlimmen Zeiten – die gab es nämlich auch – wäre ich untergegangen ohne großherzige Menschen wie Harriet Griffey, Lisa Bablo, Yameek Cooley, Dinna Alexanyan, Lily Dekergeriest, Jessica Adams, Alicia Richardson und Hilary Robertson. Danke, dass ihr zugehört habt und wirklich für mich da wart. Was den etwas ausgefallenen Kleidungsstil betrifft, so danke ich Lily, dass sie ihr langes Haar zu Zöpfen flicht und mitten im Winter Sommerkleider trägt, und Hils dafür, dass sie mir beibrachte, dass »Greige« tatsächlich eine Farbe ist. Für den philosophischen Kern des Buches ist als Spiritus rector wohl Wendy Frost, eine ebenso aufsässig genügsame wie todschicke Malerin zu nennen. Ich schneide nie eine Fenchelknolle und kaufe keinen alten leinenen Kissenbezug, ohne an dich zu denken! Alle anderen auf dieser Liste haben eine eigene Anekdote, einen Lorbeerkranz und einen selbstgemachten Apfel-Himbeer-Kuchen verdient. Meine Liebe, mein Dank und meine Freude gelten jedem von euch: The Ananda Ashram, Monroe, New York; Jessica Adams; Clary Akon; Dina Alexanyan; Robert Adamson und Juno Gemes; Kristina Ammitzboll; Lisa Babli; Eleonora Baldwin; Steven Blanks; Donna May Bolinger; Tim Bourke; Robin Bowden; Melinda Brown; Dexter Buell; William Channing; Lily Dekergeriest; Naomi Dennehy; Simon Doonan; Kevin Doyle und Deborah Dunn; Edith und Michelle und die erstaunlichen Lehrer/-innen und Familien der Congregation Beth Eloim; Warren Ellis; William Emmerson; George Epaminondas; Patricia Field; Wendy Frost; Jenn Gavito; Edwige Geminel; Harriet Griffey; Robert und Helen Harrison; Ruth und Harry Howard; Alex James; Jeremy und Jewell Johnson; Margot, Michael, Matthew, Helga und Remy Johnson; Jasmine Johnson; Vikingur Kristiansson; John Lindsay; Tina Lowe; Guy Maestri; Karen Markham; Barney McAll und Familie; Holly McCauley; Edwina McCann; Jane Magowan; Tina Matthews; Oliver Strewe und Familie; Joni Miller; Paulina Nisenblatt und ihre unglaubliche Familie; Ellianna Placas; Karen Pakula; Hilary Robertson; Marina Rozenman; Wendy Schelah und Guy Benfield; Alicia Richardson; Stephen Romei; Amelia Saul; Luke Scibberras; Stella und Gria Shead; Joan Suval; Tong; Di Yee; Herbert Ypma; Donna Wheeler und ihre Familie; und Daniel Zevin – in Liebe.

Über die Autorin

Anna Johnson ist Autorin mehrerer Modebücher und schreibt für »InStyle«, »Condé Nast Traveller«, »Vogue«, »Elle« und »The Guardian«. Sie lebt mit Ehemann, Sohn, Tochter und Katze in Sydney. Dort wächst ihre Sammlung an Teekannen, Miniaturen und Vintage-Kleidern immer weiter an.

Rezeptverzeichnis

Bananenbrot 303
Brioche-Burger mit Speck und Eiern 306
Einfaches Curry 212f
Gourmet-Porridge 305
Indian Summer 304
Hilarys Fenchelsalat 220
Marinade, einfache 216
Müsli-Parfaits 306
Mum's Hühner-Gemüse-Curry 215f
Pasta alla Puttanesca 214
Pie 231f
Rosinenbrot 228
Rote-Bete-Salat mit Feta und Spinat 208f
Sonntagsbraten, festlicher 218f
Teekränzchen-Menü 302
Toskanische Frittata 210f
Üppiges Cowboy-Frühstück 305
Wendys Granatapfelsalat 219f

Register

A

Abendessen-Wochenplan 208 ff
Accessoires 41 f, 65
Adams, Jessica 281
Aerosoles 64
Allein ausgehen 329 ff
Arme-Leute-Einrichtung 89 ff
Ästhetik 155
Atmosphäre, wohnliche 101
Aufräumen 103
Auto mieten 145

B

Bananenbrot 303
Bauernmarkt 238, 241
Belfast 274
Berufungen 151 ff
Bettüberwürfe 90
Bewirtung – zehn Gesetze 194 ff
Billigkleidung 53 f
Birnentyp 39
Boudoir 109 ff
Bowden, Robin 179
Bradshaw, Carrie 65

»Brief an ein abgebranntes Selbst« 131 ff
Brot, magisches 226
Bücherregale 91
Budget erstellen 137 ff
Businessklamotten 172

C

Capri 76 ff
Cashin, Bonnie 124
Chanel, Coco 48
Chiconomy 53 ff, 59, 62
Collage 124
Converse 64
Curry, einfaches 212 f

D

Date, erstes 319 f
Dates, preiswerte 322 ff
   Kino 324
   Kunstgalerien 324
   Motelzimmer 326
   Picknick im Pickup 325
   Planetarien 324
   Restaurants 323
   »Tea for Two« 323

Dekoration 90
Deneuve, Catherine 56
Deyn, Agyness 65, 69
Diele dekorieren 120
Doonan, Simon 123
Dosensuppen 241
Dublin 274
Duftkugel 105f

E
Eier 240
Einfachheit 183
Einkäufe, saisonale 242
Einkommen 129
Eintopf 207, 240, 242
Essen, preiswertes 144, 204
Esstisch 91
Etuikleid 49
Europa anders 274

F
Fairtrade-Mode 187
Fashion Victim 24
Ferienwohnung 271
Festgelage, einfache 191ff
Field, Patricia 65
Figur 38
Flohmarkt 93ff
  Feilschen 98
  Fundstücke 95
  Kleidung 94
  Kunst 96
  Möbel 96
  Schmuck 97

Florenz 274
Flugzeitpunkt, richtiger 272
Flugzeugsitze 283
Flugzeugverpflegung, alternative 284
Flurgalerie 120
Frühstücksideen 304
  Brioche-Burger mit Speck und Eiern 306
  Gourmet-Porridge 305
  Indian Summer 304
  Müsli-Parfaits 306
  Üppiges Cowboy-Frühstück 305
Frühstückstreff 299ff

G
Gardinen 90
Gäste bewirten 192ff
Geld 13f, 16, 138
Gelegenheitsausgaben 139f
Genua 274
Gepäck, leichtes 276f
Geschenke
  ~ unter 10 Euro 315f
  ~, preiswerte 309
  ~, verzierte 312
Geschenkpapier 317
Geschenkverpackung 317
Geschmack, guter 19
Gesichtsspray 282
Gewürze 241
Glamour-Überlebenskünstler 18
Glamping 270

Golightly, Holly 28
Grove, Elaine 121
Grundnahrungsmittel 240

H
Hall, Jerry 67
Handarbeiten 311
Handarbeitsbörsen 311
Handgepäck 285f
Handtasche 62, 179
Haustausch 271
Hepburn, Audrey 49, 56
Hermès 25
Hilarys Fenchelsalat 220
Hochzeit 337ff
~, preiswert 337
~sempfang 347
~sfeiern, alternative 341ff
~sgäste 347
~skleid 345
Hutton, Lauren 184f

I
Impulskäufe 54
Instandsetzung 90

J
Jalousien 90
Job ergattern 174

K
Kaminsims 119f
Karol, Amy 311
Kelly Bag 25

Kissenhüllen 106
Kleiderpflege 43
Kleidung
~ clever abändern 40, 42
~ für Bewerbungsgespräche 59f
~ für die Freizeit 60f
~ fürs Büro 60f
~, Grundausstattung 56
~, Pflegetipps 179
~, Tauschpartys 57
~, Tipps 174ff
Kleidungsstücke (aus)sortieren 58
Kleines Schwarzes 48ff
Komfortzone verlassen 276
Kontakte knüpfen 279
Kontraste als Stilmittel 122
Konventionen 16
Körperformen 39
Koseki, Suzuko 312
Kosten senken 139ff
Kostüm, klassisches 187
Kräutergarten anlegen 107
Kreditkarten 14
Kultur(arbeit) 143
Kunst (als Erlöserin) 157
Kunst, selbstgemachte 113
Kurzreisen 273

L
Labels 43, 59
Lange, Liz 176
LBD (Little Black Dress) 48

Lebensmitteleinkauf 237 f
London 74 ff
Low-Budget-Küche 203
Luxus 15

M
Madonna 235
Mahlzeiten, preiswerte 203 ff
Mantel 62
Marinade, einfache 216
Marseille 274
McJobs 159 ff
Medikamente, persönliche 279
Mietwohnung 81 ff
　Tricks 84 ff
Mischka, Badgley 23
Modechamäleon 69 ff
Modeschmuck 97
Moschino 28
Muffins 226 f
Muji Ohrstöpsel 282
Mum's Hühner-Gemüse-Curry 215 f

N
Nachhaltigkeit 137, 182
Nägel 179
Nebenkosten 140 f
Nebensaison 272

O
Obst 241
Ofenkartoffel 206

Öko-Allzweckreiniger 142
Öko-Mode 187
Online-Scrapbook 125
Orman, Suze 152

P
Paltrow, Gwyneth 235
Paravents 91
Paris 72 ff, 274
Pariser Chic 72
Parker, Dorothy 236
Pasta 229
Pasta alla Puttanesca 214
Piaf, Edith 47 ff
Picasso, Pablo 181
Pie 231 f
Pleitesein 130 f, 152
Potpourri-Säckchen 313
Putzen 102

R
Raumteiler 91
Rechnungen 140 f
Reisealternativen für Knausrige 263 ff
Reiseführer 279
Reisen, preiswert 247 ff
Reiseschnäppchen 272
Reisethema 275
Rich-Girl-Chic-Look 174
Rich-Girl-Style 18
Robertson, Hilary 115, 121
Rosen trocknen 118
Rosinenbrot 228

 366　Register

Rote-Bete-Salat mit Feta und Spinat 208f
Rückzugsorte, spirituelle 260
Ryans, Jenny 311

S

Sample Sale 23ff.
Saubermachen 142
Schaukästen 120
Schlafzimmer 90
Schnäppchen 17
Schnäppchenjägerinnen 281
Schränke, duftende 104
Schuhe 179
Schulden 129
Schürzen 314
Seberg, Jean 68
Secondhand 31ff
-Mode 33
Sedgwick, Edie 114
Seelennahrung 225
Shabby Chic 82
Shoppen, »grünes« 185ff
Shopping-Ökologie 181ff
Slow-Food-Bewegung 182
Sneakers 64
Snobs 229f
Sonnenbrille 63
Sonntagsbraten, festlicher 218f
Souvenirs 278
Sparsamkeit, verschwenderische 13
Spelling, Candy 309
Stadtsommer, Tipps für heiße 291ff
Stewart, Martha 25, 314
Stil, britischer 74
Sykes, Plum 76

T

Tage, geldfreie 147ff
Teekränzchen-Menü 302
Thoreau, Henri David 18
Tischdecken, fetzige 315
Tischtücher 90
Toilettenwände gestalten 123
Toskanische Frittata 210f
Trenchcoat 56
Trockensträuße 118
Trostessen 225
Türen aufarbeiten 124
Türknäufe 89ff

U

Unterhaltung, elektronische 146
Unterkünfte
~, alternative 271
~, anspruchslose 253ff
Ashram 259
Bed-and-Breakfast 254
Kettenhotel 256
Kloster 259
Lokalkolorit 257
Motel 255
Nobelhotel 257
privat geführtes Hotel 256

Privatvermietung 258
    Raststätte 255
    Robinson-Crusoe-Hütte 253
    Zendo 259
    Urlaub 269 ff

V
Valentine, Hélène 192 f
Vayspap, Viva 114
Verkehrsmittel, öffentliche 145
Vintage 26
    -Klamotten 37, 44, 55
    -Kleider 32
    -Lingerie 33
    -Mantel 94
    -Mode 37
    -Shopperin 31 ff
    -Shopping 44, 273
Visitenkarte 278

Vollwertkost 235
    ~, Tipps 222 f
Vorhänge 90
Vorratshaltung 242
Vorstellungsgespräche 172

W
Wandfarben 89 ff
Wandschmuck 115
Warhol, Andy 154
Wearstler, Kelly 122
Weiterschenken 310
Wendys Granatapfelsalat 219 f
Wheeler, Donna 278
Wocheneinkauf, sparsamer 221
Wohnlichkeit 101

Y
Ypma, Herbert 173